Ulrike Herrmann
Der Sieg des Kapitals

W0060432

PIPER

Zu diesem Buch

Der Kapitalismus geht uns alle an: Er ist ein totales System, das alle Lebensbereiche durchdringt. Daher sollte jeder wissen, wie er funktioniert. Ulrike Herrmann erklärt, wie der Kapitalismus historisch entstanden ist und zeigt dabei, wie die Ökonomie heute unser Leben formt. Sie erläutert, warum der Kapitalismus ständig zu Krisen neigt und wie man ihn politisch steuern müsste. So wird deutlich, dass der Staat nicht der natürliche Feind des Kapitalismus ist – sondern ihn überhaupt erst ermöglicht.

Ulrike Herrmann, Jahrgang 1964, ist Wirtschaftskorrespondentin der Tageszeitung taz. Sie ist ausgebildete Bankkauffrau, hat Geschichte und Philosophie studiert und war anschließend wissenschaftliche Mitarbeiterin bei der Körber-Stiftung sowie Pressesprecherin der Hamburger Gleichstellungssenatorin Krista Sager.

Ulrike Herrmann

DER SIEG DES KAPITALS

Wie der Reichtum in die Welt kam:
Die Geschichte von Wachstum, Geld und Krisen

PIPER
München Berlin Zürich

Mehr über unsere Autoren und Bücher:
www.piper.de

Noch einmal für Hui und Tui

MIX
Papier aus verantwor-
tungsvollen Quellen
FSC® C083411

Ungekürzte und aktualisierte Taschenbuchausgabe
Piper Verlag GmbH, München/Berlin
1. Auflage Mai 2015
7. Auflage August 2016
© Westend Verlag GmbH, Frankfurt/Main 2013
Umschlaggestaltung: Zero Werbeagentur
Umschlagabbildung: FinePic®, München
Satz: Publikations Atelier, Dreieich
Gesetzt aus der Charter
Druck und Bindung: CPI books GmbH, Leck
Printed in Germany   ISBN 978-3-492-30568-6

Inhalt

Einleitung: Der Sieg des Kapitals

Die Szene war schon seltsam: 297 Tage campierten Occupy-Aktivisten vor der Europäischen Zentralbank in Frankfurt und ließen sich nicht entmutigen. Sie trotzten dem Regen, der Kälte, der Polizei und dem guten Zureden von Mitarbeitern der Bank. Entschlossen harrten sie auf dem nassen Rasen aus – nur wozu? Die Occupy-Aktivisten erhoben keine einzige konkrete Forderung. Zwar hatten sie Plakate gemalt, auf denen »Banken in die Schranken« oder »Wir sind 99 Prozent« zu lesen war. Aber jenseits dieser allgemeinen Anklagen hatten sie keine Reformideen. Sie hatten nur das ungute Gefühl, dass unkontrollierbare Finanzmächte die Welt regieren.[1]

Die Occupy-Aktivsten sind nicht allein mit ihrer Ratlosigkeit, was sich konkret ändern sollte. Auch die meisten Wähler fühlen sich überfordert. Wie es der Schriftsteller Botho Strauß ausgedrückt hat: »Auf dem Gebiet, von dem sein Wohlergehen am meisten abhängt, ist das Volk ein Stümper.«[2]

Gleichzeitig ahnt aber jeder, dass die Finanzwelt auf den nächsten Crash zusteuert. In nur zehn Jahren hat Deutschland drei schwere Krisen erlebt: 2001 platzte die Internetblase, 2007 rollte die Finanzkrise aus den USA heran, und seit 2010 ist die Eurokrise akut. Dies ist ein Novum. Noch nie ist es in der Geschichte Europas vorgekommen, dass sich drei Finanzkrisen in einem einzigen Jahrzehnt entluden. Diese Krisen waren extrem teuer. Allein zwischen 2006 und 2012 haben deutsche Anleger im Ausland rund 600 Milliarden Euro verloren.[3]

Zudem drohen weitere Crashs. Seit 30 Jahren pumpt sich eine »Superblase« auf, wie es Hedgefonds-Manager George Soros genannt hat, und noch immer ist diese »Superblase« zum Zerreißen gespannt. Die drei vergangenen Krisen haben zwar kleine Löcher in die Blase gestochen, aber die heiße Finanzluft ist noch lange nicht abgesaugt.

Die Bundesbürger sind ratlos, aber nicht realitätsblind. Viele kaufen hektisch ein Haus oder eine Wohnung, um in scheinbar sichere »Sachwerte« zu investieren. Seit 2010 sind die Immobilienpreise in Deutschland um 12 Prozent gestiegen.[4] Dies ist der Durchschnittswert für die gesamte Bundesrepublik; in einzelnen Städten wie München, Frankfurt, Hamburg oder Berlin ist der Preisanstieg noch sehr viel steiler – und ein Ende nicht abzusehen.

Doch die Flucht in die Sachwerte wird nichts nutzen: Es gibt keine individuelle Lösung, die vor einer Finanzkrise schützt. Eine Rezession trifft jeden – Arbeitnehmer genauso wie Aktionäre, Hausbesitzer oder Riester-Sparer. Um beim Beispiel der Häuser zu bleiben: Immobilien haben keinen absoluten Wert, sondern in einer Krise brechen die Preise wieder ein, und die einstigen Wertzuwächse verschwinden. Ein Teil des Vermögens wäre vernichtet, das man so dringend retten wollte.

Deutsche sorgen generell gern vor. Auf 81 Millionen Bundesbürger kommen 91,8 Millionen Lebensversicherungen.[5] Rein statistisch gesehen haben also selbst Babys schon einen Vertrag, der fürs Alter schützen soll. Gegen Vorsorge ist nichts einzuwenden, aber diese Vorsorge kann ihren Wert nur behalten, wenn es nicht zu weiteren Finanzkrisen kommt.

Bisher haben die Deutschen mehr oder minder den »Experten« vertraut, dass sie die Wirtschaft steuern. Doch drei Finanzkrisen in nur zehn Jahren zeigen, dass auf diese angeblichen Experten kein Verlass ist. Die Wähler können das Risiko nicht mehr eingehen, das ökonomische Denken anderen zu überlassen. Es ist sicherer, sich selber einzumischen.

Dieses Buch will daher unterhaltsam und anschaulich erklären, wie der Kapitalismus funktioniert. Es spannt sich von den Römern in der Antike bis zur Eurokrise, beginnt also nicht mit den aktuellen Finanzturbulenzen. Denn die Krisen lassen sich nur richtig deuten, wenn man den Normalbetrieb des Kapitalismus kennt – und nicht jeden Mythos glaubt, der über ihn verbreitet wird.

Es ist wie in der Medizin: Ein Arzt kann Krankheiten nur erkennen, wenn er weiß, wie ein gesunder Körper aussieht. Auch bei Finanzkrisen hilft es überhaupt nichts, sich allein auf die Spekulationsblasen zu konzentrieren und ihre pathologischen Details aufzuzählen – das verwirrt nur. Es ist viel einfacher, die Krisen zu verstehen, wenn vorher klar ist, wie ein krisenfreier Kapitalismus funktioniert.

Die Wortwahl mag zunächst erstaunen, gilt es doch als »links« oder gar »marxistisch«, den Begriff Kapitalismus zu verwenden. Diese Phobie ist jedoch typisch deutsch. In den USA wird der Ausdruck Kapitalismus völlig selbstverständlich verwendet, der im übrigen auch gar nicht von Karl Marx stammt.[6]

Der Begriff Kapitalismus hat den Vorteil, dass er präzise beschreibt, was die heutige Wirtschaftsform auszeichnet: Es geht um den Einsatz von Kapital mit dem Ziel, hinterher noch mehr Kapital zu besitzen, also einen Gewinn zu erzielen. Es handelt sich um einen Prozess, der exponentielles Wachstum erzeugt.[7]

Genau dieser zentrale Zusammenhang geht bei dem Begriff Marktwirtschaft verloren, der in Deutschland so beliebt ist. Auf Märkten wird mit Äquivalenten gehandelt. Doch wie soll aus dem Tausch gleichwertiger Güter ein Prozess entstehen, der zu permanentem Wachstum führt? Dies bleibt unerklärlich.

Der Titel *Der Sieg des Kapitals* ist natürlich doppeldeutig. Er beschreibt sowohl die Wirtschaftsform als auch die vorherrschenden Machtverhältnisse. Occupy hatte ja nicht unrecht mit dem Verdacht, dass das oberste Prozent der Bevölkerung den großen Rest regiert. An diesem Zustand wird sich jedoch nichts ändern, solange die unteren 99 Prozent nicht wissen, wie der Kapitalismus funktioniert.

Aber was ist eigentlich dieses »Kapital«, von dem hier so selbstverständlich die Rede ist? Es ist nämlich nicht das Gleiche wie Geld, obwohl es im Alltag oft synonym verwendet wird. Geld gab es schon immer und ist mindestens 4000 Jahre alt: Die ersten Texte der Menschheit stammen aus Mesopotamien und wurden nicht etwa verfasst, um Literatur zu überliefern – sondern um Schulden zu verzeichnen.

Während das Geld uralt ist, ist das Kapital noch jung. Der moderne Kapitalismus ist etwa 1760 im Nordwesten Englands entstanden, als Textilfabrikanten auf die Idee kamen, Webstühle und Spinnereien zu mechanisieren. Heute wirken diese ersten Maschinen sehr klein und zierlich, aber mit ihnen begann eine völlig neue Epoche. Erstmals in der Geschichte wurde die menschliche Arbeitskraft durch Technik ersetzt, und damit kam der Reichtum in die Welt. Seit Jahrtausenden hatte die Wirtschaft weitgehend stagniert, aber nun wuchs sie exponentiell. Das »Kapital« im Kapitalismus ist also nicht das Geld, sondern es sind die effizienten Produktionsprozesse und der technische Fortschritt.

Es war eine Revolution, nicht ein schlichtes Mehr vom Gleichen. Der österreichische Ökonom Joseph Schumpeter hat für diesen fundamentalen Wandel ein sehr knappes Bild gefunden: »Man kann beliebig viele Postkutschen aneinanderreihen – und trotzdem wird daraus niemals eine Eisenbahn.«[8]

Jahrtausende lang, von der Jungsteinzeit bis zum 18. Jahrhundert, lebten die Menschen ähnlich: Die meisten arbeiteten auf dem Land, aßen vor allem Getreide oder Hülsenfrüchte – und viele verdienten gerade genug, um nicht zu sterben. Doch dann setzte plötzlich die Industrialisierung ein, die einen unerwarteten Wohlstand ermöglichte.

Der moderne Kapitalismus ist eindeutig ein historisches Phänomen, aber in der ökonomischen Theorie wird er oft wie ein Naturgesetz behandelt und mit zahllosen mathematischen Formeln beschrieben. Es wird der Eindruck erweckt, als hätte die Menschheit zwingend zum Kapitalismus finden müssen. Dies ist eine Fiktion.

Der moderne Kapitalismus ist keine Variante der Physik, sondern eher zufällig entstanden. Er ist eine Kulturleistung des Menschen und wahrscheinlich seine erstaunlichste Erfindung. Denn der Kapitalismus ist das erste dynamische System, das der Mensch je erschaffen hat. Seitdem das Wirtschaftswachstum in der Welt ist, ist es nicht mehr zu bremsen. Zwar kommt es regelmäßig zu Krisen, aber die technologische Entwicklung geht unaufhaltsam weiter – und ist mit dem Internet noch lange nicht abgeschlossen.

Da der Kapitalismus historisch entstanden ist, lässt er sich nur verstehen, wenn man seine Geschichte kennt. Es ist befremdlich, dass viele Ökonomen die Wirtschaftsgeschichte komplett ignorieren – ist sie doch die wichtigste Datenquelle, die den Volkswirten zur Verfügung steht. Es bringt wenig, mathematische Gleichungen zu konstruieren und mit Variablen zu füttern, wenn man sie nicht an der Realität überprüft. Der berühmte Wirtschaftshistoriker Charles P. Kindleberger merkte einmal bissig an: »Die heutigen Wirtschaftstheorien gehen meist deduktiv vor und konstruieren mathematische Modelle von Schönheit und Eleganz – aber das menschliche Verhalten bilden sie häufig noch nicht einmal ansatzweise ab.«[9]

Dabei kann die Geschichte wie eine Versuchsanordnung wirken, mit der sich richtige von falschen Theorien unterscheiden lassen. Nur ein Beispiel: Die Industrialisierung setzte, wie schon erwähnt, in England ein. Aber warum? Technologisch waren die Briten nämlich nicht besonders avanciert und wussten anfangs auch nicht mehr als die antiken Römer. Die Dampfmaschine beruhte auf Prinzipien, die seit Archimedes bekannt waren. Was also war in England neu und anders? Die Antwort passt nicht ins neoliberale Weltbild: Die britischen Löhne waren damals die höchsten der Welt, weswegen es sich erstmals rentierte, Menschen durch Maschinen zu ersetzen.

Die britische Erfahrung ist noch immer aktuell: Der Kapitalismus entwickelt sich nur stabil, solange die Reallöhne steigen. Viele Unternehmer wollen es nicht glauben, aber hohe – nicht niedrige – Gehälter fördern das Wachstum und machen die Firmen reich.

Anders formuliert: Es gehört zu den Wundern des Kapitalismus, dass er sich durchgesetzt hat, obwohl die meisten Kapitalisten nicht verstehen, wie er funktioniert.

Allerdings täuschen sich nicht nur Neoliberale. Auch linke Kritiker missverstehen den Kapitalismus häufig, den sie reformieren oder gar abschaffen wollen. So glauben viele Occupy-Aktivisten, dass der Zins das Wachstum treiben würde, weswegen sie alternative Geldsysteme erfinden.

Wieder würde ein Blick in die Geschichte helfen: Der Zins hat noch nie Wachstum ausgelöst. Bereits die Mesopotamier wussten, wie man den Zinseszins ausrechnet und haben ihn auch eingetrieben – trotzdem stagnierte ihre Wirtschaft. Geld allein ist machtlos und erzeugt keinen Wohlstand.

Es ist ironisch, aber eigentlich bitter: Letztlich sind viele Kapitalismuskritiker ihren Lieblingsfeinden, den Investmentbankern, überraschend nah. Auch die Finanzbranche glaubt ja, dass ihre windigen Geldprodukte echten Reichtum schaffen würden, und verlangt daher hohe Boni. So unterschiedlich Banker und Occupy-Aktivisten sind: Gemeinsam mystifizieren sie das Geld und schreiben ihm wundersame Kräfte zu.

Die Irrtümer der Neoliberalen und ihrer linken Kritiker sind nicht harmlos, weil der Kapitalismus ein volatiles System ist, das zu Krisen neigt und daher politisch gesteuert werden muss. Es ist gefährlich, wenn falsche Ideen zu ebenso falschen Maßnahmen führen.

Dieses Buch will daher unter anderem erklären, warum:

- wir nicht in einer »Marktwirtschaft« leben,
- die Großkonzerne herrschen,
- die Globalisierung keine Gefahr darstellt,
- Geld noch nie knapp war,
- keine Inflation droht,
- Derivate uralt sind,
- die Große Depression ab 1929 immer noch lehrreich ist,
- die Wall Street zu mächtig wurde
- und die Eurokrise eigentlich leicht zu lösen wäre.

Außerdem macht die Geschichte des Kapitalismus einfach Spaß. Der Mensch hat sich schon immer für Gold, Geld, Reichtum und Macht interessiert. Wirtschaft ist nicht langweilig, wie viele glauben, sondern pralles Leben.

Teil I

Der Aufstieg des Kapitals

1 Wunder Wachstum: Als der Reichtum in die Welt kam

Jeder Europäer trägt den Kapitalismus in sich. Nicht nur die Wirtschaft wächst, sondern auch die Körpergröße der einzelnen Menschen nimmt zu. Heute werden deutsche Männer im Mittel 1,78 Meter groß; deutsche Frauen 1,65 Meter.[1] Damit werden sie etwa zehn Zentimeter größer als ihre Vorfahren. Dieser Wachstumsschub setzte plötzlich ein – und begann ab etwa 1880.[2] Vorher hatte sich über Jahrtausende bei der Körperlänge fast nichts getan, wenn man von leichten Schwankungen absieht. Die Germanen in der Antike waren ungefähr genauso groß wie die Holsteiner oder Hessen im 18. Jahrhundert.

Noch dramatischer hat die Lebenserwartung zugenommen. Jungen, die jetzt zur Welt kommen, werden wahrscheinlich 77,5 Jahre alt. Mädchen dürfen sogar ein Leben von 82,6 Jahren erwarten.[3] Im 18. Jahrhundert hingegen starben die Menschen im Durchschnitt nach nur 28 Jahren, denn 40 Prozent aller Neugeborenen vollendeten noch nicht einmal ihr erstes Lebensjahr.[4] Meist waren es Magen- und Darmkrankheiten, die sie dahinrafften. Aber auch Infektionskrankheiten wie Diphterie, Scharlach, Masern, Tuberkulose oder Pocken stellten eine tödliche Bedrohung dar. Umgekehrt wurden nur wenige Menschen alt. Im Jahr 1755 erreichten von 1 000 Geborenen in Berlin ganze 74 Menschen den 70. Geburtstag. In Leipzig waren es 105 und in Wien 71.[5]

Dass wir so genau wissen, in welchem Alter die Deutschen im Jahr 1755 starben, verdanken wir übrigens einem einzigen Mann: Johann Peter Süßmilch. Eigentlich war er Pfarrer in Berlin, doch er führte nebenher eine neue Disziplin in Deutschland ein: die Demographie. Akribisch sammelte er Sterbedaten aus Kirchenbüchern seiner Zeit und stellte daraus Tabellen zusammen. Politische Absichten verfolgte Süßmilch nicht. Ihm wäre der Gedanke völlig fremd gewesen, dass die Lebenserwartung von den sozialen und wirtschaftlichen Umständen abhängt. Stattdessen hielt er die Lebensdauer für gottgegeben, wie schon der Titel seines bahnbrechenden Werkes zeigt. Es hieß etwas umständlich: *Die göttliche Ordnung in den Veränderungen des menschlichen Geschlechts, aus der Geburt, dem Tode und der Fortpflanzung desselben erwiesen.*[6]

Doch spätestens ab Ende des 19. Jahrhunderts war unverkennbar, dass die Lebensdauer nicht allein biologisch vorgegeben ist, sondern vom Menschen beeinflusst werden kann. Seit der deutschen Reichsgründung 1871 stehen kontinuierlich demographische Daten zur Verfügung, und seither hat sich die Lebenserwartung mehr als verdoppelt. Oder wie man es auch rechnen kann: Pro Jahr nahm die Lebenserwartung um drei Monate zu. Es gibt allerdings auch Konstanten, die nachdenklich machen. Damals wie heute sterben die Armen deutlich früher, während die Reichen am längsten leben.[7]

Die Bevölkerungszahl explodierte, was ebenfalls neu war. Zwischen 1800 und 1914 stieg die Zahl der Deutschen von 24,5 auf 65 Millionen.[8] Weitere 5,1 Millionen wanderten aus, vor allem in die USA.[9] Zwar waren viele Menschen weiterhin arm, aber erstmals konnten sie verlässlich ernährt werden. Bis dahin hatte die deutsche Bevölkerungsentwicklung an eine Ziehharmonika erinnert: In guten Jahren expandierte sie, nach Missernten und Hungersnöten kontrahierte sie wieder. Doch seit der Industrialisierung vermehrten sich die Deutschen rapide, weil die Wirtschaft noch rapider wuchs.

Innerhalb weniger Jahrzehnte vervielfachte sich die Wirtschaftsleistung. 1850 lag das deutsche Nationaleinkommen bei 9,4 Milliarden Mark, 1913 schon bei 49 Milliarden Mark. Dies entsprach einer Wachstumsrate von 1,4 Prozent pro Kopf und Jahr, was heute wenig erscheinen mag und schon fast als Stagnation gilt. Doch damals war dauerhaftes Wachstum völlig neu – und eine absolute Sensation.[10]

Die Zeitgenossen selbst nahmen sofort wahr, dass sich ihr Leben dramatisch änderte. Kein Dokument schildert diesen Wandel so sprachgewaltig wie das *Kommunistische Manifest*, das Karl Marx und Friedrich Engels 1848 veröffentlichten. Hymnisch beschreiben die beiden den Kapitalismus und die Leistungen der neuen Bourgeoisie: »Erst sie hat bewiesen, was die Tätigkeit der Menschen zustande bringen kann. Sie hat ganz andere Wunderwerke vollbracht als ägyptische Pyramiden, römische Wasserleitungen und gotische Kathedralen.«

Marx und Engels waren lebenslang fasziniert von den technischen Erfindungen ihrer Zeit, und penibel wurden die »Wunderwerke« aufgezählt: »Unterjochung der Naturkräfte, Maschinerie, Anwendung der Chemie auf Industrie und Ackerbau, Dampfschifffahrt, Eisenbahnen, elektrische Telegraphen, Urbarmachung ganzer Weltteile, Schiffbarmachung der Flüsse, ganze aus dem Boden hervorgestampfte Bevölkerungen – welches frühere Jahrhundert ahnte, dass solche Produktionskräfte im Schoß der gesellschaftlichen Arbeit schlummerten.«

Es wäre also ein Missverständnis zu glauben, dass Marx und Engels den Kapitalismus abgelehnt hätten. Sie begrüßten das entfesselte Wachstum. Der Wohlstand sollte kräftig zunehmen, damit es anschließend bei der kommunistischen Revolution möglichst viel zu verteilen gab.[11]

Bis ins Detail hat der Kapitalismus das Leben der Menschen verändert, wofür der konservative Ökonom Joseph Schumpeter ein anschauliches Bild gefunden hat: »Königin Elisabeth I. besaß bereits Seidenstrümpfe. Die kapitalistische Leistung besteht nicht darin, Königinnen mit noch mehr Seidenstrümpfen zu versorgen, sondern dass sie auch für Fabrikarbeiterinnen erschwinglich sind.«[12]

Selbst dieses Bild ist noch schief. Wir leben nicht wie frühere Könige – wir leben weitaus besser als sie. Die Schlösser waren damals zwar prächtig, aber es fehlte ihnen an Toiletten, und sie waren schlecht beheizt. Reisen war ebenso ungemütlich: Als die österreichische Prinzessin Marie-Antoinette 1770 nach Frankreich verheiratet wurde, war ihre Brautkutsche 24 Tage unterwegs, um von Wien nach Paris zu gelangen. Heute benötigt der Nachtzug für die gleiche Strecke nur zwölf Stunden und ist besser gefedert als jedes königliche Gefährt. Die sozialen Unterschiede sind allerdings geblieben. Zwar kann heute jede Frau Seidenstrümpfe tragen, aber der Abstand zwischen Königin und Putzfrau ist nicht kleiner geworden.

Es ist ein Wunder, dass es exponentielles Wachstum gibt, denn über Jahrtausende stagnierte die Wirtschaftsleistung pro Kopf. In diesem Buch wird es nur eine einzige Graphik geben, aber diese eine Graphik zeigt schon alles:

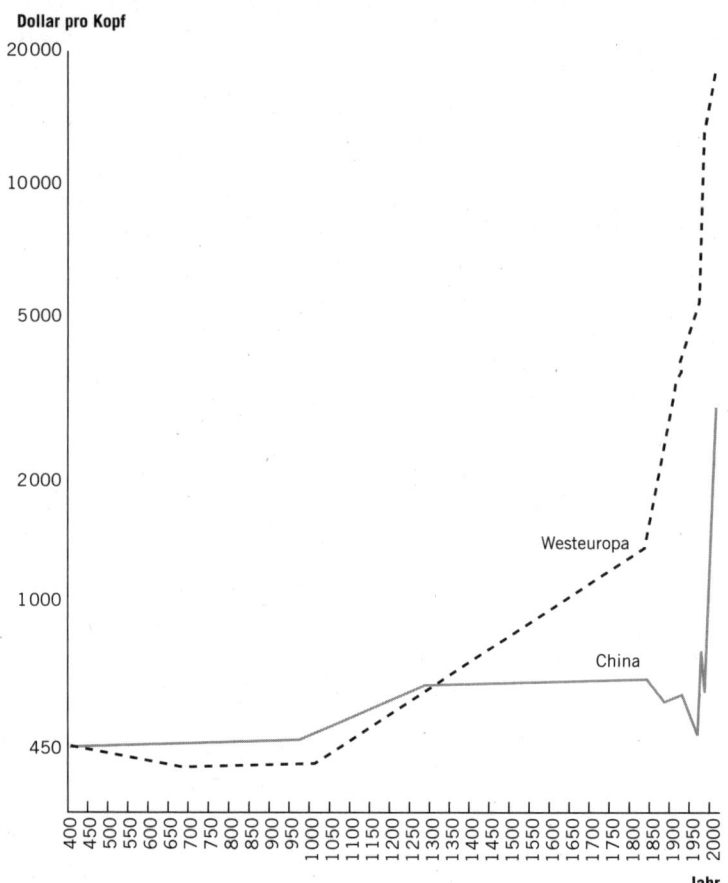

Quelle: Angus Maddison: *The World Economy: A Millennial Perspective*, Paris 2001, S. 42

Das frühe Mittelalter war eine chaotische Zeit, in der das durchschnittliche Einkommen pro Kopf bis zum Jahr 1000 sank. Danach wurde es zwar langsam besser, aber immer noch auf niedrigstem Niveau. Bis dann plötzlich, ab dem frühen 19. Jahrhundert, die Kurve senkrecht nach oben steigt. Heute ist jeder Westeuropäer ungefähr 20-mal reicher als seine Ur-Ur-Ur-Großeltern. Dieser neue Wohlstand hat eindeutig mit der Industrialisierung zu tun, und trotzdem ist dies allein noch keine Erklärung, denn daraus folgt ja nur die nächste Frage: Warum begann die Industrialisierung erst so spät – und nicht etwa zur Zeit der antiken Römer, die bereits ebenfalls in einer Massengesellschaft lebten?

2 Schon die antiken Römer liebten das Geld – wurden aber keine Kapitalisten

Die Römer waren das große Vorbild für ihre Nachfahren. Noch im 17. Jahrhundert glaubten viele Europäer, dass es nicht möglich sein würde, wieder an die Leistungen der Antike heranzureichen – oder sie gar zu überflügeln. In fast allen Bereichen waren die Römer und Griechen stilbildend: Ihre Architektur wurde immer wieder kopiert und ihre Philosophie genauestens rezipiert. Größte Bewunderung erregte das römische Imperium, das sich zu seinen Glanzzeiten von Persien im Osten bis nach Spanien im Westen, von der Sahara im Süden und bis nach Yorkshire im Norden erstreckt hatte. Nie wieder erreichte ein europäisches Reich eine solche Ausdehnung, und entsprechend emsig wurde die Militär- und Verwaltungsgeschichte Roms studiert. Bis weit ins 20. Jahrhundert hinein war Latein Pflichtfach an den Gymnasien und wurden alle Schüler mit Cäsars *De bello Gallico* traktiert.

Selbst Asterix und Obelix zeugen von dieser Bewunderung für die Römer. Zwar siegen die beiden Gallier stets über die tumben Legionäre, aber die Geschichte von dem »kleinen gallischen Dorf« funktioniert ja nur, weil jeder weiß, wie mächtig die Römer in Wirklichkeit waren.

Warum gelang den Römern nicht der Sprung in den Kapitalismus, obwohl sie doch auf fast allen Gebieten so erfolgreich waren? Diese Frage hat schon die Historiker des 19. Jahrhunderts beschäftigt, kaum dass sie sahen, welche Wucht die Industrialisierung entfaltete. Im Rückblick musste es überraschen, dass nicht bereits die antiken Römer exponentielles Wachstum erzeugt hatten.

An potentiellen Kunden für einen römischen Kapitalismus hätte es jedenfalls nicht gefehlt. In Rom ballten sich mehr als eine Million

Menschen; Alexandria und Antiochia hatten jeweils rund 300 000 Einwohner. Wie ihre Kollegen im 19. Jahrhundert kamen schon die römischen Architekten auf die Idee, dass diese Menschenmassen nur unterzubringen waren, wenn man sie aufeinanderstapelte. Also wurden in Rom siebenstöckige Mietskasernen gebaut, die »insulae«.

Das Römische Reich war bereits eine »Marktwirtschaft«, wenn man darunter versteht, dass überall Märkte existierten und schwunghafter Handel betrieben wurde. Jede römische Stadt verfügte über die nötige Infrastruktur, überall wurden Speicher und Markthallen errichtet. Viele Kaufleute und Händler waren so reich, dass sie sich große Grabmäler errichten konnten, die noch heute von ihrem Vermögen künden.[13] Kapitalmangel erklärt also nicht, warum die Römer nicht zu Kapitalisten wurden.

Auch das nötige Wissen besaßen sie. So galt reichsweit ein kodifiziertes Privatrecht, das uns bis heute prägt, weil es in das Bürgerliche Gesetzbuch (BGB) von 1900 eingegangen ist. Zudem existierte eine differenzierte Arbeitsteilung: Das Lateinische verzeichnet über 500 Ausdrücke für verschiedene Gewerbe,[14] und in den diversen Manufakturen für Keramik, Baustoffe, Textilien oder Glas wurde in mehreren Arbeitsschritten serielle Massenware hergestellt. Berühmt ist etwa die »terra sigillata«, eine rote Keramik, die aus Arezzo kam. Sie wurde in solchen Mengen produziert, dass sie in jedes römische Kaff vordrang und heute selbst kleinste Provinzmuseen in Süddeutschland ziert.

Vor allem ein Detail hat die Technikhistoriker immer wieder erstaunt: Die Römer kannten bereits die Dampfkraft, ohne die im 19. Jahrhundert die Industrialisierung nicht denkbar gewesen wäre. Aber anders als ihre Nachfahren wussten die Römer mit dieser Energiequelle nichts anzufangen – und nutzten sie höchstens als Spielzeug.[15]

Auch eine recht leistungsfähige Geldwirtschaft existierte in der Antike. Es gab Banken, die Geldeinlagen annahmen, Hypothekarkredite gewährten und Zinsen berechneten. Selbst der bargeldlose Zahlungsverkehr war bekannt. Bereits im dritten Jahrhundert v. Chr. wurde im ptolemäischen Ägypten mit Überweisungen gezahlt.

Auch die Römer kamen später darauf, dass es sich anbot, staatliche Ausgaben und Einnahmen in den Provinzen zu saldieren und bargeldlos abzuwickeln, um die Menge der Münzen zu reduzieren, die man über Land transportieren musste.[16]

Bessere Menschen waren die Römer auch nicht. Sie waren durchaus darauf aus, ihr Geld zu mehren. In den Ruinen von Pompeji fanden sich Graffiti, die so sinnige Sprüche wie »salve lucrum« (es lebe der Gewinn) oder »lucrum gaudium« (Gewinn macht Freude) verewigt haben.[17] Aber Gewinnstreben allein erzeugt offenbar noch keinen Kapitalismus – was also war anders in Rom?

Die bisher beste Antwort stammt von Moses I. Finley, einem der wichtigsten Althistoriker des 20. Jahrhunderts. Er verstand es virtuos, das Schweigen der antiken Quellen zu deuten. So fiel ihm als erstem auf, dass in den alten Texten niemals von einem Investitionskredit die Rede ist. Griechen und Römern war das Konzept völlig fremd, dass man ein Darlehen aufnimmt, um mit diesem Geld die Effizienz der Produktion zu erhöhen. Den reichen Senatoren kam es nicht in den Sinn, ihre Einkommen zu steigern, indem sie gezielt die Kosten auf ihren Landgütern senkten.[18]

Erhellend ist ein Brief, der von Plinius dem Jüngeren erhalten ist. Plinius lebte von 61/62 bis 113/115 n. Chr. und stammte aus einem der wichtigsten Geschlechter Roms.[19] In diesem Schreiben berichtet er über ein Landgut in Umbrien, das zu einem Schnäppchenpreis zu haben wäre, weil es durch schlechtes Management heruntergewirtschaftet sei. Plinius fragt sich nun, ob er das Gut kaufen soll, das direkt neben seinen eigenen Ländereien liegt. Auch moderne Landwirte neigen dazu, ihre Flächen zu arrondieren. Wer zusammenhängende Äcker besitzt, kann Maschinen und Arbeitskräfte besser einsetzen. Doch genau dieser Gedanke fehlt bei Plinius völlig. Stattdessen geht er eher ästhetisch vor und preist vor allem die »Schönheit« (pulchritudo), die sich daraus ergeben würde, beide Güter zu vereinen. Auch praktische Vorzüge sieht er: So könnte er beide Ländereien an einem Tag besuchen und müsste nur einen Aufseher beschäftigen. Zudem bräuchte er nur ein Herrenhaus für beide Güter, das den Ansprüchen eines Senators genügt. Ausdrücklich ist erwähnt, dass eine Jagdausrüstung ebenfalls reichen würde und er keine zweite bräuchte. Effizienz ist Plinius also nicht fremd, doch will er beim Konsum und seinen Freizeitvergnügen sparen. Über die Produktion auf seinen Latifundien denkt er nicht nach.

Das Gut sollte stolze drei Millionen Sesterzen kosten, aber Plinius sah kein Problem, diese Summe aufzubringen, wie er in seinem Brief versichert. »Es wird nicht schwierig sein zu leihen. Außerdem kann ich immer Geld von meiner Schwiegermutter haben, deren Schatulle ich genauso freigiebig nutzen kann wie meine eigene.«[20] Es fehlte also weder an Geld noch an Krediten.

Aus der Antike sind viele Darlehensverträge überliefert, doch entweder finanzierten sie den Fernhandel oder es wurden Konsumentenkredite vergeben. Man erwarb Villen wie Plinius, kaufte sich politische Ämter oder stattete die Töchter mit einer Mitgift aus. Auch Notkredite gab es, vor allem für die Kleinbauern, wenn etwa die Ernte ausgefallen war und die Zeit bis zum nächsten Sommer überbrückt werden musste. Aber es fehlte der Unternehmenskredit – weil niemand wie ein moderner Unternehmer dachte.[21] Griechen und Römer wollten zwar Gewinn machen, doch diese Profite erwirtschafteten sie sehr traditionell: Sie beuteten ihre Sklaven aus oder beteiligten sich am lukrativen Fernhandel.

Über diesen Drang zum schnellen Geld machten sich schon römische Autoren lustig. In seinem *Gastmahl des Trimalchio* schildert der Satiriker Petronius, wie dieser Trimalchio zu seinem immensen Vermögen gekommen war, obwohl er einst als freigelassener Sklave begonnen hatte. Prahlend erläutert Trimalchio seinen Gästen, »mit einer einzigen Fahrt habe ich zehn Millionen zusammengehamstert«. Dabei waren die Handelsgüter aus antiker Sicht noch nicht einmal spektakulär. Trimalchio hatte nur »Wein, Speck, Bohnen, Parfüm, Sklavenware« eingekauft und später weiterverhökert.[22]

Fast alle Kulturen kannten den gewinnträchtigen Fernhandel, bei dem die Preisdifferenz zwischen verschiedenen Orten ausgenutzt wird. Doch damit entsteht noch kein dauerhaftes Wachstum. Die Wirtschaftsleistung kann nur stetig zunehmen, wenn die Produktivität der Arbeitskraft steigt. Daher muss man in technische Verbesserungen investieren, wenn man Wachstum will. Doch einen derartigen Aufwand hatte Roms kleine Oberschicht nicht nötig. Sie war so reich, dass sie ihren Reichtum nicht noch weiter steigern musste. Ihre immensen Latifundien warfen immer ein fürstliches Einkommen ab, selbst wenn die Güter schlecht bewirtschaftet wurden.

Zudem sahen die reichen Römer ihre Güter nur selten. Sie verstanden sich nicht als Landwirte, sondern führten ein Luxusleben in der Stadt und reisten nur gelegentlich aufs Land, um ihre Aufseher zu kontrollieren. Ihre Hauptsorge war, dass die Angestellten nicht ehrlich sein und einen Teil der Einkünfte in die eigene Tasche abzweigen könnten. »Dies ist die Sicht eines Polizisten, nicht eines Unternehmers«, kommentiert Finley.[23]

Während also die Reichen zu reich waren, um in eine bessere Technik zu investieren – war der große Rest zu arm. Die meisten Bauern hatten so wenig Land, dass es noch nicht einmal reichte, um die Familie zu ernähren. Sie mussten sich als Saisonarbeiter bei den benachbarten Großgrundbesitzern verdingen, die ihnen nur Niedriglöhne zahlten. Und damit schloss sich der Kreis. Die antiken Römer und Griechen wurden nicht zu Kapitalisten, weil die Arbeitskraft zu billig war.

3 Ein Zufall? Warum das chinesische Kaiserreich kein Wachstum erlebte

Seit der Antike war den Europäern schmerzlich bewusst, dass ihre Wirtschaft rückständig war und dass sie nicht mit den Asiaten konkurrieren konnten. Inder und Chinesen produzierten Luxusgüter wie Seide, Juwelen und Gewürze, nach denen sich die europäische Oberschicht sehnte. Umgekehrt hatten die Europäer jedoch nur wenig zu bieten. Römisches Glas wurde zwar auch im chinesischen Reich geschätzt, aber letztlich waren Chinesen und Inder so überlegen, dass sie im Austausch meist nur ein einziges Produkt akzeptierten: Silber. Statt europäischer Waren wollten sie – Geld.

Bereits die antiken Römer sahen mit Sorge, dass große Teile ihrer Silbermünzen gen Osten verschwanden und von dort nie wieder zurückkehrten. So klagte Kaiser Tiberius darüber, dass durch die ständigen Importe von Luxusgütern das römische Geld »zu fremden und gar feindlichen Völkern« abwandere.[24] Es gab auch schon erste Versuche, den Verlust an Edelmetallen zu quantifizieren. Der römische Gelehrte Plinius der Ältere berichtet: »Niedrig geschätzt, nehmen Indien, die Serer und die arabische Halbinsel jährlich 100 Millionen Sesterzen durch unser Reich ein: So viel kosten uns unser Luxus und unsere Frauen.«[25] Wobei Plinius mit den »Serern« die Chinesen meinte.

Nicht nur in der Antike waren die Chinesen überlegen, ihr Kaiserreich galt 2000 Jahre lang als das mächtigste Reich der Welt. Erst ab 1700 wurde es von den Europäern ökonomisch überholt – und bald darauf politisch zerstört. Wie bei den Römern stellt sich also auch bei den Chinesen die Frage, warum sie nicht mit der Industrialisierung begannen. Um kurz vorzugreifen: Es könnte sein, dass China nicht zum Wachstum fand, gerade weil es so dominant war.

Diese Dominanz war den Europäern auch im Mittelalter sehr bewusst. Sie wollten China unbedingt kennenlernen, aber leider war der direkte Landweg meist verschlossen, weil die islamischen Staaten die Durchreise blockierten. Nur im 13. Jahrhundert öffneten sich plötzlich die Wege gen Osten, als die Mongolen erst China eroberten und dann bis Ungarn vordrangen. Diese einzigartige Machtkonstellation wurde von italienischen Kaufleuten sofort genutzt, um das mythische Kaiserreich zu erkunden. Der berühmteste Reisebericht stammt von dem Venezianer Marco Polo, aber er war keineswegs der einzige, der sich in Richtung China aufmachte.[26]

Doch schon bald verfiel das Mongolenreich, und die Handelsrouten waren erneut verschlossen. Anstatt auf den Landweg zu hoffen, versuchten die Europäer nun, China und Indien über das Meer zu erreichen. Kolumbus hatte 1492 bekanntlich nicht vor, Amerika zu entdecken, sondern wollte den direkten Weg nach China finden. Bis zu seinem Tod weigerte er sich anzuerkennen, dass er auf einen neuen Kontinent gestoßen war, und beharrte darauf, dass die Karibik zu Asien gehören müsste, weswegen er die dortigen Einwohner auch umstandslos »Indianer« – also Inder – taufte.

Das chinesische Kaiserreich bestand bereits seit 221 v. Chr. und war damit der älteste und größte Staat der Welt. 1820 lebten dort 381 Millionen Menschen, während es Europa auf 170 Millionen brachte. Zudem wurde China schon früh von einer leistungsfähigen Bürokratie verwaltet. Feudale Privilegien waren unwesentlich, stattdessen ging man bereits im siebten Jahrhundert dazu über, die Beamten durch zentrale Examina zu rekrutieren. Nur die Besten wurden genommen. Damit Klientelismus ausgeschlossen war, wurden komplizierte Mechanismen entwickelt, um die Anonymität der Prüflinge zu garantieren. So wurden ihre Namen geheimgehalten – und die Kandidaten schrieben auch nicht selbst, sondern Kopisten notierten ihre Antworten, damit die Kalligraphie nichts verriet.[27]

Diese Verwaltungselite hatte die alleinige Macht. Anders als in Europa musste sie sich nicht permanent mit Konkurrenzorganisationen herumschlagen. Es gab keine starke Kirche, und auch das Militär führte kein Eigenleben, sondern diente brav der Bürokratie. Natürlich gab es Machtkämpfe – aber sie wurden am Hof selbst ausgetragen und verwickelten nicht das ganze Reich.[28]

Die chinesische Verwaltung war erstaunlich klein. Sie zählte nur maximal 15 000 Beamte, die aber jeden Winkel des riesigen Reichs erreichen konnten – durch die Schrift. In Europa konnte lange Zeit fast niemand lesen, schon weil es kaum Bücher gab und jedes einzelne Werk von Mönchen handschriftlich auf Pergament kopiert werden musste. Die Chinesen hingegen benutzten schon früh das billigere Papier, und das erste gedruckte Buch kam 868 heraus. Es erschienen Zusammenstellungen der konfuzianischen Klassiker, Enzyklopädien, Wörterbücher, Geschichtsdarstellungen, medizinische Werke sowie Bücher über Landwirtschaft und Mathematik.

Neues Wissen verbreitete sich rasant, wodurch vor allem die Landwirtschaft deutlich produktiver wurde. Im Süden setzte sich der intensive Reisanbau durch, und es wurde so lange systematisch experimentiert, bis sich die Reifezeit von 150 auf 30 Tage verkürzt hatte und mehrere Ernten im Jahr möglich wurden. Die Chinesen hatten bessere Pflüge als die Europäer, sie setzten schon früh biologische Düngemittel ein. Sie besaßen riesige Bewässerungsanlagen und nutzten auch eine mehrstufige Fruchtfolge, so dass keine Felder brachliegen mussten. Bereits im Mittelalter betrug das Verhältnis zwischen Saat und Ernte eins zu zehn, während die Europäer nur eine Quote von eins zu vier erreichten. Der Abstand war enorm: Erst im 20. Jahrhundert wurde die europäische Landwirtschaft insgesamt so produktiv, wie es die chinesische schon im zwölften Jahrhundert gewesen war.

Wie die Römer hatten auch die Chinesen eine entwickelte Marktwirtschaft, die in der Lage war, sehr große Städte zu versorgen. Peking kam auf 1,1 Millionen Einwohner. In Kanton lebten 800 000 Menschen, Hangzhou hatte 500 000, Suzhou fast 400 000 Einwohner. Diese Massen ließen sich nur durch einen weitreichenden Handel ernähren. Hofbeamte und konfuzianische Gelehrte genossen zwar das höchste Ansehen und stellten die traditionelle Oberschicht, aber Kaufleute wurden keineswegs verachtet.

Spätestens ab dem 16. Jahrhundert kam es zu einer »Kommerzialisierung« der Elite. Es wurde denkbar und üblich, dass die Kinder von Kaufleuten in die Familien der Beamten einheirateten. Diese dynastischen Verbindungen zeigen, wie angesehen die reichen Kaufleute waren.[29]

Die Liste der chinesischen Erfindungen war lang: Papier, Schwarzpulver, Kompass, Seismograph, Druckerpresse. Auch in der Seefahrt waren die Chinesen überlegen. Legendär sind die maritimen Expeditionen des Admirals Zheng He, der für die Ming-Kaiser zwischen 1405 und 1433 siebenmal in See stach. Seine Flotte war extrem seetüchtig, bestand aus 317 Schiffen und umfasste eine Besatzung von 20 000 bis 32 000 Mann. Wie bescheiden nahm sich dagegen die Ausrüstung von Kolumbus aus, der 1492 nur über drei Schiffe und 87 Mann verfügte. Selbst die spanische Armada kam 1588 nur auf 137 Schiffe, als sie gegen England aufbrach.

Mit seinem immensen Geschwader gelangte Zheng He bis an die Küste des heutigen Kenia, wo ihm der Sultan von Malindi unter anderem eine Giraffe schenkte, die dann in Peking gebührend bestaunt wurde. Die Chinesen starteten ihre Erkundungsfahrten deutlich früher als die Europäer: Der portugiesische Entdecker Vasco da Gama traf erst 84 Jahre später in Malindi ein.

Die Seereisen des Zheng He zeigen, dass China die technischen und finanziellen Möglichkeiten besessen hätte, zu einer imperialen Seemacht aufzusteigen. Aber anders als später die Portugiesen und Spanier verfolgten die Chinesen keine kommerziellen Ziele. Sie wollten keine neuen Handelsrouten oder exotische Waren entdecken – es ging um die symbolische Macht ihres Kaisers. Auch die fernen Völker sollten ihm Tribut zollen, wie es die nahen Herrscher in Vietnam oder Korea schon taten.

Ab 1433 wurden die Seereisen nicht mehr fortgesetzt. Die leistungsstarke Flotte wurde abgemustert, der technische Vorsprung nicht genutzt. Ein Grund könnte sein, dass die Grenze im Norden gefährdet war und ein weiterer Angriff der Mongolen drohte. Im Rückblick jedoch ist deutlich, dass es eine politische Fehlentscheidung war, auf die Flotte zu verzichten. Ohne diesen freiwilligen Rückzug wäre es den Europäern wahrscheinlich nicht gelungen, zu weltweiten Kolonialmächten aufzusteigen, die selbst den fernen Indischen Ozean und den Pazifik beherrschten.

Von diesem kolonialen Drang der Europäer blieb China zunächst noch verschont und erreichte Ende des 18. Jahrhunderts seine maximale Macht: Es hatte Taiwan, die Mongolei und Tibet erobert. Hinzu kamen große Teile Sibiriens und ebenso große Flächen in Ostturkestan. Burma, Nepal, Siam, Annam und Korea waren abhängige Tributstaaten.

Doch nur wenige Jahrzehnte später war von dieser Macht nichts mehr übrig. China wurde ab 1840 von den Europäern und Japanern in mehreren Kriegen vernichtend geschlagen und fortan weitgehend fremdbestimmt. Das reichste Land der Welt wurde zu einem Armenhaus: 1952 lag die Wirtschaftsleistung pro Kopf niedriger als 1820. Selbst Indien ging es besser, wo das Pro-Kopf-Einkommen in dieser Zeit immerhin um 20 Prozent zugenommen hatte.[30]

Der Abstieg Chinas ist in der Weltgeschichte beispiellos und hat die Historiker bleibend beschäftigt. Warum hat China – anders als Westeuropa – nicht zum Kapitalismus gefunden? Warum wurde das Land plötzlich abgehängt? Dieses Thema hat so viele Forscher umgetrieben, dass es inzwischen einen eigenen Namen trägt. Es wurde »The Great Divergence« getauft – zu deutsch »Die große Gabelung«.[31]

Der chinesische Rückstand setzte offenbar schleichend ein, wie die neuere Forschung ermittelt hat. Um 1800 war China zwar politisch auf dem Höhepunkt seiner Macht, aber ökonomisch hatte es gegenüber Teilen von Westeuropa bereits verloren. Dies zeigt sich etwa bei den Reallöhnen der gelernten und ungelernten Arbeiter. Wenn man die Kilomengen an Weizen oder Reis vergleicht, die sich die unteren Schichten leisten konnten, dann kam ein Chinese 1820 nur noch auf 38 Prozent des Reallohns, den ein englischer Tagelöhner verdiente. Selbst einfache Briten hatten also einen deutlich höheren Lebensstandard.[32] Allerdings wurde dieser höhere Wohlstand zunächst nur in England und den Niederlanden erreicht. Mit den kümmerlichen Löhnen in Süditalien oder Osteuropa konnten die Chinesen noch lange mühelos mithalten.

Ein Entwicklungshemmnis in China war, dass Kaufleute zwar geachtet wurden, aber kein politisches Eigenleben führen konnten.

Sie waren der dominanten Verwaltung untergeordnet, die sich jedoch nicht besonders für Handel und Produktion interessierte. Stattdessen setzte die chinesische Bürokratie vor allem auf die Landwirtschaft, um die Erträge zu steigern und die Steuereinnahmen zu erhöhen.[33]

Auch war es hinderlich, dass sich die chinesische Bürokratie nur äußerst eingeschränkt für andere Kulturen öffnete. Die konfuzianische Staatsideologie verortete China als das »Reich der Mitte«, das von barbarischen Völkern umgeben war, die dankbar zu sein hatten, wenn sie dem »himmlischen Reich« Tribut zollen durften.

Dies führte zu einem »Clash of Cultures«, kaum dass die Europäer nach Asien vordrangen. Die zweifellos berühmteste Episode ereignete sich 1792/93, als der britische Diplomat George Macartney an den chinesischen Hof reiste, um Geschenke des englischen Königs Georg III. zu überbringen. Die Engländer scheuten keine Kosten: 600 Pakete hatte die Delegation dabei, so dass für den Landweg vom Küstenhafen nach Peking 3 000 Kulis, 90 Wagen, 40 Lastsänften und 200 Pferde benötigt wurden. In den Kisten befanden sich unter anderem zwei Planetarien, Globen, ein Teleskop, Messinstrumente, chemische Apparate sowie eine Taucherglocke. Aus der Sicht der Briten war es die modernste Technik, die Europa zu bieten hatte. Man wollte die Chinesen überzeugen, dass sich der überseeische Handel mit dem Westen lohnte.

Denn zum Ärger der Briten hatte sich seit der Römerzeit nichts geändert. Die Europäer gierten nach chinesischen Luxuswaren wie Tee, Seide und Porzellan, während umgekehrt die Chinesen nur bare Silbermünzen akzeptierten. Um es in modernen Worten auszudrücken: Die Europäer hatten immer noch ein permanentes Leistungsbilanzdefizit gegenüber China. Diesen Zustand wollten die Briten dringend korrigieren – indem sie die Chinesen für die europäische Technik begeisterten.

Doch die Pekinger Hofbeamten empfanden die englischen Gaben als Beleidigung; sie seien nicht außergewöhnlich und kostbar genug für ihren Kaiser. Man erkannte nicht, dass diese Pakete einen technischen Vorsprung markierten, der für China ungeheuer gefährlich werden konnte. Von seinen Beamten falsch beraten, unterschrieb

Kaiser Qianlong einen fatalen Brief an Georg III., in dem die Briten samt König als »Barbaren« bezeichnet wurden. In kalkulierter Arroganz dekretierte der Kaiser, dass »unser himmlisches Reich alle Dinge im Überfluss besitzt« und einen Handel mit den Engländern gar nicht nötig habe.[34]

Der chinesische Hof verstand den Handel mit fremden Völkern nicht primär als wirtschaftliche Unternehmungen – sondern als politische Prestigefrage. Für den Kaiser bedeuteten Importe, dass man unterlegen war. Wer Waren einführte, musste ja anerkennen, dass die andere Nation bessere Produkte herstellte.[35] Damit wurde jedoch die letzte große Chance vertan, die Bedrohung zu erkennen, die Europas kapitalistischer Aufschwung für China bedeutete.

Es wäre allerdings unfair, dem chinesischen Kaiser und seinen Beratern nur naive Arroganz vorzuwerfen. Die Chinesen kannten den Expansionsdrang der Briten, die Indien seit 1756 als eine Art kommerzielle Kolonie behandelten. Auch wusste Qianlong ganz genau, dass die anderen europäischen Mächte ebenfalls Zugang zum Kaiserreich verlangen würden, sobald es den Briten gestattet wäre, in China unbeschränkt Handel zu treiben.

Zudem wäre es übertrieben, China als völlig selbstgenügsamen Staat darzustellen. Ab 1582/83 gelangten Jesuiten ins Land, die sich schließlich in Peking niederlassen durften. Sie machten den Hof mit der europäischen Mathematik, Technik und Naturwissenschaft bekannt: Der italienische Jesuit Matteo Ricci fertigte eine Weltkarte an (mit China im Zentrum) und übersetzte den euklidischen Kommentar zur Geometrie. Der deutsche Jesuit Johann Adam Schall von Bell wurde gar zum Direktor des Kaiserlichen Astronomischen Amtes ernannt.[36] Spätere Jesuiten informierten über die Uhrenmechanik, die Glasproduktion und den Bau hydraulischer Maschinen. Zudem verrieten sie den Chinesen, wie man Kanonen konstruiert. Selbst für die italienische Barockmalerei konnte sich der chinesische Hof begeistern.[37]

Dennoch blieben diese Außenkontakte rudimentär. Es gab kein Außenministerium und keinen diplomatischen Dienst. Über den Westen wusste man sehr wenig, und fast niemand beherrschte eine europäische Sprache. Das eigene Land schien groß genug.

Vielleicht hat China nicht zum Kapitalismus gefunden, gerade weil es ein Riesenreich war, das seine Nachbarn dominierte. Es fehlte die Konkurrenz zwischen Staaten, die das kleinteilige Europa prägte. Die europäischen Fürstenhäuser führten permanent Kriege gegeneinander. Oft gab es nur kurze Pausen, bevor die nächste Schlacht begann. Um nur ein Beispiel aus der Neuzeit herauszugreifen: England und Frankreich bekriegten sich von 1689 bis 1697, von 1701 bis 1713, von 1740 bis 1748, von 1756 bis 1763, von 1776 bis 1783 und von 1792 bis 1815.

Da Kriege jedoch horrend teuer waren, wurden sie letztlich durch die schiere Wirtschaftsmacht gewonnen, wie die Europäer schon seit der Antike wussten. Gern wurde Cicero zitiert: »Nervi belli pecunia infinita« (Die Lebenskräfte des Krieges sind unerschöpfliche Geldmittel). Also wurde fast jede ökonomische Innovation kopiert, die in einem Nachbarstaat erfolgversprechend aussah. In Europa wäre es undenkbar gewesen, dass ein Land seine maritime Überlegenheit freiwillig wieder aufgab, wie es China nach 1433 tat, als es die Flotte des Admirals Zheng He einfach einmottete.

Durch die vielen Staaten gab es in Europa zudem genug potentielle Ansprechpartner, um eine neue Idee durchzusetzen. So kassierte Kolumbus zunächst nur Absagen, als er den direkten Weg nach China suchen wollte. Also versuchte er es einfach bei anderen Höfen, um einen Geldgeber für seine Erkundungsfahrten zu finden. Erst bei der vierten Adresse hatte er schließlich Erfolg – bei den spanischen Königen.[38]

Die Staatenkonkurrenz in Europa erklärt auch, warum sich in England sofort Technikspione aus Deutschland oder Frankreich tummelten, kaum dass sich herumgesprochen hatte, dass sich auf der Insel eine sensationelle Entwicklung abspielte. Beharrlich und gnadenlos wurden alle Ideen geklaut, die die Engländer zu bieten hatten. Ob Webstühle, Dampfmaschinen oder Lokomotiven – jede britische Erfindung verbreitete sich bald auch auf dem Kontinent.

Trotzdem erklärt die Konkurrenz zwischen den europäischen Staaten nicht, wie der moderne Kapitalismus entstanden ist. Der permanente Wettbewerb macht zwar verständlich, warum neue Ideen in Europa auch in anderen Ländern sofort aufgegriffen wurden. Aber es bleibt rätselhaft, warum die Engländer überhaupt auf die Idee kamen, ihre Textilherstellung zu mechanisieren – und mit der Industrialisierung zu beginnen.

Letztlich führt es in die Irre, sich zu fragen, was China »falsch« gemacht haben könnte. Das Land war enorm avanciert, wenn man es mit vielen anderen Weltregionen des 18. Jahrhunderts vergleicht. Es gab keinen historischen Determinismus, der zwingend zum Kapitalismus führen musste. Man kann es ein Wunder nennen – oder einen Zufall –, dass ausgerechnet in England ab etwa 1760 ein ungebrochenes Wirtschaftswachstum einsetzte. Zudem ist nicht ausgemacht, ob China längerfristig nicht zu einer eigenen Industrialisierung gefunden hätte. Aber dazu konnte es nicht mehr kommen, nachdem die weltweite Dominanz der Westeuropäer eingesetzt hatte.

4 Ausgerechnet in England: Der Kapitalismus entstand fast ohne Kapital

Zeitgenossen hätten niemals damit gerechnet, dass England die weltweite Wirtschaft revolutionieren würde. Das Vereinigte Königreich ist bekanntlich ein eher kleines Land, das 1760 geschätzte sieben Millionen Einwohner zählte. Die europäische Großmacht war Frankreich, dessen Bevölkerung damals bei rund 25 Millionen lag.

Dennoch begann ausgerechnet in England eine Entwicklung, die die Welt für immer verändern sollte: Maschinen ersetzten die menschliche Arbeitskraft. Später hat man diesen Prozess »industrielle Revolution« genannt, doch die Anfänge wirkten wenig revolutionär.[39] Zunächst wurde nur ein einziger Produktionszweig mechanisiert – die Textilindustrie –, und auch dort kam die Industrialisierung nur langsam voran. Es dauerte etwa 50 Jahre, von 1780 bis 1830, bis der letzte Handwebstuhl verschwunden war.

Bis heute gibt es keine eindeutige Antwort, warum die industrielle Revolution gerade in England einsetzte. »Obwohl tausende von Büchern über dieses erstaunliche Phänomen geschrieben wurden, bleibt es ein gewisses Rätsel.«[40] Vor allem drei Phänomene erscheinen im Rückblick höchst überraschend.

Erstens: Die Industrialisierung begann nicht etwa in London, das im 18. Jahrhundert bereits 750 000 Einwohner zählte und die größte Stadt Europas war. Stattdessen fand die Revolution ausgerechnet im ärmsten Teil Englands statt: im Nordwesten, auf dem Land, wo zuvor vor allem Schafe geweidet hatten. Nur Regen hatte es dort schon immer reichlich gegeben.[41] Doch plötzlich entstand in diesem verlassenen Winkel ein neues Wirtschaftszentrum. Manchester explodierte von 81 000 Einwohnern im Jahre 1800 auf

404 000 Menschen im Jahr 1850. Rasant wuchsen bald auch die Städte Liverpool, Birmingham, Leeds und Sheffield.

Zweitens: Die Industrialisierung kam anfangs ganz ohne Wissenschaft aus. Die ersten Maschinen wurden nicht etwa an Universitäten gebaut, sondern von normalen Handwerkern, die in jahrelanger Tüftelei Webstühle oder Spinnräder zu optimieren versuchten. »Viele der wichtigsten Erfindungen, vor allem in der Textilindustrie, benötigten nicht viel mehr Wissen, als bereits Archimedes besaß.«[42] Sogar James Watt verfügte über keine neuen wissenschaftlichen Erkenntnisse, als er 1769 seine revolutionäre Dampfmaschine konstruierte. »Eine *echte* Theorie über Dampfmaschinen wurde erst *ex post facto* durch den Franzosen Carnot in den 1820ern entwickelt«, stellt der britische Historiker Eric Hobsbawm fest.[43] Der Kapitalismus war anfangs keine Wissensrevolution, sondern führte im Gegenteil dazu, dass viel handwerkliches Wissen verlorenging. Hochspezialisierte Weber wurden durch ungelernte Arbeiter ersetzt, wogegen die Maschinenstürmer erfolglos protestierten.

Drittens: Der moderne Kapitalismus benötigte anfangs fast gar kein Kapital. Die ersten Maschinen wurden nicht durch die großen Banken in London finanziert, wie man vielleicht erwartet hätte. Stattdessen borgten sich die Fabrikanten das nötige Geld in der Familie und bei Freunden. Der spätere Sozialist Robert Owen zum Beispiel startete seine Fabrik in Manchester mit 100 Pfund, die er sich im Bekanntenkreis geliehen hatte.[44]

Die Anfänge der Industrialisierung waren so bescheiden, dass sie von Zeitgenossen glatt übersehen wurden. Auch berühmte Ökonomen bemerkten nicht, dass vor ihren Augen eine Revolution stattfand. Adam Smith veröffentlichte 1776 sein Werk über den *Wohlstand der Nationen* – doch die Tuchverarbeitung kam nur am Rande vor. Stattdessen illustrierte Smith das Prinzip der Arbeitsteilung lieber anhand einer kleinen schottischen Nadelfabrik. Selbst David Ricardo erkannte nicht, wie bedeutsam der technische Wandel war, obwohl er immerhin bis 1823 lebte. In seinen Schriften werden Maschinen kaum erwähnt. Noch stärker irrte sich der französische Ökonom Jean-Baptiste Say, der 1828 die ersten Dampfloks sah und trotzdem prognostizierte, dass »keine Maschine jemals vermag, was selbst ein Pferd kann – nämlich Menschen und Waren durch das Gedränge einer großen Stadt zu transportieren«.[45]

Die Industrialisierung setzte also schleichend und unerwartet ein. Zudem begann sie auf dem Land, fast ohne Kapital und mit einem technischen Wissen, das in vielen europäischen Staaten längst vorhanden war. Warum stand der erste mechanische Webstuhl nicht in Hessen, im Burgenland oder auf Sizilien? Warum ausgerechnet im Nordwesten Englands?

Die Antwort lässt sich weder im 18. Jahrhundert noch in Nordengland finden, sondern reicht viel weiter zurück. Ab dem späten Mittelalter begab sich England auf einen Sonderweg, der viele Zwischenstationen hatte und am Ende zur Industrialisierung führte – aber mit einer Agrarrevolution begann. Erst mussten sich die Lebensverhältnisse auf dem Land ändern, bevor das Gewerbe wachsen konnte.

Der Wandel musste auf dem Land einsetzen, weil die gesamte Wirtschaft auf Agrarprodukten basierte. Bis ins 18. Jahrhundert hinein wurden für Lebensmittel etwa 60 Prozent des Einkommens ausgegeben, und auch die restliche Produktion beruhte auf der Landwirtschaft: Aus Leinen und Wolle wurde Kleidung hergestellt; Tierfell wurde zu Leder, Holz wurde zu Häusern und Schiffen verarbeitet.[46] Neue Märkte wie etwa eine Textilindustrie konnten also erst entstehen, wenn Lebensmittel und andere Agrarrohstoffe billiger wurden und mehr Geld für weitere Güter übrigblieb.

Es war daher ein Entwicklungsvorsprung, dass England den Feudalismus sehr früh überwunden hatte – und durch einen Agrarkapitalismus ersetzte, der zu steigenden Ernten führte. Bereits am Ende des Mittelalters gab es in England weder Leibeigene noch Hörige mehr, während im Habsburger Reich die Frondienste erst 1781 und in Preußen sogar erst 1807 abgeschafft wurden.[47]

Der englische Agrarkapitalismus war nicht etwa geplant, sondern hatte viele Ursachen, zu denen unter anderem das wilde Eheleben Heinrichs VIII. gehörte. Um sich von seiner ersten Frau Katharina von Aragón zu trennen, brach er 1534 mit dem Papst und ernannte sich selbst zum Oberhaupt der anglikanischen Kirche. Der Besitz der Klöster wurde eingezogen, die bis dahin etwa ein Viertel des Agrarlands kontrolliert hatten, und an den niederen Adel und an Kaufleute verkauft.

Gleichzeitig verschwand die Allmende. Ursprünglich hatten viele Weiden, Wälder und Äcker der gesamten Dorfgemeinschaft gehört, doch ab dem späten Mittelalter wurde dieses Gemeinschaftsland zunehmend eingezäunt (enclosed) und privaten Gütern zugeschlagen. Ab Mitte des 18. Jahrhunderts wurde auch noch das Clanland im schottischen Hochland »gesäubert« (clearances). Die Clanchefs stiegen zu mächtigen Grundbesitzern auf, während der Rest der Bevölkerung das Land verlassen musste, das in riesige Schafweiden umgewandelt wurde.

Im Vereinigten Königreich bildete sich eine klare, aber gnadenlose Landverteilung heraus: Etwa 4000 Grundbesitzer kontrollierten rund 60 Prozent der Agrarfläche, die sie an 250000 Pächter vergaben, die wiederum 1,25 Millionen Tagelöhner beschäftigten.[48] Die Landnahme seitens des niederen Adels war oft brutal,[19] steigerte aber die Effizienz, was den Ertrag pro Landarbeiter bis 1800 verdoppelte. In Deutschland und Österreich hingegen legte die Produktivität kaum zu, so dass dort pro Arbeitskraft nur etwa die Hälfte dessen erzeugt wurde, was in England üblich war.[50] Schon früh gab es in England keine Hungersnöte mehr – so früh wie sonst nur in den Niederlanden. Dieser Umbruch lässt sich genau datieren: 1648 und 1650 kam es zu schweren Missernten in England, aber erstmals stiegen die Todeszahlen danach nicht mehr. Allerdings war das ärmste Fünftel noch immer unterernährt.[51]

Diese Ertragssteigerungen waren in England nur möglich, weil die Agrarrevolution in zwei Richtungen wirkte: Sie traf nicht nur die ärmeren Schichten, die ihre angestammten Rechte verloren und zu Tagelöhnern wurden. Auch die Grundbesitzer wurden in ihrer Macht beschränkt. Sie konnten ihre Ländereien nicht mehr zu beliebigen Konditionen verpachten – oder den Pächtern einfach kündigen. Stattdessen wurden langfristige Verträge üblich, die fixe Raten vorsahen. Wenn also die Pächter in ihre Felder investierten, um die Ernten zu steigern, dann blieb ihnen dieser Mehrwert und konnte nicht mehr vom Grundbesitzer abgeschöpft werden. Diese Rechtssicherheit war einzigartig in Europa. Damit wurden die Pächter zu

Agrarkapitalisten, die die Erträge ihrer Böden zu maximieren versuchten.

Jede neue Erkenntnis wurde genutzt. Die Pächter schafften die Dreifelderwirtschaft aus dem Mittelalter sofort ab, als sich im 18. Jahrhundert herausstellte, dass eine andere Fruchtfolge günstiger ist. Früher hatte man das Land jedes dritte Jahr brachliegen lassen, damit es sich nach einer Runde Winter- und Sommergetreide wieder erholte. Doch jetzt erkannten die Landwirte, dass diese Brache gar nicht nötig war, wenn man zwischendurch Klee oder Rüben pflanzte.

Diese veränderte Fruchtfolge wirkt im Rückblick simpel, aber sie stellte einen epochalen Durchbruch dar in einer Welt, die bis dahin mit zwei absoluten Grenzen gekämpft hatte: Es gab nicht genug Getreide, um alle Menschen ausreichend zu ernähren, und es gab nicht genug Futter, um die eigentlich nötigen Last- und Zugtiere durchzubringen. Diese Probleme waren plötzlich gelöst: Dank Klee und Rüben ließen sich erstmals genug Pferde unterhalten, um sie flächendeckend beim Pflügen einzusetzen. Die Bodenkrume konnte nun viel tiefer umgegraben werden, was die Getreideernten deutlich steigerte. Die Kühe wiederum lieferten nicht nur Fleisch und Milch – sondern auch Mist, womit die Getreidefelder gedüngt werden konnten, so dass deren Ertrag nochmals zunahm.

Solider Wohlstand breitete sich auf dem Land aus, was kontinentale Besucher zutiefst erstaunte. 1737 reiste der Franzose Abbé Le Blanc durch England und berichtete in seinen Briefen an die Heimat, dass die englischen Bauern alle Annehmlichkeiten des Lebens genießen würden. Selbst der Knecht würde erst einmal Tee trinken, bevor er mit dem Pflügen beginne – und Tee galt damals als Luxusprodukt. Le Blanc war auch beeindruckt, wie elegant die Landbewohner gekleidet waren. Im Winter würden sie Gehröcke tragen, und ihre Frauen und Töchter sähen aus wie echte Damen.[52]

Umgekehrt waren Engländer entsetzt, wie ärmlich die französischen Bauern lebten. In einem britischen Traktat über Frankreich hieß es 1754: »Die Landbevölkerung hat noch nicht einmal die nötige Verpflegung; es ist ein Menschenschlag, der schon vor dem 40. Lebensjahr abbaut, weil die Nahrung nicht ausreicht. … Es verletzt die Mitmenschlichkeit, wenn man sie mit anderen Völkern und vor allem mit unseren englischen Bauern vergleicht. Bei den französischen Landarbeitern bezeugt bereits ihr Äußeres, wie sehr ihre Körper verfallen.«[53]

Die Briten lebten besser als fast jedes andere Volk in Europa. Ein spanischer Botschafter soll 1778 gestaunt haben, dass in den Markthallen von London »in einem Monat mehr Fleisch verkauft wird, als ganz Spanien in einem Jahr isst«.[54] Außerhalb Englands hingegen war die Nahrung äußerst eintönig. Die meisten Europäer aßen vor allem Brot, Brei und Biersuppe. Denn Getreide war das weitaus billigste Lebensmittel, wenn man die enthaltenen Kalorien berücksichtigt. Es kostete elfmal weniger als Fleisch, 65-mal weniger als Meeresfisch, neunmal weniger als Süßwasserfisch, sechsmal weniger als Eier und dreimal weniger als Butter oder Öl.[55]

Die Engländer aßen jedoch nicht nur besser – sie mussten von ihrem Lohn auch weniger für ihre Lebensmittel abzweigen. Denn durch die Agrarrevolution sanken die relativen Kosten in der Landwirtschaft, so dass selbst den einfachen Schichten Geld blieb, um andere Waren zu kaufen. Sie konnten sich jetzt mehr als ein Hemd pro Jahr leisten. Es entstand eine breite Schicht von Konsumenten, die vor allem modische Kleidung begehrte.

Früh entwickelte sich ein einheitlicher nationaler Markt. Binnenzölle wurden abgeschafft, und der Transport war billiger als in jedem anderen europäischen Land. Denn die Schiffe konnten erst die Küste entlang schippern und dann über die vielen Flüsse auch die Städte im Inneren erreichen. Wo kein Fluss war, wurde ein Kanal oder eine Straße gebaut. 1840 gab es über 30 000 Kilometer an Straßen, die durch Mautgebühren finanziert wurden, und weitere 7 000 Kilometer an Kanälen.[56]

England war jedoch nicht nur ökonomisch moderner als der Rest Europas. Mindestens genauso wichtig waren die sozialen und politischen Besonderheiten in Großbritannien, um zu erklären, warum die Industrialisierung ausgerechnet dort einsetzte. So gehörte es zu den britischen Eigenarten, dass auch der Adel unternehmerisch dachte und gezielt investierte.

Es war nämlich ein Herzog, der 1761 den ersten modernen Kanal baute. Der Duke of Bridgewater wollte seine Kohlegruben bei Worsley mit Manchester verbinden – und stieg damit zu einem der reichsten Männer Englands auf. Die Rendite war sagenhaft: Der Kanal hatte 200 000 Pfund gekostet, warf aber jährliche Einnahmen von 80 000 Pfund ab. Der Kanal galt als technisches Wunderwerk, denn unter anderem gehörte dazu eine unterirdische Wasserstraße, die die Kohle direkt von der Grube auf den Kanal beförderte.

Die Rendite des Kanals begeisterte nicht nur den Herzog. Auch viele andere gutbetuchte Briten wollten nun schnell reich werden, indem sie mit Anteilsscheinen an Kanälen spekulierten. Ab etwa 1790 brach ein »Kanalfieber« aus, das als eine der ersten großen Finanzkrisen in die Geschichte einging. Denn gierig wurde am Bedarf vorbeigeplant. Viele Kanäle waren nie profitabel, andere wurden gar nicht erst zu Ende gebaut.

Während es für England typisch war, dass sich Adlige als Unternehmer betätigten, galt es im übrigen Europa als undenkbar, dass sich ein Herzog wie ein bürgerlicher Geschäftsmann benahm. Es gehörte zum Standesprinzip des Hochadels, nicht zu arbeiten – und dieses »Prinzip der Derogation« wurde eisern überwacht.[57] In England hingegen waren die Grenzen zwischen dem Adel und den »Commons« fließend, weil ein striktes Erstgeburtsrecht galt. Nur der älteste Sohn erbte den Adelstitel und die Güter; alle weiteren Kinder galten als bürgerlich. Sie mussten sich eine andere Betätigung in der Verwaltung, beim Militär, als Priester oder eben als Unternehmer suchen. England war und ist eine ausgeprägte Klassengesellschaft, bei der die richtige Herkunft entscheidend ist. Aber die Elite war schon immer geschäftstüchtig – und sie war auch stets bereit, sich mit reichen Aufsteigern aus den unteren Schichten zu mischen.

Spätestens ab 1688 hatte diese geschäftstüchtige Elite auch politisch das Sagen, denn nach der »Glorious Revolution« wurde die Willkür des Königs beschnitten. Das Parlament hatte fortan das Recht, über Steuern abzustimmen, und auch die Justiz sicherte sich ihre Unabhängigkeit. Diese Maßnahmen sind oft so gedeutet worden, als sei der Einfluss von Staat und Krone zurückgedrängt worden – doch tatsächlich geschah genau das Gegenteil. Gerade weil es nun eine parlamentarische Kontrolle gab, wurde der Staat in England immer wichtiger.

So war es nach 1688 zum Beispiel nie wieder ein wirkliches Problem, die Steuern zu erhöhen, um Armee und Marine auszustatten. Denn der Adel und die Kaufleute im Parlament wussten ganz genau, dass es ihren Interessen diente, die permanenten Kriege in Europa zu gewinnen. Wer die Weltmeere beherrschte, beherrschte den Weltmarkt.

Englands Steuereinnahmen stiegen rasant: Zwischen 1665 und 1800 nahm das Steueraufkommen von 3,4 auf mindestens 12,9 Prozent der Wirtschaftsleistung zu. In Frankreich hingegen sanken die Steuereinnahmen im 18. Jahrhundert und betrugen 1788 nur noch 6,8 Prozent des Bruttoinlandprodukts.[58] Im absolutistischen Frankreich rebellierten die Bürger gegen neue Steuern, weil sie das Gefühl hatten, dass der König nur seinen pompösen Hof in Versailles finanzieren wollte. Zudem arbeitete die französische Finanzverwaltung höchst ineffektiv, weil korrupte Steuerpächter einen großen Teil der Einnahmen gar nicht an die Zentralverwaltung weiterreichten. Das Ergebnis ist bekannt. Das kleinere England gewann alle Kriege gegen das eigentlich viel mächtigere Frankreich.

Die Steuern waren jedoch nicht nur kriegsentscheidend – sie erwiesen sich auch als ein Konjunkturprogramm. Die Aufrüstung schuf allseits Arbeitsplätze: Schiffe mussten gebaut, Proviant gekauft, Matrosen und Soldaten angeheuert werden.[59] Die Nachfrage des Staates löste neue Nachfrage aus, denn natürlich gaben die Lieferanten, Soldaten und Arbeiter das Geld sofort wieder aus, das sie von der Regierung erhalten hatten. Die Wirtschaft wuchs daher auch mitten im Krieg: Von 1780 bis 1830 nahm die industrielle Produktion in England um 300 Prozent zu – obwohl das Land von 1793 bis 1815 gegen Frankreich kämpfte.[60]

Allerdings konnten sich die Briten damals noch nicht vorstellen, dass Steuern auch anderen Zwecken dienen könnten, als Flotten und Armeen zu finanzieren. Kaum war Napoleon 1815 endgültig bei Waterloo geschlagen, stiegen auch die Steuern nicht mehr.[61]

Mit dem wachsenden Wohlstand tauchte in England jedoch ein Problem auf, das bis dahin unbekannt gewesen war: Auch die Löhne stiegen – womit die britischen Waren international nicht mehr wettbewerbsfähig waren. Ganz besonders schmerzhaft zeigte sich dies in der Textilbranche, die mit der Konkurrenz aus Indien zu kämpfen hatte. Im Jahr 1600 war die Englische Ostindien-Kompanie gegründet worden, und nach anfänglichen Startschwierigkeiten boomte der Import. Nicht nur indische Gewürze waren begehrt, sondern auch Kattun- und Musselinstoffe. Denn diese leichte Baumwolle kratzte nicht wie heimische Wolle – und obendrein waren die bunten Muster farbecht. Sie blichen nicht gleich bei der ersten Wäsche aus, wie es bei europäischen Leinenstoffen üblich war. Zudem waren Kattun und Musselin auch noch billiger, denn die indischen Löhne betrugen nur ein Fünftel oder Sechstel der englischen.[62]

Zunächst reagierten die Engländer ganz klassisch: Sie setzten auf Protektionismus, um ihre eigene Textilbranche zu schützen. Im 18. Jahrhundert wurden indische Textilien nur noch beschränkt ins Land gelassen und stattdessen vor allem in den Rest Europas oder nach Amerika exportiert. Diese Dreiecksgeschäfte waren äußerst profitabel für die Ostindien-Kompanie. Nur ein Beispiel: 1684 kaufte sie für rund 840 000 Pfund Baumwollstoffe in Indien ein, um sie für vier Millionen Pfund in anderen europäischen Staaten weiterzuveräußern.[63] Trotzdem wollten sich die Briten nicht damit begnügen, nur Zwischenhändler zu sein. Sie wollten auch die Textilherstellung erobern und den Weltmarkt selbst beliefern. Dies war jedoch nur möglich, wenn man die Inder unterbot. Angesichts der hohen englischen Löhne gab es dafür aber nur einen Weg: Maschinen mussten die Menschen ersetzen.

Im 18. Jahrhundert setzten die großen Erfindungen ein, die die Textilbranche revolutionieren sollten. Nur in Stichworten: 1733 ließ der Tüftler John Kay seinen »Flying Shuttle« patentieren, der auf deutsch etwas umständlich »Schnellschusswebstuhl« heißt. Dies war noch ein Handwebstuhl, der aber sehr viel breiter war als früher und nur noch einen Weber benötigte. Das Weben ging jetzt so schnell, dass die Spinner nicht mehr hinterherkamen – was dann zur »Spinning Jenny« führte, die 1764 von dem Weber James Hargreaves erfunden wurde. Sie hatte bis zu 100 Spindeln und war schon achtmal so produktiv wie das herkömmliche Spinnrad. Wenig später folgte der eigentliche Durchbruch: Der Perückenmacher Richard Arkwright konstruierte 1769 den »Water Frame«, der erst mit Wasserkraft (daher der Name) und sehr bald mit Dampfmaschinen angetrieben wurde. Jetzt reichte ein Hilfsarbeiter, um hunderte von Spindeln zu überwachen. Wenig später wurde 1785 der »Power Loom« patentiert, eine Webmaschine, die ebenfalls mit Dampfkraft betrieben wurde.[64]

Die Preise für Baumwollstoffe fielen dramatisch. 1850 kosteten sie weniger als ein Fünftel im Vergleich zum Jahr 1800, während die Preise für Getreide und Nahrungsmittel in dieser Zeit nur um ein Drittel sanken.[65] Mühelos konnten die englischen Textilhersteller jetzt ihre indische Konkurrenz vom Weltmarkt verdrängen. Denn die Preise der Engländer waren so niedrig, dass es sich nicht einmal mehr für die allerärmste Inderin lohnte, Baumwollgarn zu spinnen.[66]

Die Engländer eroberten mit ihren Textilien nicht nur Europa und Amerika – sondern auch Indien selbst und dessen asiatische Kunden. Seit der Antike war Indien für seine weichen und leichten Stoffe berühmt gewesen, doch nun blieb von dieser traditionsreichen Branche nichts mehr übrig. Innerhalb weniger Jahre wandelte sich das hochentwickelte Indien in einen reinen Agrarstaat, der nur noch die rohe Baumwolle nach England zu liefern hatte.

Indien war in einem Paradox gefangen: Eben weil seine Löhne so niedrig waren, wurde es noch ärmer. Denn bei den geringen Arbeitskosten lohnte es sich einfach nicht, teure Maschinen zu beschaffen und die Arbeiter zu ersetzen. Nur im reichen England mit seinen hohen Löhnen rechnete es sich, die Produktivität zu steigern, was die Briten prompt noch reicher machte.

Nicht nur Indien hatte mit diesem Teufelskreis zu kämpfen, sondern auch alle anderen europäischen Staaten, deren Löhne niedriger waren als die englischen. Der Wirtschaftshistoriker Robert C. Allen hat es vor kurzem einmal vorgerechnet: »In den 1780er Jahren lag die Rentabilität einer Arkwright-Spinnerei in England bei 40 Prozent, in Frankreich bei neun Prozent und in Indien bei einem Prozent. Da Investoren jedoch mindestens eine Rendite von 15 Prozent auf ihr fixes Kapital erwarteten, ist es kein Wunder, dass in dieser Zeit rund 150 Arkwright-Spinnereien in Großbritannien, vier in Frankreich und keine einzige in Indien errichtet wurden.«[67]

Die europäischen Konkurrenzmächte sahen durchaus, dass sich in Großbritannien eine beispiellose Entwicklung abspielte, und versuchten, dieses »englische Wunder« zu imitieren. Die deutschen Fürsten schickten sofort Industriespione auf die Insel und subventionierten Unternehmer, die bereit waren, die englischen Maschinen zu kopieren. Der Erfolg war jedoch zunächst minimal, eben weil es sich bei den niedrigen Löhnen in Deutschland gar nicht lohnte, Maschinen einzusetzen. Dies galt nicht nur bei der Baumwolle; auch beim Flachs setzten sich die Spinnmaschinen auf dem Kontinent erst um 1840 durch, während sie in England schon rund 20 Jahre früher flächendeckend genutzt worden waren.[68]

Die anderen europäischen Länder hatten am Ende nur eine Chance, weil der technische Fortschritt nicht mehr aufzuhalten war. Immer neue Erfinder tüftelten an den Spinn- und Webmaschinen herum, um sowohl Arbeitskräfte als auch Kapital einzusparen. Die Kosten für die Technik sanken beständig, und ab 1820 wurde es auch auf dem europäischen Kontinent profitabel, eine Textilindustrie zu starten. Ab 1850 waren die Maschinen so billig, dass sie selbst in Niedriglohnländern wie Mexiko und Indien rentabel wurden – und ab 1870 wanderte die Textilbranche ganz in die Dritte Welt ab.[69]

Dieses Muster ist seither bei jedem technologischen Wandel zu beobachten: Die Neuerungen finden immer in reichen Ländern statt und werden dann Schritt für Schritt auch für andere Regionen profitabel, weil die Kosten für die Technik sinken. So war es bei den Kühlschränken, den Fernsehern – oder zuletzt bei den Solarpaneelen. Sie alle werden nicht mehr in Europa hergestellt, sondern in China.

Diese Verlagerung von Arbeitsplätzen löst bis heute bei vielen Europäern Angst aus. Immer wieder wurde und wird gefordert, dass die Löhne sinken müssen, damit Europa im »globalen Wettbewerb« konkurrenzfähig bleibt. Aber dies ist ein Missverständnis, wie die Geschichte zeigt: Nicht durch niedrige Löhne wird der Kapitalismus angetrieben, sondern durch hohe. Nur wenn die Arbeitskräfte teuer sind, lohnen sich technische Innovationen, die die Produktivität steigern und damit Wachstum erzeugen.

Allerdings lassen sich Maschinen nur einsetzen, wenn genug Energie zur Verfügung steht. Eine Dampfmaschine muss permanent befeuert werden. Energie war jedoch knapp in Europa, denn lange Zeit konnte man nur Holz oder Holzkohle einsetzen. Bereits in der Antike kam es daher zu ersten, großen Umweltkatastrophen: So wurden rund um Athen die Berge abgeholzt – und diese Wälder sind seither nicht mehr nachgewachsen, weil der Boden sofort erodierte. Die frühere Landschaft war bereits zu Zeiten Platons nur noch eine ferne Erinnerung. Im vierten Jahrhundert v. Chr. schrieb der Philosoph: »Wie von einem durch Krankheit dahingeschwundenen Körper sind nur noch die Knochen übriggeblieben, indem die Erde, soweit sie fett und weich war, ringsherum abgeflossen und nur das magere Gerippe des Landes zurückgelassen ist.«[70]

Auch in Westeuropa waren die Wälder im Mittelalter weitgehend verschwunden. Besonders knapp war Holz in England. Angeblich trieb sich Robin Hood zwar im Sherwood Forest herum und versteckte sich dort mit seinen Kumpanen – doch tatsächlich war diese Legende auch deswegen so beliebt, weil sie eine Landschaft beschwor, die im realen England kaum noch existierte. Den Sherwood Forest gab es zwar, aber er war recht klein und diente als gut gepflegtes königliches Jagdrevier. Der wilde Wald war nur noch eine romantische Projektion auf eine längst verschwundene Vergangenheit.[71]

Die Engländer verfügten jedoch über einen anderen Schatz, der vielen anderen europäischen Ländern fehlte: Sie besaßen Kohle, sehr viel Kohle, die zudem leicht zu erschließen war. Große Vorkommen lagen rund um Newcastle, nah am Meer, so dass die Kohle billig nach London verschifft werden konnte. Dies war ein einzigartiger Vorteil: Auch die Römer und Chinesen hatten schon den hohen Brennwert der Kohle entdeckt, doch genutzt hatte ihnen dies gar nichts, weil die Lagerstätten im Landesinneren lagen. Die Kohle hätte auf Karren über holprige Landstraßen transportiert werden müssen, was viel zu teuer war.[72] Also verzichteten die Römer ganz auf Kohle, und in Peking wurden damit nur die Häuser der Mandarine geheizt. England hingegen erlebte bereits um 1600 eine »Kohlerevolution«, die das Holz ersetzte. Weit vor der eigentlichen Industrialisierung wurde Kohle in den energieintensiven Gewerken genutzt: Mit Kohle wurde Salz aus Meerwasser gewonnen, Zucker raffiniert, Bier gebraut, Brot gebacken, Glas geblasen, wurden Backsteine gehärtet, Fliesen hergestellt und Häuser beheizt.[73]

Die Engländer erkannten sofort, dass ihre Kohlegruben rund um Newcastle eine Form des Reichtums darstellten, die mit den Silberminen im spanischen Südamerika durchaus mithalten konnte. Der Dichter John Cleveland reimte 1650 leicht ironisch:

> England's a perfect world, hath Indies too,
> Correct your maps, Newcastle is Peru.[74]

England hatte also die teuersten Arbeitskräfte und die billigste Energie. Diese Kombination war weltweit einmalig, und sie erklärt, warum die Industrialisierung in England begann. Nur in England war es profitabel, Menschen durch Maschinen zu ersetzen.[75]

Die Baumwolle wurde von einem Luxusgut zur Massenware. Selbst Unterwäsche und Geschirrtücher wurden nun aus Baumwolle hergestellt. Allerdings blieb diese frühe Form der Industrialisierung noch ganz bescheiden: 1830 machten Baumwollstoffe nur etwa acht Prozent der britischen Wirtschaftsleistung aus.[76] Der überwältigende Rest der Branchen war von dem industriellen Wandel noch gar nicht erfasst worden, als im Nordwesten Englands schon die ersten Proletarierstädte wie Manchester entstanden.

Der eigentliche Durchbruch kam mit der Eisenbahn. Sie war eine technische Revolution. Immer wieder haben Zeitgenossen und Historiker versucht, die Wirkung dieser Erfindung zu beschreiben, und die wohl beste Zusammenfassung stammt von dem französischen Dichter und Philosophen Paul Valéry, der dafür nur einen einzigen Satz benötigte: »Napoleon kam ebenso langsam voran wie Julius Cäsar.« Nun aber rasten die Europäer durch ihren Kontinent; kurz vor dem Ersten Weltkrieg brachten es die Eisenbahnen im Durchschnitt auf 90 Stundenkilometer.

Auch die Geschichte der Eisenbahn beginnt in der Kohlegrube. Denn es stellte sich das Problem, wie man die Kohle bis zum nächsten Fluss oder Kanal schaffen sollte. Schon früh wurden Loren eingesetzt, die auf Schienen rollten und von Pferden gezogen wurden.

Am Anfang waren diese Schienen aus Holz, im 18. Jahrhundert schon aus Eisen. Aber der Durchbruch kam erst mit der Dampfkraft: Als sie erfunden wurde, lag der Gedanke nahe, dass sie doch auch die Kohleloren ziehen könnte.

Die erste richtige Eisenbahn wurde 1825 eröffnet – und verband das Kohlerevier rund um Durham im Nordosten mit dem Meer. Diese Stockton-Darlington-Linie sollte eigentlich nur Kohle und Getreide transportieren, doch zeigte sich bald, dass auch mit Passagieren Geld zu verdienen war. Immer neue Strecken wurden gebaut, und wie schon bei den Kanälen setzte nun eine »Railway Mania« ein: Bis 1850 steckten Investoren 240 Millionen Pfund in die Eisenbahnen.[77] Für die damalige Zeit war dies eine enorme Summe, denn die gesamte britische Wirtschaftsleistung lag 1850 bei nur 572 Millionen Pfund. Dennoch ging das Geld nie aus, wenn es galt, Infrastrukturprojekte zu finanzieren. Trotz der enormen Kosten für die Eisenbahnen gab es sogar einen Kapitalüberschuss, weil die kleine reiche Schicht der Geschäftsleute und Aristokraten gar nicht wusste, wo sie ihr enormes Geldvermögen investieren sollte. Es herrschte ein »Anlagenotstand«, weswegen die Anleihen der Eisenbahnen 1855 nur noch eine Minirendite von 3,7 Prozent abwarfen.[78]

Mit den Eisenbahnen wandelte sich der Kapitalismus: Anders als bei der Mechanisierung der Textilindustrie wurde jetzt Kapital benötigt, und zwar in ungeheuren Summen. Denn es wurden ja nicht nur Eisenbahnen gebaut, sondern Maschinenfabriken hochgezogen, weitere Kohlegruben erschlossen, Dampfschiffe konstruiert und Großstädte errichtet. Es setzte ein ungeheurer Boom ein, der sich jedoch immer mühelos finanzieren ließ. Das nötige Geld wurde aus dem Nichts geschöpft, was aber nie ein Problem war, weil es zum Wesen des Geldes gehört, aus dem Nichts zu entstehen (siehe Kapitel 9).

In dieser zweiten Phase der Industrialisierung wurde jedoch nicht nur Kapital benötigt – auch die Wissenschaft wurde jetzt wichtig. Es entstanden Forschungslabore, in denen systematisch nach neuen Produkten und Herstellungsverfahren gesucht wurde. Es entwickelte sich eine Chemieindustrie, die künstliche Farben, künstlichen Dünger, Fotoplatten, Dynamit und erste Medikamente herstellte. Als zweite Leitbranche entstand die Elektrotechnik, die mit Telegraphie, Telefon, Glühbirne und Elektromotor den Alltag revolutionierte. Wenig später kamen dann Fahrrad, Auto, Radio, Kino und Flugzeug hinzu. Die Industrialisierung war nicht mehr aufzuhalten, sobald sie einmal eingesetzt hatte.

Von diesem Aufschwung profitierte zunächst nur eine kleine Minderheit, während es den meisten Briten anfangs sogar schlechter ging. Hohe Löhne hatten die Industrialisierung zwar ausgelöst, aber jetzt sank der Lebensstandard der Massen wieder: Dieses seltsame Phänomen ist als »early growth paradox« in die Geschichtswissenschaft eingegangen.

Die Verarmung der unteren Schichten lässt sich eindeutig messen – an ihrer Körperlänge. Zwischen 1830 und 1860 schrumpfte die durchschnittliche Größe der englischen Soldaten um zwei Zentimeter.[79] Das abnehmende Körpermaß und der schlechte Gesundheitszustand fielen bereits den Zeitgenossen auf. Marx ließ es sich nicht nehmen, in seinem *Kapital* einen entsprechenden Zeitungsartikel aus Deutschland zu zitieren: »Nach Angaben in der *Bayerischen Zeitung* vom 9. Mai 1862 von Dr. Meyer stellt sich nach einem 9jährigen Durchschnitt heraus, dass in Preußen von 1 000 Konskribierten 716 untauglich zum Militärdienst: 317 wegen Mindermaß und 399 wegen Gebrechen.«[80]

In den neuen Fabriken waren die Arbeitsbedingungen oft entsetzlich, wie selbst die konservative Presse monierte. In den bürgerlichen Quellen fanden sich so viele Klagen, dass Marx damit Seite um Seite in seinem *Kapital* füllen konnte. Einen schauerlichen Fall konnte Marx zum Beispiel dem *Daily Telegraph* vom 17. Januar 1860 entnehmen: »Herr Broughton, ein County Magistrate, erklärte …, dass in dem mit der Spitzenfabrikation beschäftigten Teile der städtischen Bevölkerung ein der übrigen zivilisierten Welt unbekannter Grad von Leid und Entbehrung vorherrscht. … Um zwei, drei, vier Uhr des Morgens werden Kinder von neun bis zehn Jahren ihren schmutzigen Betten entrissen und gezwungen, für die nackte Subsistenz bis zehn, elf, zwölf Uhr nachts zu arbeiten, während ihre Glieder verschwinden, ihre Gestalt zusammenschrumpft, ihre Gesichtszüge abstumpfen und ihr menschliches Wesen ganz und gar in einem steinähnlichen Torpor erstarrt, dessen bloßer Anblick schauderhaft ist.«[81]

Die Lebenserwartung war kurz. Viele Kinder erreichten noch nicht einmal das Erwachsenenalter, was auch liberale Politiker als Skandal empfanden. Genüsslich zitiert Marx eine Rede von Joseph Chamberlain, der damals Bürgermeister von Birmingham war und später zu einem der bedeutendsten britischen Politiker aufsteigen sollte: »Dr. Lee, der Gesundheitsbeamte von Manchester, hat festgestellt, dass in jener Stadt die mittlere Lebensdauer der wohlhabenden Klasse 38, die der Arbeiterklasse nur 17 Jahre ist. In Liverpool beträgt sie 35 Jahre für die erstere, 15 für die zweite. Es folgt also, dass die privilegierte Klasse eine Anweisung aufs Leben hat (have a lease of life) mehr als doppelt so groß als die ihrer weniger begünstigten Mitbürger.«[82] An diesem Zitat aus dem Jahre 1875 ist jedoch nicht nur die Gesellschaftskritik interessant. Im Rückblick fällt auch auf, wie selbstverständlich es für Marx oder Chamberlain noch war, dass auch die Privilegierten im Durchschnitt nicht älter als 35 oder 38 Jahre alt wurden.

Der Durchbruch zur modernen Wohlstandsgesellschaft begann erst ab etwa 1880, als auch die Reallöhne anfingen, deutlich zu steigen. Dies war vor allem den Gewerkschaften zu verdanken, die 1871 in England gesetzlich zugelassen wurden. Es entwickelte sich eine neue Massenkaufkraft, die den Kapitalismus nochmals veränderte. Es entstand die Konsumgesellschaft.

Ohne den Massenkonsum wäre der Kapitalismus sehr früh wieder zusammengebrochen. Erst die enorme Nachfrage der Arbeitnehmer hat neue Produkte und neue Wachstumsschübe ermöglicht, die durch den Lebensstil der Wohlhabenden allein niemals ausgelöst worden wären. Wie es der Historiker Eric Hobsbawm zusammenfasst: »Es war nicht der Rolls-Royce, sondern das T-Modell von Ford, das die Automobilindustrie revolutioniert hat.«[83]

Zwischen 1908 und 1927 wurden rund 15 Millionen Fords des T-Modells hergestellt. Als erstes Auto wurde es ab 1914 am Fließband gefertigt und war schon für 440 US-Dollar zu haben. Da die Ford-Mitarbeiter gleichzeitig sensationelle fünf Dollar pro Tag verdienten, mussten sie nur etwa vier Monate arbeiten, um ein solches Auto erwerben zu können. Genau dies war der Plan. Firmengründer Henry Ford wollte Autos bauen, die sich die Mittelschicht und Fabrikarbeiter leisten konnten. Bereitwillig zahlte er hohe Löhne, weil er wusste, dass er von der Nachfrage lebt. Wahrscheinlich hat er den berühmten Satz, der ihm zugeschrieben wird, nie gesagt, aber die Aussage trifft trotzdem zu: »Autos kaufen keine Autos.«

Löhne werden oft nur als lästiger Kostenfaktor betrachtet, die es möglichst zu drücken gilt. Doch wie die Entwicklung des modernen Kapitalismus zeigt, sind hohe Löhne der eigentliche Motor. Sie treiben den Produktivitätsfortschritt an, der Wachstum erzeugt. Zudem sind Löhne nicht nur Kosten für die Arbeitgeber, sondern die Beschäftigten geben ihr Einkommen ja wieder aus. Die Löhne schaffen jene Nachfrage, die es überhaupt interessant macht, für einen Markt zu produzieren. Der moderne Kapitalismus konnte erst entstehen, als sich die unteren Schichten mehr als nur die allernötigsten Lebensmittel leisten konnten. Die Industrialisierung begann in England, weil dort die Reallöhne doppelt so hoch lagen wie im restlichen Europa.

5 Prinzip Plagiat: die Aufholjagd der Deutschen

Die europäischen Aristokraten ignorierten lange, dass sich eine »industrielle Revolution« ereignete, die die Machtpolitik verändern würde. Im Jahr 1814 war ihnen jedenfalls noch nicht bewusst, dass sich die strategischen Koordinaten für immer verschoben hatten. Damals kamen sie auf dem Wiener Kongress zusammen, um nach dem Sieg über Napoleon Europa neu zu ordnen. Doch als die Diplomaten die Grenzen zogen, gingen sie nur nach politischen Erwägungen vor – die Wirtschaft spielte keine Rolle.

Eklatant zeigte sich dieses ökonomische Desinteresse bei den Beschlüssen zu Deutschland, das damals in 39 Kleinstaaten zersplittert war. Nach mehreren Gebietsrochaden erhielt Preußen große Teile des Rheinlands und Westfalens zugesprochen. Es war zwar bekannt, dass dort enorme Kohlevorkommen lagerten, aber dies hielten die europäischen Diplomaten für eher unerheblich. Auch die Preußen selbst waren enttäuscht, mit dem Rheinland abgefunden zu werden – eigentlich hatten sie ganz Sachsen schlucken wollen. Doch dies wussten die Österreicher zu verhindern, während umgekehrt die Engländer darauf bedacht waren, am Rhein eine preußische Gegenmacht zu Frankreich zu etablieren.[84] Gegen seinen Willen bekam Preußen jene Gebiete an Rhein und Ruhr zugewiesen, die es wenig später zu einer der führenden Industriemächte machen sollten.

1815 war von diesem künftigen Boom allerdings noch nichts zu sehen. Preußen war ein rückständiger Agrarstaat, der von Napoleon vernichtend geschlagen worden war. Auch der preußische König wusste, dass es reiner Zufall gewesen war, dass sein Staat überlebt hatte. Ein derartiges Fiasko sollte sich nicht wiederholen, und daher bequemte sich der König zu einer »Revolution von oben«. Von Frankreich und England wurde kopiert, was nützlich erschien, um die Wehrhaftigkeit Preußens zu stärken. Die Wirtschaft war dabei nur Mittel zum Zweck, das eigentliche Ziel war militärische Stärke. Es handelte sich also um eine »defensive Modernisierung«, wie der Historiker Hans-Ulrich Wehler dieses preußische Plagiatsprojekt getauft hat.

Die Preußen konzentrierten sich auf fünf Maßnahmen, um ihre ökonomische Rückständigkeit zu überwinden: Sie setzten ihre Bauern frei, die bis dahin immer noch Leibeigene waren.[85] Sie beseitigten die vielen Binnenzölle und vereinheitlichten damit den Markt.[86] Sie verbesserten die Schul- und Universitätsausbildung, investierten in die Transportwege – und sie klauten jede britische Erfindung, derer sie habhaft werden konnten.

Kaum hatte James Watt seine erste Dampfmaschine gebaut, stand sie drei Jahre später schon in deutschen Betrieben, und Arkwrights Spinnmaschine kam nach elf Jahren in Deutschland an, obwohl die englischen Behörden versuchten, diesen Ideenklau zu unterbinden. Bis 1842 galt ein striktes Ausfuhrverbot für Maschinen, Facharbeiter durften nicht auswandern, und ausländische Abwerbeversuche wurden mit hohen Strafen belegt. Dennoch waren Tausende von Engländern in Westeuropa tätig; allein in Frankfurt sollen 1848 mehr als 15 000 Briten gelebt haben. Umgekehrt verbrachten Tausende von Deutschen ihre Lehrjahre in England. Die deutsche Kolonie in London soll in den 1840ern schon 40 000 Menschen gezählt haben.[87] Fast jeder dritte deutsche Unternehmer war irgendwann im Ausland, um sich auf den neuesten Stand zu bringen: Alfred Krupp arbeitete unter falschem Namen in England, und Adam Opel sammelte Erfahrungen in Paris, bevor er seine Werkstatt in Rüsselsheim gründete.[88] Auch Eberhard Hoesch lernte erst in England, wie man mit dem sogenannten Puddelverfahren aus Roheisen hochwertigen Stahl herstellt.[89]

Viele Unternehmer waren privat unterwegs, aber die deutschen Fürsten halfen tatkräftig mit, um den Technologietransfer sicherzustellen. Friedrich der Große schickte bereits 1779 den Bergassessor Karl Friedrich Bückling nach England, um Watts Dampfmaschine auszukundschaften. War dies noch eher eine Einzelmaßnahme, wurde die Industriespionage bald mit preußischer Gründlichkeit betrieben. Wie die Briten erbost beobachten mussten, wurde jede neue Maschine vom preußischen Staat aufgekauft, aus dem Land geschmuggelt, genau untersucht und als Modell in das Gewerbe-Institut in Berlin gestellt.[90] Auch der sächsische Staat blieb nicht untätig und förderte den Nachbau von »Spinning Jennies«.[91]

Dennoch wuchs die deutsche Textilindustrie nur langsam, denn es erwies sich als unmöglich, mit den Briten zu konkurrieren, die den Weltmarkt längst erobert hatten. Als Nachzügler blieb den Deutschen nur ihr heimischer Markt – oder aber sie mussten auf Sonderprodukte ausweichen, die in England kaum hergestellt wurden. Eine solche Nische entdeckten die Wuppertaler Fabrikanten, die sich auf Bänder aller Art spezialisierten. Also auf Seidenbänder, Gummibänder, Baumwollbänder, Spitzen. Auch hier hatte die preußische Regierung nachgeholfen, indem sie das Modell eines englischen Webstuhls beschafft hatte, damit ihn die Wuppertaler nachbauen konnten.[92] Eine dieser Fabriken gehörte übrigens der Familie Engels, deren Sohn Friedrich dann als Sozialist weltberühmt werden sollte.

Aufwärts ging es in Deutschland erst mit der zweiten Welle der Industrialisierung, als die Eisenbahn erfunden wurde. Die erste Strecke wurde 1835 gebaut, war sechs Kilometer lang und führte von Nürnberg nach Fürth. Damit waren die Deutschen erstmals fast so schnell wie die Engländer: Die Verbindung von Liverpool nach Manchester war nur fünf Jahre früher fertig geworden. Und die Deutschen bauten in rasantem Tempo weiter; bis 1913 wurden 63 000 Kilometer an Schienen verlegt.

Die Eisenbahn revolutionierte die Stahlindustrie und den Maschinenbau, denn bis dahin war die deutsche Eisenindustrie noch immer auf dem technischen Stand des späten Mittelalters gewesen. 1835 wurde das Roheisen zu 95 Prozent mit Holzkohle hergestellt, nur ganze 4,5 Prozent stammten aus modernen Kokshochöfen. Anfangs drohte jedes einzelne Eisenbahnprojekt die deutsche Wirtschaft sofort an ihre Kapazitätsgrenzen zu bringen: 1837 wurde die Linie zwischen Dresden und Leipzig gebaut, für deren Schienen

5 650 Tonnen an Koksroheisen benötigt wurden – das waren mehr als 90 Prozent der jährlichen Produktion in Preußen. Keine einzige deutsche Fabrik konnte dieses Material liefern oder wäre fähig gewesen, daraus gut gewalzte Eisenbahnschienen herzustellen.[93]

Zunächst musste alles aus England importiert werden: Roheisen, Schienen und Lokomotiven. Allerdings gelang es den Deutschen mit erstaunlicher Geschwindigkeit, diese Importe durch eigene Produkte zu ersetzen. 1843 kamen erst zehn Prozent der Schienen aus Deutschland, 1854 waren es schon 58 Prozent und 1863 sogar 85 Prozent.[94] Genauso schnell setzte die heimische Herstellung von Lokomotiven ein: Im Jahr 1853 erwarben die preußischen Eisenbahnen 105 neue Loks – von denen bereits 99 aus Deutschland stammten.[95] Nicht jedem Zeitgenossen war diese neue Welt geheuer. So murrte der preußische König Friedrich Wilhelm III., als 1838 die Strecke Berlin–Potsdam eröffnet wurde: »Alles soll Karriere gehen, die Ruhe und Gemütlichkeit aber leiden darunter. Kann mir keine große Seligkeit davon versprechen, ein paar Stunden früher in Berlin und Potsdam zu sein.«[96]

Wie in England startete auch der deutsche Kapitalismus anfangs fast ohne Kapital. Spinnereien, Webereien oder Färbereien konnten mit 15 000 bis 50 000 preußischen Talern gegründet werden. Selbst Eisen- und Maschinenfabriken benötigten anfangs nicht mehr als 50 000 bis 70 000 Taler an Startkapital. Wenn das eigene Geld nicht reichte, wurde auf die erweiterte Familie zurückgegriffen.[97] Die später so berühmte Elektrofirma Siemens & Halske war ganz typisch: Als sie 1847 gegründet wurde, stammte das Startkapital von einem Cousin, und der erste Angestellte war ein Bruder.[98]

Dieses Finanzmodell namens Familie funktionierte jedoch nicht bei den Eisenbahnen, die Millionen verschlangen. Trotzdem war es nie ein Problem, das nötige Kapital aufzutreiben, sondern die Eisenbahngesellschaften wurden mit Kapital geradezu überschüttet. Anfang 1836 wurde die Strecke von Magdeburg nach Leipzig genehmigt, deren Gründungskapital eigentlich nur 2,3 Millionen Taler betragen sollte, doch innerhalb von nur zwei Tagen wurden 5,2 Millionen Taler gezeichnet. Für die Linie von Frankfurt/Oder nach Breslau dauerte es 1837 sogar nur einen Tag, bis sieben Millionen

Taler eingetrieben waren. Wie zuvor in England brach ein »Eisenbahnfieber« aus, so dass nun auch Deutschland seine erste Spekulationswelle erlebte: Als 1844 die Bahn von Köln nach Krefeld 2,4 Millionen Taler benötigte, wurden ihr sofort 53 Millionen Taler angedient. Und als die Thüringische Bahn Aktien für 16 Millionen Taler auflegte, erreichte die Nachfrage sogar 167 Millionen.[99] Bei den deutschen Eisenbahnen zeigte sich erneut eindrucksvoll, was für den gesamten Kapitalismus gilt: Geld ist nie knapp, sondern stets im Überfluss vorhanden.[100]

Zunächst hatten die deutschen Länder gehofft, dass alle Bahnen privat errichtet werden würden. Doch in den meisten Staaten scheiterten die privaten Projekte schon früh, weil die Rentabilität anfangs zu gering war. Außerdem gelang es nicht, die wichtigsten Städte und die Nachbarstaaten sinnvoll miteinander zu verbinden, solange private Konsortien entschieden, an welchen Strecken sie interessiert waren. Also gingen die meisten deutschen Länder bald dazu über, selbst Bahnen in Auftrag zu geben, obwohl sie sich ursprünglich nicht als Unternehmer gesehen hatten. Nur in Preußen wurden weiterhin Privatbahnen gebaut, die aber ebenfalls staatlich unterstützt wurden. So wurde Anlegern ab 1842 garantiert, dass sie einen Zins von 3,5 Prozent erhalten würden. Selbst in Preußen ließ die Begeisterung für die Privatbahnen jedoch bald nach, weil sich die typischen Probleme zeigten, die jedes Mal auftreten, wenn die Infrastruktur den Eigeninteressen der Wirtschaft überlassen wird: Die Tarife waren unübersichtlich, die Streckenführung unkoordiniert und die Fahrpläne schlecht aufeinander abgestimmt. Zudem wurden die ländlichen Gebiete gar nicht erschlossen, weil dies nicht gewinnträchtig erschien. Selbst viele Unternehmer waren enttäuscht von diesen privaten Initiativen und setzten sich dafür ein, die Strecken zu verstaatlichen. Es war daher ein liberaler Privatbankier aus Elberfeld, August von der Heydt, der als preußischer Finanzminister in den 1850ern damit begann, die Eisenbahnen in öffentliches Eigentum zu überführen.[101] Die Geschichte der deutschen Eisenbahnen zeigt bereits, dass ein Gegensatz von Staat und Kapitalismus nicht existiert. Nur dort war der Kapitalismus erfolgreich, wo ihn der Staat tatkräftig unterstützte.

Durch den Eisenbahnbau expandierte die Stahlindustrie, bei der es zu sensationellen Effizienzsprüngen kam, als der Brite Henry Bessemer 1856 ein neues Verfahren patentieren ließ. Ohne in die Details zu gehen: Mit dem Bessemer-Verfahren ließ sich in 20 Minuten die gleiche Menge Stahl herstellen, für die man vorher 24 Stunden benötigt hatte.[102] Diese enorme Produktivität veränderte nicht nur die Stahlwirtschaft – sondern den gesamten Kapitalismus. Es begann die Epoche der Konzerne. Denn durch das Bessemer-Verfahren stiegen die Investitionskosten so rasant, dass nur noch große Unternehmen diese Mittel aufbringen konnten. Zudem wurde pro Hochofen deutlich mehr Stahl produziert, weswegen auch die Walzwerke erweitert werden mussten.[103] Es entstanden riesige Konglomerate, die alle Konkurrenten vom Markt verdrängten, die nicht in gleicher Geschwindigkeit expandieren konnten. Die Ära der klassischen Marktwirtschaft war vorbei, als noch viele kleine Firmen miteinander im Wettbewerb gestanden hatten.

Die wenigen Großkonzerne, die noch übrigblieben, schlossen sich zudem zu Kartellen zusammen. Allein zwischen 1879 und 1886 dürften rund 90 Kartelle in Deutschland entstanden sein, die meisten davon waren Preiskartelle.[104] Aus der Sicht der Firmen war dies rational und sogar zwingend: Da die Investitionskosten so immens waren, mussten die Unternehmen sicherstellen, dass Absatz und Preise hinterher stimmten und nicht durch schrankenlosen Wettbewerb ruiniert wurden. Damals zeigte sich erstmals ein Paradox, das den Kapitalismus bis heute prägt: Nur wenn das Risiko weitgehend ausgeschlossen ist, werden Investitionen riskiert.

Die Stahlindustrie war keineswegs die einzige Branche, in der sich Kartelle bildeten. Sehr erhellend ist auch die Geschichte der deutschen Elektroindustrie. Als große Sensation galt damals die Glühbirne, die natürlich nur leuchten konnte, wenn es auch Kabel und Kraftwerke gab. In New York war es 1882 so weit: Der amerikanische Erfinder Thomas Alva Edison weihte sein Netz ein, indem er die ersten Lampen im Bankhaus JP Morgan erstrahlen ließ. Damit begann der internationale Siegeszug der Glühbirne. In Deutschland gründete Emil Rathenau schon 1883 die »Deutsche Edison-Gesellschaft für angewandte Elektrizität«. Um jeden Ärger zu vermeiden, einigte er sich bereits vorab mit dem einzig denkbaren Konkurrenten – mit der Firma Siemens & Halske, die seit den 1860er Jahren Dynamomaschinen baute. Als Arrangement schlug Rathenau vor, dass Siemens auf eigene Elektrifizierungsbemühungen verzichten sollte, dafür würde er wiederum sämtliche Vorprodukte von Siemens beziehen. Nur die Glühbirnen wollte Rathenau selbst herstellen.[105]

Technische Entwicklungen machten diesen Vertrag zwar bald überflüssig, aber die gedeihliche Zusammenarbeit blieb. Als Emil Rathenau 1887 seine »Allgemeine Elektrizitätsgesellschaft« (AEG) gründete, stiegen Siemens und auch die Deutsche Bank als Kapitalgeber ein,[106] so dass sie zusammen 75 Prozent der elektrotechnischen Produktion in Deutschland kontrollierten.[107] Statt Wettbewerb setzte sich ein eigenwilliges Modell durch, das später gern die »Deutschland AG« genannt wurde: Jeder war mit jedem verflochten, um lästige Konkurrenz gar nicht erst aufkommen zu lassen. Auch in der dritten großen Leitbranche, der Chemie, ging es ähnlich zu.[108]

Spätestens um 1880 endete die Plagiatsphase, in der Deutschland vor allem Erfindungen aus anderen Ländern übernommen hatte. Ab jetzt vermarkteten die deutschen Firmen ihre eigenen Entwicklungen. Kurz vor dem Ersten Weltkrieg hatte die deutsche Industrie die Briten bereits überholt und lag weltweit auf dem zweiten Platz. Den ersten Platz nahmen die USA ein.

Dieser rasante Aufstieg der Deutschen innerhalb von nur einer Generation löste bei den Briten Ängste aus. Mit martialischen Worten wurde die Konkurrenz vom Kontinent beschrieben: »Deutschland ist in einen bewussten und tödlichen Wettstreit mit England eingetreten und kämpft mit aller Gewalt darum, dessen Vormachtstellung zu vernichten«, hieß es etwa in dem Buch *Made in Germany*, das der britische Journalist Ernest E. Williams 1895 herausbrachte und das sich zu einem Bestseller entwickelte.[109] Selbst die britischen Kolonien seien vor den deutschen Waren nicht sicher, stellte Williams fassungslos fest. Stattdessen hätten sich die englischen Besitzungen zu den allerbesten Kunden von deutschem Stahl und deutschem Eisen entwickelt. »Die Deutschen stehlen unser Wild, das wir mit so viel Arbeit, Geld und Blut gepäppelt haben.«[110]

Die Deutschen waren oft billiger, was in England eine Diskussion auslöste, die uns heute sehr vertraut vorkommt: Nicht wenige Briten forderten, die Löhne zu senken, um international konkurrenzfähig zu bleiben. Williams warnte seine Landsleute vor diesem Fehlschluss. »Damit wird dem Unternehmer nur erspart, nach den eigenen Schwächen zu suchen.« Williams schrieb zwar populistisch, war aber ein guter Wirtschaftsjournalist, der seine Leser mit Statistiken bombardierte. Auch über das deutsche Lohnniveau hatte er Zahlen ausgegraben, die er seinem Publikum breit präsentierte: »Offizielle Statistiken zeigen, dass die Einkünfte des deutschen Arbeiters nicht nur ungefähr jenen seines englischen Gegenübers entsprechen – sondern dass die deutschen Löhne auch noch ziemlich stetig steigen.« Aber warum waren die Deutschen billiger, wenn sie doch die gleichen Gehälter zahlten? Dieses scheinbare Rätsel erklärte Williams seinen Lesern mit einem Wort, das bis heute zentral ist: Produktivität. Die deutschen Hochöfen seien effizienter, denn sie seien größer und würden mit 15 Prozent weniger Abfall auskommen.[111]

Statt also die britischen Löhne zu senken, war für Williams völlig klar, dass die internationale Konkurrenzfähigkeit nur zu retten war, indem England investierte – in seine Fabriken und in seine Menschen. Wieder wurden die Deutschen als leuchtendes Beispiel zitiert: »Beharrlich hält sich das Vorurteil, dass die Deutschen ein Volk seien, das sich der träumerischen Philosophie hingibt, ein Volk, das es liebe, Wissen anzuhäufen, das für niemandem von Nutzen sei, am wenigsten für seine Sammler selbst. Es gibt überall staubtrockene Enthusiasten, und Deutschland hat seinen Teil davon, aber die technische Ausbildung für die Masse seiner Bürger ist überhaupt nicht staubtrocken. Sie ist streng praktisch ausgerichtet. Sie ist gründlich und gründlich wissenschaftlich, *aber sie ist für die Anwendung gedacht* … Das Vaterland scheut keine Kosten … Erstklassige technische Fachhochschulen gehören als öffentliche Einrichtung zu jeder deutschen Stadt dazu. … Der Schulbesuch ist bis zum 14. Lebensjahr verpflichtend und gratis, und auch die höheren Klassen sind faktisch umsonst.«[112]

Die Besucherströme kehrten sich um. Fuhren früher die Deutschen nach England, um die dortigen Maschinen zu bestaunen, so reisten jetzt die Briten ins Kaiserreich, um die deutschen Bildungseinrichtungen zu besichtigen. Eine Delegation aus Manchester besuchte 1891 die Technische Hochschule in Charlottenburg (heute TU Berlin). Sie sei wie »ein Palast«, berichteten die Briten nach Hause und zählten die ganze Pracht auf: 86 Professoren, Dozenten und Assistenten, 30 Privatlehrer, eine Bibliothek mit 52 000 Bänden sowie üppigst ausgestattete Labore. Allein die Gebäude hätten 405 000 Pfund gekostet, zitiert Willliams aus dem Bericht der Delegation, um dann mit der hämischen Pointe zu schließen: »Und dies, nur zur Erinnerung, in einem Land, das nach Meinung einiger unserer Besserwisser niemals ernsthaft mit England konkurrieren könne, weil ihm das Kapital fehle!«[113]

Williams war nicht allein mit seinem Appell, dass England dringend in die Bildung investieren müsse, wenn es nicht den Anschluss verlieren wolle. Auch britische Ingenieure waren alarmiert über das geringe technische Wissen in ihrem Land. Der berühmte Schiffsbauer J. Scott Russell schrieb 1869 sogar ein Buch, um seine Mitbürger aufzurütteln. Darin behauptete er unter anderem, dass die Konstruktion der deutschen und Schweizer Eisenbahnen billiger gewesen wäre als in England, weil sie von Absolventen technischer Fachhochschulen gebaut worden seien.[114]

Die technischen Hochschulen in Deutschland und Österreich waren zum Teil schon gegründet worden, noch ehe eine echte Industrialisierung in diesen Ländern eingesetzt hatte. Das allseits bewunderte Vorbild war das »Polytechnische Institut« in Wien, das bereits 1815 eröffnet wurde. Die erste polytechnische Schule in Deutschland wurde 1825 in Karlsruhe errichtet. Es folgten Dresden, Hannover, München, Stuttgart, Braunschweig, Darmstadt.[115] Ein Nachzügler war die Eidgenössische Technische Hochschule Zürich, die 1855 gegründet wurde.

Doch die technische Ausbildung setzte nicht erst mit der Hochschule ein. Ab den 1850ern gab es auch »Realschulen«, die – wie der Name schon sagt – die realen, also technischen Dinge des Lebens vermittelten. Diese neuartige Schulform grenzte sich bewusst vom

Gymnasium ab, das vor allem humanistische Fächer wie Latein und Altgriechisch lehrte. Allerdings wäre es ein Irrtum zu glauben, dass im technikbegeisterten Deutschland nun alle Bürgerkinder auf die Realschulen geströmt wären: Fast drei Viertel aller Schüler entschieden sich weiterhin für das Gymnasium, das mehr Ansehen versprach.[116] Wie tief die Gräben zwischen der technischen Welt und der klassischen Bildung waren, veranschaulicht eine Anekdote aus dem Rheinland: Als die Unternehmer dort 1867 gefragt wurden, ob sie nicht für das 50-jährige Jubiläum der Universität Bonn spenden wollten – da lehnten 13 der 14 gefragten Industriestädte ab. Ihre Begründung: Weder die Firmeninhaber noch ihre Söhne hätten je eine herkömmliche Universität besucht.[117]

Britische Historiker beschäftigt bis heute, warum es in England so lange dauerte, bis das Bildungssystem verbessert wurde. Eine allgemeine Schulpflicht wurde nicht vor 1870 eingeführt, und die technische Ausbildung erreichte sogar erst 1963 ein Niveau, das mit Deutschland vergleichbar war.[118] Ein Grund war offenbar, dass die britischen Eliten gar keinen Grund sahen, warum sie ihr Fußvolk besser ausbilden sollten. Denn sie wandten sich neuen Geschäften zu und gaben ihren technischen Vorsprung auf. Statt weiter ihre Industrie zu stärken, investierten sie lieber in den Handel, die Schifffahrt und ausländische Unternehmungen. 1914 stemmte Großbritannien 44 Prozent aller Direktinvestitionen in Übersee. Frankreich, Deutschland, die USA, Belgien und die Niederlande teilten sich die restlichen 56 Prozent. Gleichzeitig war die britische Handelsmarine größer als alle anderen europäischen Flotten zusammen. London war das weltweite Finanzzentrum – und dort wurden jetzt die Gewinne generiert.[119]

England verlegte sich also auf den Finanzkapitalismus, und dieser Wandel wurde bereits von Karl Marx sehr scharfsichtig beschrieben, indem er das England des 19. Jahrhunderts mit dem einst so mächtigen Holland verglich: »Schon im Anfang des 18. Jahrhunderts ... hat (Holland) ... aufgehört, herrschende Handels- und Industrienation zu sein. Eines seiner Hauptgeschäfte von 1701 bis 1776 wird daher das Ausleihen ungeheurer Kapitalien, speziell an seinen mächtigen Konkurrenten England. Ähnliches gilt heute zwischen England und den Vereinigten Staaten. Manch Kapital, das heute in den Vereinigten Staaten ohne Geburtsschein auftritt, ist erst gestern in England kapitalisiertes Kinderblut.«[120]

Marx und Engels wussten über den englischen Finanzkapitalismus auch deswegen so gut Bescheid, weil sie selbst zu den Spekulanten gehörten. Ganz bürgerlich informierten sie sich im *Economist*, um ihre Anlagen auszuwählen. Als Engels 1895 starb, ergab die gerichtliche Testamentseröffnung, dass er 22600 Pfund vermachte – was heute ungefähr 2,2 Millionen Pfund entsprechen würde. Unter anderem hielt er Eisenbahnaktien, Anteile der »South Metropolitan Gas Company« und der »Channel Tunnel Corporation Ltd.«.[121]

Es war daher nicht der einsame Einfall einer umstrittenen Politikerin, als die englische Premierministerin Margaret Thatcher 1986 den »Big Bang« verkündete, der die Londoner Banken von fast jeder Regulierung befreite. Stattdessen führte sie nur konsequent die britische Tradition fort, die schon seit mehr als einem Jahrhundert auf den Finanzkapitalismus gesetzt hatte.

Umgekehrt etablierten auch die industriellen Nachzügler des 19. Jahrhunderts ein Modell, das bis heute weltweit nachgeahmt wird: Wer als rückständiger Agrarstaat seine Wirtschaft modernisieren will, hat nur eine einzige Chance – er muss hemmungslos plagiieren und kopieren. Es ist nicht ganz fair, sich darüber aufzuregen, dass die Chinesen heute Uhren basteln, die dem Rolex-Original täuschend ähneln. Die Deutschen, Österreicher und Schweizer sind genauso vorgegangen, nur dass sie Bauanleitungen für Webstühle und Lokomotiven klauten. Doch wie das Beispiel der Deutschen oder Österreicher zeigt, wird nicht auf Dauer plagiiert. Ziemlich bald werden aus den Kopisten eigenständige Entwickler, und zu diesem Sprung setzt jetzt China an.

Der Erfolg der Chinesen ist nicht überraschend, denn der moderne Kapitalismus war von Anfang an keine bloß westliche Wirtschaftsform. Er entstand zwar in England, weil dort die Arbeitskraft am teuersten war – aber sobald der Kapitalismus erfunden war, wurde er auch von anderen Gesellschaften übernommen und variiert. Japan war das erste außereuropäische Land, das ab 1867 begann, systematisch eine eigene Industrie aufzubauen.

Die Japaner öffneten sich nicht freiwillig, sondern aus Not. Als Nachbarn hatten sie genau beobachtet, wie China von den Europäern besiegt und unterworfen wurde. Angesichts dieser Bedrohung reagierten die Japaner wie einst die Preußen, als sie von Napoleon geschlagen worden waren: Eine kleine technokratische Elite rund um den Kaiser Meiji startete eine »Revolution von oben«. Die Schogune wurden entmachtet, die alten Stände abgeschafft und ein modernes Eigentumsrecht geschaffen. Es wurde eine allgemeine Schulpflicht eingeführt und schon 1873 die erste Eisenbahn gebaut. Mit der westlichen Industrietechnik gingen die Japaner kreativ um: Da die Maschinen eigentlich zu teuer waren, um sich bei den niedrigen japanischen Löhnen zu rentieren, wurden die westlichen Geräte so lange verändert und adaptiert, bis sie für japanische Unternehmer profitabel waren.[122] Innerhalb weniger Jahrzehnte holte das Land auf, und es wurde weltweit als ein symbolischer Moment wahrgenommen, als die Japaner 1905 das Riesenreich Russland in einem Krieg besiegten. Der Kapitalismus war im Osten angekommen.

In seiner heutigen Form ist der Kapitalismus genau 100 Jahre alt. Kurz vor dem Ersten Weltkrieg war er ausgereift, und es hatten sich jene Kernelemente herausgeschält, die unser Wirtschaftssystem noch heute prägen: Wenige Großkonzerne beherrschen den Markt, und sie agieren global. Diese Unternehmen verlassen sich zudem darauf, dass der Staat stützend eingreift.

Seither sind zwar neue Produkte hinzugekommen wie Fernseher, Waschmaschinen oder Computer, aber die Struktur des Kapitalismus hat sich nicht mehr verändert. Doch obwohl er nun ein alter Onkel von 100 Jahren ist, wird der Kapitalismus noch immer missverstanden. Vor allem drei Irrtümer halten sich hartnäckig. Erstens: Es wird beharrlich geglaubt, dass der Kapitalismus identisch mit einer Marktwirtschaft sei. Zweitens: Der Staat gilt nur als Störer, der die segensreichen Wirkungen des vermeintlich freien Marktes behindere. Und drittens: Globalisierung wird für völlig neu und die jüngste Erfindung des 21. Jahrhunderts gehalten. Nichts davon ist wahr.

Teil II

Drei Irrtümer über das Kapital

6 Kapitalismus ist nicht Marktwirtschaft

Viele Menschen ahnen instinktiv, dass der Kapitalismus nicht das Gleiche ist wie eine Marktwirtschaft. In Umfragen geben 48 Prozent der Deutschen an, dass sie den Kapitalismus für »nicht mehr zeitgemäß« halten, über die Marktwirtschaft sagen dies nur 24 Prozent. Dazu passt, dass die Marktwirtschaft positiver gesehen wird. Sie wird stärker mit Fortschritt, Freiheit, Wachstum und Verantwortungsgefühl assoziiert, während der Kapitalismus eher mit Ungleichheit, Ausbeutung und Gier verbunden wird.[1]

Marktwirtschaft, das klingt kuschelig. Das erinnert an gemütliche Bauernmärkte, wo die Äpfel noch einzeln abgewogen werden, während man die neuesten Nachrichten aus der Nachbarschaft austauscht. Doch diese Marktwirtschaft gibt es nicht. Wir leben im Kapitalismus, der etwas völlig anderes ist – und es hat schon zu vielen politischen Fehlentscheidungen geführt, dass Marktwirtschaft und Kapitalismus so anhaltend verwechselt werden.

Bereits ein Blick in die Geschichte zeigt, dass der moderne Kapitalismus offenbar mehr sein muss als nur eine Ansammlung von Märkten. Denn Märkte gab es bereits in der Antike vor 2 500 Jahren. Wer heute Athen besucht, kann unterhalb der Akropolis die ausgegrabenen Reste der »Agora« besichtigen – den einstigen zentralen Marktplatz mit seinen vielen Ladenstraßen. Märkte gab es aber nicht nur im antiken Griechenland, sondern in fast allen Kulturen. Die Araber hatten ihre Souks, Türken und Perser ihre Basare. Auch die Inder und Chinesen tauschten ihre Waren auf Märkten, aber ein moderner Kapitalismus ist daraus nirgends entstanden.

Natürlich ist auch den neoliberalen Theoretikern der Marktwirtschaft klar, dass Märkte weit in die Geschichte zurückreichen. Aber sie sehen einen Unterschied zwischen Märkten und Marktwirtschaft. In einer Marktwirtschaft, so die gängige Definition, hat erstmals alles einen Preis: Land, Arbeit und Produkte können frei gekauft und verkauft werden.

Die Allmacht des Preises ist tatsächlich eine historische Neuerung, die sich erst seit etwa 300 Jahren beobachten lässt. Im mittelalterlichen Feudalismus war es nicht möglich, dass die Adligen ihr Land eigenmächtig verkauften – es war ihnen als »Lehen« vom König verliehen worden. Umgekehrt konnten die Leibeigenen oder die hörigen Bauern nicht einfach in die Stadt ziehen, um sich dort eine besser bezahlte Arbeit zu suchen. Denn sie gehörten ihren Grundherren. Im Mittelalter gab es zwar zahllose Märkte, wie Straßenschilder namens »Kornmarkt«, »Gänsemarkt«, »Tuchmarkt«, »Fischmarkt«, »Heumarkt« oder »Holzmarkt« bezeugen. Aber diese Märkte machten einen eher kleinen Teil der Wirtschaft aus, während der Rest der Produktion feudal geprägt war.

Heute hingegen hat fast alles seinen Preis, und diese bepreisten Zonen dehnen sich auch ständig aus. Nur ein Beispiel: Früher war Pflege eine Tätigkeit, die Frauen als unbezahlte Familienarbeit zu leisten hatten. Neuerdings handelt es sich jedoch um einen eigenständigen Beruf, der mit einem umfangreichen Preiskatalog versehen ist. Die »kleine Morgen- und Abendtoilette« kostet zum Beispiel 12,91 Euro, während die »Hilfe bei der Nahrungsmittelaufnahme einer Zwischenmahlzeit« mit nur 4,78 Euro berechnet wird.[2]

Der Preis allein macht jedoch noch keinen freien Markt – zentral ist die Konkurrenz. In einer ungestörten Begegnung von Angebot und Nachfrage, so heißt es, soll sich der faire Preis herausbilden. Jeder echte Marktwirtschaftler ist daher ein glühender Fan des Wettbewerbs, den er nicht selten zur eigentlichen Sozialpolitik verherrlicht. Der ehemalige Wirtschaftsminister und CDU-Kanzler Ludwig Erhard ist dafür typisch. In seinem Buch *Wohlstand für alle* lässt er fast keine Seite verstreichen, ohne die sozialen Segnungen des Wettbewerbs zu preisen. Um ein paar seiner Sentenzen zu zitieren: »Das erfolgversprechendste Mittel zur Erreichung und Sicherung jeden Wohlstandes ist der Wettbewerb.«[3] »Auf dem Wege über den Wettbewerb wird – im besten Sinne des Wortes – *eine Sozialisie-*

*rung des Fortschritts und des Gewinns bewirkt.«[4] »Wohlstand für alle«
und »Wohlstand durch Wettbewerb« gehören untrennbar zusammen.*[5]
Die Kursivsetzungen stammen übrigens von Erhard selbst, der seinen zahllosen Wiederholungen offenbar nicht traute und daher zur
Typographie griff, um die frohe Botschaft vom Wettbewerb garantiert an die Leser zu bringen.

Um den Wettbewerb zu schützen, hat Erhard 1958 sogar eigens
das Bundeskartellamt gegründet. Doch wer dessen Pressemitteilun-
gen liest, gewinnt den Eindruck, dass meist eher unbedeutende Unternehmen attackiert werden. Es tut sich eine Welt auf, in der es vor
allem um Eiscreme, Süßigkeiten und Zement zu gehen scheint.
Großkonzerne kommen darin kaum vor. Damit soll die Arbeit des
Bundeskartellamtes nicht lächerlich gemacht werden, das immerhin rund 345 Mitarbeiter beschäftigt. Aber es bleibt die Frage, wie
es zur Idee des Wettbewerbs passt, dass die Familien Porsche und
Piëch inzwischen – in alphabetischer Reihenfolge – Audi, Bentley,
Bugatti, Ducati, Lamborghini, MAN, Porsche, Scania, Seat, Skoda,
VW und VW Nutzfahrzeuge beherrschen.

Zwar gibt es weltweit noch einige unabhängige Autokonzerne,
doch sichert dies den globalen Wettbewerb nur bedingt. Die Firmen
sind längst vielfältige Kooperationen eingegangen. VW arbeitet mit
Daimler und Suzuki zusammen, Daimler zudem mit Renault-Nissan
und Ford, BMW mit Toyota und Peugeot und Opel ebenfalls mit
Peugeot. In der Automobilindustrie wiederholt sich, was in der
Stahlindustrie schon im 19. Jahrhundert zu beobachten war: Die
hohen Investitionskosten können nur Großkonzerne aufbringen,
die dann eine marktbeherrschende Stellung einnehmen. Mit der
traditionellen Vorstellung von Wettbewerb hat dies gar nichts mehr
zu tun.

Selbst Ludwig Erhard konnte diese Neigung zur Konzentration
nicht ignorieren. Etwas umständlich klagte er: »Die Entwicklung
der modernen Technik förderte ihrerseits noch einmal gewisse Monopolisierungstendenzen, so dass ohne Zweifel die Gleichheit der
Wettbewerbsbedingungen allenthalben störend beeinträchtigt
wurde.«[6] Doch aus dieser Erkenntnis folgte nichts. Erhard war nicht
bereit, sich zu fragen, wie viel von seiner »Marktwirtschaft« wohl

übrigbleibt, wenn die herrschenden Branchen allesamt die von ihm bedauerten »Monopolisierungstendenzen« aufweisen.

Diese »Monopolisierungstendenzen« wirken nicht nur in die Breite, indem Konzerne miteinander fusionieren oder kooperieren – sondern vor allem in die Tiefe. Der technische Ausdruck lautet »vertikale Integration«. Von den Rohstoffen bis zum Absatz versuchen die Großkonzerne sämtliche Arbeitsschritte zu kontrollieren. Nicht immer produzieren sie alles selbst; oft wird auch »outgesourct«, wie es auf neudeutsch heißt. Aber diese scheinbar selbständigen Zulieferer werden gnadenlos gegängelt und den Konzerninteressen unterworfen. Auch die vertikale Integration begann schon im 19. Jahrhundert, denn die großen Unternehmen wollten ihre Produktionsschritte so weit wie möglich vom Markt entkoppeln.

Der Wirtschaftsnobelpreisträger Herbert Simon hat sich einmal gefragt, wie wohl ein ahnungsloser Marsmensch unsere Wirtschaft beschreiben würde: »Würde er annehmen, dass die Erdbewohner in einer Marktwirtschaft leben? Wohl nicht. Stattdessen dürfte er zu dem Schluss kommen, dass die Erdbewohner eine organisierte Wirtschaft betreiben, bei der der größte Teil der wirtschaftlichen Aktivitäten innerhalb der Grenzen von Firmen koordiniert wird – anstatt durch Marktbeziehungen zwischen diesen Firmen.«[7]

Den Großkonzernen ist es gelungen, den Markt seit mehr als 100 Jahren zu zementieren. Von den DAX-Unternehmen stammen fast alle aus der Zeit vor dem ersten Weltkrieg. Die einzige echte Ausnahme ist der Softwarekonzern SAP, der erst 1972 gegründet wurde. Diese bemerkenswerte Kontinuität bei den führenden Aktiengesellschaften zeigt, dass gegen ihre schiere Größe niemand mehr ankommt. Ob Stahl, Autos, Chemie oder Pharma: Diese Märkte sind weitgehend geschlossen und für Neulinge nicht mehr zu knacken.[8]

Wie sehr die bundesdeutsche Wirtschaft konzentriert ist, lässt sich auch an einer einzigen trockenen Zahl erkennen, die sich im neuesten *Statistischen Jahrbuch* findet: »Weniger als ein Prozent der größten Unternehmen erwirtschafteten 2011 gut 66 Prozent aller Umsätze.«[9] Dies ist übrigens in den anderen westlichen Ländern genauso.

Diese enorme Konzentration hat die neoliberalen Vordenker jedoch nie erschüttert. Unermüdlich predigen sie die Lehre vom freien Wettbewerb, den sie dann auch noch zur Basis der politischen Freiheit adeln. Besonders wirkmächtig war der Nobelpreisträger Milton Friedman, der eines seiner Werke kurz und bündig *Kapitalismus und Freiheit* nannte. Die Dichotomie war denkbar einfach. Der Markt ist Freiheit, und wo kein Markt ist, da herrscht die Diktatur des Staates. Oder wie es Friedman zusammenfasste: »Grundsätzlich gibt es nur zwei Arten, die wirtschaftlichen Aktivitäten von Millionen von Menschen zu koordinieren: Die eine ist die zentral gelenkte, wobei mit Hilfe von Zwangsmaßnahmen gearbeitet wird, also den Techniken, wie sie Armeen und totalitäre Staaten anwenden. Die zweite Art ist die freiwillig gesteuerte, also die Kooperation einzelner Individuen, wie man sie auf jedem Marktplatz erleben kann.«[10]

Da ist er wieder, der geliebte Marktplatz, auf dem Äpfel und Kartoffeln verkauft werden. Doch dieses Bild ist denkbar schief, wenn es darum geht, den angeblich so freien Wettbewerb zu erläutern. Denn wie jeder EU-Bürger weiß, ist die Landwirtschaft hoch subventioniert. Pro Jahr erhalten die deutschen Bauern etwa fünf Milliarden Euro, wovon das meiste Geld als Direktbeihilfe pro Fläche fließt. 2015 sind dies im Durchschnitt 310 Euro pro Hektar. Garantiertes Einkommen: Dieses Arrangement ist von einer freien Marktwirtschaft so weit entfernt wie ein Elefant von einer Ameise.

Natürlich werden die europäischen Agrarsubventionen heftig kritisiert. So ist nicht nachzuvollziehen, warum ausgerechnet große Betriebe vorrangig gepäppelt werden. Auch monieren Naturschutzverbände zu Recht, dass vor allem umweltschädliche Monokulturen profitieren. Aber bei aller Diskussion fällt auf, dass selbst Kritiker die Subventionen oft nicht abschaffen möchten – sondern nur anders verteilen wollen.

Ein freier Markt würde viele Bauern schnell ruinieren. Bei guten Ernten wären die Preise im Keller – und bei Missernten wären die Preise zwar hoch, aber davon würden all jene Landwirte nicht mehr profitieren, deren Felder vorher durch Hagel, Regen oder Frost zerstört wurden. Eine ungeschützte Landwirtschaft ist derart riskant, dass sich viele Bauern sofort eine andere Beschäftigung suchen würden, wenn der Staat nicht ein Mindesteinkommen garantierte.[11]

Diese Einsicht ist übrigens nicht neu. England hat seine Bauern bereits im 18. Jahrhundert unterstützt, indem es Exportprämien zahlte, wenn Überschüsse die Preise zu ruinieren drohten. Die Landwirte sollten ermutigt werden, ihre Felder weiter zu bewirtschaften, damit schlechtere Ernten nicht gleich eine Hungersnot auslösten.[12]

Die angebliche Marktwirtschaft ist also ein seltsames Phänomen: Bauern werden staatlich subventioniert, damit sie den Markt überleben, und Großkonzerne tun alles, um den Wettbewerb möglichst zu vermeiden, indem sie fusionieren, kooperieren oder vertikal integrieren. Es stellt sich eine Frage, auf die fanatische Marktwirtschaftler nie kommen würden: Gibt es irgendwo echten Markt? Ja, er existiert. Aber er findet meist in jenen Nischen statt, die die Wirtschaftspolitik noch nie besonders interessiert haben. Es sind die kleinen Selbständigen, die sich im gnadenlosen Wettbewerb behaupten müssen. Ob Handwerker, Friseure, Gastwirte, Architekten, kleine Ladenbesitzer oder die Betreiber einer Reinigung – sie alle müssen sich der Konkurrenz stellen. Wenn das Essen nicht schmeckt, gehen die Kunden beim nächsten Mal in ein anderes Restaurant.

Dieser Sektor der kleinen Firmen ist zahlenmäßig sogar sehr groß. Wie das statistische Bundesamt erhoben hat, gibt es in Deutschland 3,5 Millionen Betriebe, die weniger als zehn Mitarbeiter beschäftigen.[13] Aber in diesen Minifirmen findet nur ein Bruchteil der eigentlichen Wertschöpfung statt. Der Markt ist eine Spielwiese für die Kleinen. Dominiert wird die Wirtschaft von wenigen Konzernen, die große Teile des Umsatzes kontrollieren. Dass diese Megafirmen der Konkurrenz weitgehend entzogen sind, zeigt sich auch an einem anderen Phänomen: Sie können ihren Gewinn recht gut planen.

Der frühere Chef der Deutschen Bank, Josef Ackermann, wurde berühmt für seinen Ausspruch, dass er eine Eigenkapitalrendite von 25 Prozent erwarte. Ein Sturm der Entrüstung brach los, weil es – zu Recht – als anmaßend empfunden wurde, dass eine Bank derart hohe Gewinne beansprucht. Doch bei aller Empörung wurde übersehen, dass an Ackermanns Satz mindestens genauso interessant war, dass er die Renditen für vorab kalkulierbar hielt. Dies verträgt sich nicht mit der Theorie des freien Wettbewerbs und ihrem Mythos vom unternehmerischen Risiko. In einer reinen Marktwirtschaft würde zwar jede Firma möglichst hohe Profite anstreben, indem sie versucht, die beste zu sein – ob sie aber tatsächlich die beste ist, könnte sie nicht selbst entscheiden, sondern dies ergäbe sich erst durch die Konkurrenz und das Marktgeschehen. Aber offenbar lebte Ackermann nicht in einer solchen Welt der freien Marktwirtschaft, wenn er Gewinnansprüche formulierte, als hätten sie Gesetzeskraft. Planbare Profite gibt es nur in einer Planwirtschaft.

Mit seinen Worten hat Ackermann eine Realität formuliert, die überzeugten Marktwirtschaftlern hartnäckig entgeht: Der moderne Kapitalismus ist eine Art Planwirtschaft – auch wenn sie der sozialistischen Planwirtschaft überhaupt nicht ähnelt. Natürlich ist es ein diametraler Unterschied, ob die Kalkulationen zentral in einem Ministerium oder dezentral bei privatwirtschaftlichen Firmen erfolgen. Aber geplant wird immer, weil geplant werden muss. Wenn das Risiko – und damit der Gewinn – nicht kalkulierbar wäre, würde überhaupt niemand investieren.[14]

Da unkontrollierte Konkurrenz zerstörerisch ist, wird sie von vornherein ausgeschaltet. Dies gelingt nicht nur durch die ökonomische Macht der Konzerne – mindestens genauso wichtig ist die banale Tatsache, dass der Mensch ein soziales Wesen ist. Die »oberen Zehntausend« kennen sich, treffen sich und heiraten untereinander.

Schon der neoklassische Gründungsvater Adam Smith war empört, dass überall und ständig gemauschelt wurde: »Gesellschaftsleute des gleichen Gewerbes kommen selten – selbst zu Festen und Zerstreuung – zusammen, ohne dass das Gespräch in einer Verschwörung gegen die Öffentlichkeit endet oder irgendein Plan ausgeheckt wird, wie man die Preise erhöhen kann.«[15]

Im 19. Jahrhundert wurde dann die Aktiengesellschaft erfunden, und damit ergab sich ein neues Instrument, wie man soziale Netzwerke spannen konnte: Man saß einfach gemeinsam in den Aufsichtsräten und vereinte möglichst viele Mandate auf möglichst wenige Personen. Im Jahr 1908 hatte der Bankier Carl Fürstenberg von der Berliner Handels-Gesellschaft 44 Mandate inne. Eugen Gutmann von der Dresdner Bank kam zeitgleich auf 35 Mandate.[16] So krass ist es heute nicht mehr, aber immer noch sitzen viele Manager in mehr als einem Aufsichtsrat. Selbst das *Handelsblatt,* nicht gerade als sozialkritisch bekannt, spricht von einem »Kartell der Kontrolleure«[17].

Ein paar Beispiele: Der ehemalige Allianz-Finanzvorstand Paul Achleitner ist Aufsichtsratsvorsitzender der Deutschen Bank und nebenbei auch noch im Aufsichtsrat von Daimler, Henkel und Bayer. Seine Frau Ann-Kristin sitzt in den Kontrollgremien von Metro, Linde und Munich Re. Der langjährige Henkel-Chef Ulrich Lehner leitet den Aufsichtsrat der Telekom sowie von ThyssenKrupp und sitzt außerdem in den Kontrollgremien von Eon, Henkel, Porsche, und Novatis. Der ehemalige Lufthansa-Chef Wolfgang Mayrhuber leitet nicht nur den Aufsichtsrat von Lufthansa und Infinion, sondern kontrolliert auch noch bei der Münchner Rück und bei BMW. Der ehemalige Vorstandsvorsitzende von Bayer, Manfred Schneider, ist wiederum Aufsichtsratschef bei Linde und RWE. Der Ex-Vorstandschef von SAP, Henning Kagermann, vereinigt Kontrollmandate bei der Münchner Rück, BMW, Deutsche Bank, Deutsche Post und Haniel. Der ehemalige Allianz-Chef Michael Diekmann ist zudem Aufseher bei BASF, Linde und Siemens. Der langjährige Eon-Chef Wulf Bernotat mischt bei Allianz, Deutscher Telekom, Bertelsmann und Metro mit.

Das Karussell der immer gleichen Männer, die durch die Aufsichtsräte kreisen, illustriert ein soziales Phänomen, das weit tiefer reicht: Fast alle Spitzenmanager gehören derselben sozialen Gruppe an und sind Teil einer kleinen Oberschicht. Der Soziologe Michael Hartmann hat untersucht, aus welchen Elternhäusern die Vorstandsvorsitzenden der 100 größten deutschen Unternehmen kommen. 85 dieser Spitzenmanager stammten aus dem Großbürgertum oder dem Bürgertum, die gemeinsam nur ganze 3,5 Prozent der Bevölkerung umfassen.[18] In Österreich ist es ähnlich: Vier der fünf größten Konzerne werden von Söhnen aus der Oberschicht geführt.[19] In der Schweiz wiederum fällt auf, dass die meisten Firmenchefs in St. Gallen oder an der ETH Zürich studiert haben.[20]

Natürlich wird nicht jeder elitäre Spross zum gutbezahlten Spitzenmanager, denn auch Vorstandsvorsitzende müssen Leistung bringen. Aber umgekehrt ist eben nicht wahr, dass die Besten automatisch nach oben vorstoßen. Bewerber haben nur wenig Chancen, wenn sie aus der Mittelschicht oder gar aus der Arbeiterschaft stammen. Nicht die Fähigkeiten sind letztlich entscheidend, sondern die Herkunft. Dies widerspricht diametral der »Leistungsgesellschaft«, an die die Marktwirtschaftler so gern glauben.

Die gemeinsame Herkunft der Manager führt jedoch nicht nur zu extensiven Netzwerken, sondern auch zu konformem Denken, das für neue Ideen nicht förderlich ist. Menschen fühlen sich am sichersten, wenn ihr Gegenüber genauso agiert wie sie, und nach diesem Muster werden auch die Führungskräfte ausgewählt. Oft ist es nämlich gar kein Vorsatz, dass die Oberschicht am liebsten Standesgenossen rekrutiert, um Managerposten zu besetzen. Dies geschieht instinktiv, weil es vor allem in Stresssituationen beruhigt zu wissen, dass die Teamkollegen ähnlich denken und die gleichen Vorlieben teilen. Subtile Codes verraten die gemeinsame Herkunft und Erfahrungswelt: Welchen Wein man mag, wie man sich anzieht, wo man seinen Urlaub verbringt, auf welcher Universität man war – und wen man gemeinsam kennt. Der französische Soziologe Pierre Bourdieu hat dies den »Habitus« genannt, der wertvolles »soziales Kapital« darstellt. Denn es zahlt sich monetär aus, die Umgangsformen der Oberschichten zu besitzen und von ihnen als gleichrangig anerkannt zu werden.

Die Eliten schließen sich nach unten ab, was der Rest der Bevölkerung als ungerecht empfindet. Zu Recht. Doch abseits dieser moralischen Empörung ist es auch ökonomisch folgenreich, dass es eine »Leistungsgesellschaft« so wenig gibt wie eine »Marktwirtschaft«: Die Individuen werden nicht aufeinandergehetzt, auf dass sich im bedingungslosen Wettbewerb die innovativsten Ideen durchsetzen. Stattdessen richtet sich die Oberschicht in einem Schutzraum ein, der nur von Menschen betreten werden darf, die als Gleiche erkannt werden – die sich also angepasst verhalten und die Gruppenvorgaben erfüllen.

Wie die reale Welt der Beziehungspflege funktioniert, zeigt sich bestens bei der Harvard Business School (HBS) in Boston, die weltweit als Topadresse für Manager in spe gilt. Von Wettbewerb ist dort nichts zu sehen, stattdessen wirbt die HBS offensiv damit, dass sie eine gigantische Kontaktbörse sei, die via Netzwerk jedem Absolventen zu einer Stelle verhelfe. Auf der Homepage heißt es unter anderem: »Wer einen Abschluss an der Harvard Business School erwirbt, gehört einer Gemeinschaft von mehr als 78 000 Absolventen in 167 Ländern an. Unsere Alumni bleiben in Kontakt und ein Leben lang verbunden, wo immer ihre Karriere hinführt. ... Ob Sie sich fürs Management, für die Gründung eines Unternehmens oder gemeinnützige Führungsaufgaben interessieren – als HBS-Absolvent werden Sie immer erfahrene Topmanager ansprechen können, die Sie gern bei Ihren Plänen unterstützen.«[21] Wie wertvoll solche Kontakte sind, wird in aller Offenheit statistisch erläutert: »Angesichts der Tatsache, dass 65 bis 85 Prozent aller Jobs auf Grund von Beziehungen vergeben werden, sollte Networking rund 80 Prozent der Zeit ausmachen, die Sie in eine Stellensuche investieren.«[22]

Harvard selbst scheint sich nicht bewusst zu sein, welche Widersprüche dieses offensive Networking offenbart. Die Business School beansprucht, nur die Besten auszubilden – aber wenn die Absolventen tatsächlich die Besten wären, hätten sie diese massive Beziehungspflege nicht nötig. Die Leistung der angeblichen Leistungsträger scheint also nicht zu reichen, um auf einem angeblich freien Markt der Spitzenkräfte einen Führungsposten zu ergattern. Dieser unreflektierte Widerspruch führt zu skurrilen Details. So finden sich auf der HBS-Homepage gleich zwei Musterbriefe, die detailliert vorgeben, wie ein Alumnus am besten anzumailen sei, der bei der eigenen Karriere weiterhelfen soll. Diese Briefe sind nicht nur erschütternd trivial und vorgestanzt – vor allem verraten sie ungewollt, dass Harvard seine künftigen Führungskräfte für unfähig hält, eigenständig ein vernünftiges Schreiben aufzusetzen.[23]

Aber das Networking funktioniert: Wer auf der HBS war, findet garantiert einen Job und verdient schon im ersten Jahr im Durchschnitt 150 000 Dollar – womit Harvard natürlich ebenfalls wirbt.[24] Viele landen sogar ganz oben: HBS-Absolventen besetzen 20 Prozent der Chefposten in den 500 wichtigsten US-Unternehmen.[25]

Wie die Harvard Business School bemühen sich auch alle anderen Eliteschulen, lebenslange Kontakte zu vermitteln, die die eigene Karriere garantieren sollen. Die Absolventen schützen sich also vor einem echten Wettbewerb um die Spitzenjobs, denn bei einer Konkurrenz der Besten könnten sie ja verlieren. Diese Sicherheitsorientierung ist zwar typisch menschlich, hat aber für die Lehrinhalte in Harvard keinerlei Folgen. Während sich die Absolventen dem Wettbewerb so weit als möglich entziehen, steht das Thema »Wettbewerb« in einer »Marktwirtschaft« weiterhin ganz oben auf der Forschungsagenda.

Das intensive Networking an der Spitze verhindert jedoch nicht nur eine echte Bestenauslese im Topmanagement – sie untergräbt auch den Wettbewerb zwischen den Unternehmen. Denn wie sollen Firmen ernsthaft gegeneinander konkurrieren, wenn die Chefs Netzwerke der gegenseitigen Abhängigkeit bilden oder gar miteinander befreundet sind? Wer sich seit Kindesbeinen oder spätestens seit der Universität kennt, wird aufeinander Rücksicht nehmen. Diese psychologische Tatsache hat Milton Friedman sehr knapp auf einen Satz gebracht: »Die Unpersönlichkeit der Beziehungen ist eine Grundessenz des freien Marktes.«[26] Allerdings hat der Nobelpreisträger übersehen, dass im faktischen Leben die Umkehrung gilt: Weil es die Unpersönlichkeit der Beziehungen nirgends gibt, gibt es auch keinen freien Markt.

Doch obwohl die »Marktwirtschaft« eine Fiktion ist, vermehren sich die vermeintlichen »Märkte« inflationär. Alles ist angeblich ein Markt. In der landläufigen Vorstellung gibt es Arbeitsmärkte, Finanzmärkte, Gesundheitsmärkte, Transportmärkte, Energiemärkte, Bildungsmärkte, Wohnungsmärkte – und sogar Heiratsmärkte. Dahinter steckt der fundamentale Irrtum, dass alles eine marktfähige Ware sei, die irgendwie privat besessen wird und einen Preis hat.

Diese Allgegenwart der »Märkte« reduziert das Konzept vom Markt darauf, dass es Käufer und Verkäufer gibt. Doch so banal ist selbst die Theorie von der freien Marktwirtschaft nicht, wenn man seine Vordenker ernst nimmt. Nicht umsonst haben sie stets das Wort »Freiheit« betont. Anbieter und Nachfrager sollen die Wahl haben, ob sie ein Produkt kaufen oder verkaufen. Allein diese beidseitige Freiheit führt zu einem fairen Preis. Marktwirtschaft kann also nur richtig funktionieren, wenn es keinen Zwang gibt, weil es sonst zum einseitigen Preisdiktat kommt.

Daraus folgt unmittelbar: Der »Arbeitsmarkt« kann gar kein echter Markt sein, der von selbst einen fairen Lohn erzeugt. Denn ungeschützt wären die Beschäftigten gezwungen, ihre Arbeitskraft selbst zu niedrigsten Preisen zu verkaufen, weil sie überleben müssen. Es herrscht ein Machtgefälle zwischen Arbeitgebern und Arbeitnehmern, wie schon Adam Smith weitsichtig beobachtet hat. Bereits 1776 stellte er fest: »In Auseinandersetzungen können die Unternehmer viel länger durchhalten (als die Arbeiter). Ein Grundbesitzer, Landwirt, Fabrikbetreiber oder Kaufmann könnte auch ohne Arbeiter in der Regel ein oder zwei Jahre von den Vorräten leben, die er bereits angehäuft hat. Viele Arbeiter könnten sich nicht einmal eine Woche ernähren, wenige würden einen Monat und fast niemand würde ein Jahr durchhalten, wenn sie keine Stelle hätten. Langfristig mag der Arbeiter für den Unternehmer genauso wichtig sein wie der Unternehmer für den Arbeiter; aber diese Abhängigkeit ist nicht so unmittelbar.«[27]

Adam Smith wird von den Neoliberalen gern als Stammvater betrachtet, doch diese Passage zeigt, dass Smith – anders als etwa Milton Friedman – die sozialen Realitäten nie ignoriert hat. Für ihn war der »Markt« kein freischwebendes Ufo, sondern stets in politische und ökonomische Machtkonstellationen eingebettet.

Der »Arbeitsmarkt« funktionierte daher erst, als ab 1871 Gewerkschaften zugelassen wurden, die mit den Arbeitgeberverbänden auf gleicher Augenhöhe verhandeln konnten. Der Erfolg war bald zu erkennen, denn gegen Ende des 19. Jahrhunderts begannen die Reallöhne deutlich zu steigen. Wir haben uns daran gewöhnt, Gewerkschaften als einen Teil der »Tarifautonomie« zu betrachten, weil der Staat sich nicht in die Lohnverhandlungen einmischt. Dennoch haben die Gewerkschaften mit Autonomie recht wenig zu tun, sondern sind Kartelle, die den Preiskampf zwischen einzelnen Arbeitnehmern unterbinden. Die Beschäftigten sind nicht mehr frei, ihre Arbeitskraft zu jedem Dumpinglohn zu verkaufen. Diese Zwangsmaßnahme wurde nötig, um die Übermacht der Arbeitgeber zu brechen. Es handelt sich also um ein Paradox. Der »freie« Arbeitsmarkt wurde erst möglich, als der Wettbewerb zwischen den Arbeitnehmern eingeschränkt wurde. Oder wie der Historiker Jürgen Osterhammel es ausdrückt: »Freie Arbeit in einem substantiellen Sinn entstand aus der sozialstaatlich motivierten Einschränkung unbegrenzter Vertragsfreiheit.«[28]

Zwar gilt diese Lehre aus dem 19. Jahrhundert immer noch, doch wird sie zunehmend ignoriert. Die Gewerkschaften verlieren Mitglieder und Einfluss, was wiederum die Politik ermuntert, den Mindestschutz für Arbeitnehmer auszuhöhlen. Ein Dammbruch waren die rot-grünen Hartz-Gesetze, die die Langzeitarbeitslosen zwingen, fast jeden Lohn zu akzeptieren, während es gleichzeitig keinen gesetzlichen Mindestlohn gibt. Seither sind die Arbeitnehmer erpressbar, was nicht nur die unteren Schichten spüren. Auch die Mittelschicht muss erleben, dass ihre Gehälter stagnieren. Zwischen 2000 und 2010 sind die Reallöhne im Mittel um 4,2 Prozent gefallen,[29] obwohl die deutsche Wirtschaft zeitgleich um 14 Prozent gewachsen ist.[30] Ökonomisch wäre es für die Unternehmen mühelos möglich gewesen, höhere Löhne zu zahlen. Aber es hat sie niemand dazu gezwungen, weil sich allenthalben die Idee durchgesetzt hat, dass Schutzrechte für die Arbeitnehmer überflüssig seien und den »Arbeitsmarkt« nur störten.

Der neue Glaube an einen angeblich fairen Arbeitsmarkt passt bestens zu einem gesamtgesellschaftlichen Trend, der als »Selbstoptimierung« bezeichnet wird. Immer mehr Menschen versuchen, den eigenen Körper und Geist zu einer möglichst marktgängigen Ware zu gestalten, die sich in der Konkurrenz gegen andere Körper und Gehirne durchsetzt. In jeder großen Buchhandlung lässt sich dieses Phänomen besichtigen: Regalmeter sind mit Ratgebern gefüllt, die alle behaupten, ihre Leser klüger, reicher, motivierter oder schöner zu machen. Dieser Drang zur Selbstoptimierung ist ein Kind der Industrialisierung. Der Mensch sieht sein Selbst neuerdings wie ein maschinelles Produkt, das in einem vielstufigen Prozess möglichst effizient gestaltet wird.[31]

Die ersten Ratgeber zur Selbstoptimierung wurden schon in den 1920er Jahren verfasst, aber natürlich kann Lektüre allein nicht reichen, wenn der eigene Körper kraftvoller, gesünder und stressresistenter werden soll. Da ist physische Aktion gefragt. Vor 30 Jahren setzte daher der Boom der Fitness-Studios ein. An den Kraftgeräten trainieren inzwischen mehr als sieben Millionen Deutsche, die im Durchschnitt über 40 Jahre alt sind und für einen Umsatz von vier Milliarden Euro pro Jahr sorgen. Allerdings sind andere Länder noch weiter: Während in Deutschland nur 8,5 Prozent der Bevölkerung in die Studios eilen, sind es in den Niederlanden, Spanien oder Schweden bereits über 14 Prozent. Die deutsche Fitness-Wirtschaft ist daher überaus optimistisch, dass die Bundesbürger aufholen werden und sich der Trainingsboom auf Jahre fortsetzt.[32]

An den Fitnessstudios fällt auf, dass sie wie kleine Fabriken aussehen, die möglichst perfekte Körper ausspucken sollen. Überall stehen Maschinen, die die Trainierenden im Akkord bearbeiten. Auch die Kontrolle stimmt: Monitore übermitteln die relevanten Messdaten wie die verbrauchten Kalorien, gelaufenen Kilometer und gestemmten Kilos. Natürlich will nicht jeder Fitness-Besucher seine Konstitution auf Hochleistung trimmen; viele sind schon froh, wenn ihre Rückenschmerzen nachlassen. Sie betreiben also eher Reparatur, denn Optimierung.[33] Trotzdem ist markant, dass die Fitness-Studios wie Werkhallen gestaltet sind und sich die Betreiber als eine »Industrie« begreifen, die sich in einem »Deutschen Industrieverband für Fitness und Gesundheit« zusammengeschlossen hat.

Bis in die Freizeit hinein hat sich also die Welt der Produktion, des Marktes und der Konkurrenz durchgesetzt. Subjektiv mag es sogar rational sein, ein Fitness-Studio aufzusuchen, denn Schönheit wird prämiert. So will der US-amerikanische Ökonom Daniel Hamermesh herausgefunden haben, dass gutaussehende Menschen, aufs Leben hoch gerechnet, im Schnitt 90 000 Dollar mehr verdienen als die nur mäßig attraktiven.[34] Allerdings ist Schönheit nicht zwingend mit Intelligenz oder Effizienz gepaart. Es wird also ausgerechnet eine Eigenschaft belohnt, die für die Produktivität unerheblich ist, was nur erneut zeigt, dass wir nicht in einer Welt leben, die rationalen Marktgesetzen folgt.

Allerdings wäre es maßlos übertrieben zu behaupten, dass nur Schönheit zählt. Auch hohe Bildungsabschlüsse werden prämiert.

Wie die Bundesregierung ausgerechnet hat, verdient ein deutscher Mann in seinem Leben etwa 300 000 Euro mehr, wenn er ein Studium vorweisen kann. Bei einer Akademikerin sind es 200 000 Euro, die sie von einer durchschnittlichen Angestellten trennen.[35] Wenn sich Bildung nicht individuell auszahlen würde, wären wahrscheinlich deutlich weniger Menschen bereit, an ihrer intellektuellen Selbstoptimierung zu arbeiten.

Trotzdem folgt aus der allgemeinen Bereitschaft zum individuellen Wettbewerb noch lange nicht, dass er sich auch kollektiv lohnt. Gesamtgesellschaftlich ist nämlich ein seltsames Phänomen zu beobachten: Noch nie war eine Kohorte von Beschäftigten so gut ausgebildet wie die heutigen Arbeitnehmer – und trotzdem sinken ihre Reallöhne im Durchschnitt. Jeder einzelne mag zwar das Gefühl haben, dass sich Bildung auszahlt, weil er mehr verdient als andere. Aber aus dieser relativen Differenz folgt eben noch lange nicht, dass auch das absolute Niveau der Gehälter steigt. Dieser kollektive Verlust fällt vielen jedoch nicht auf, weil sie stolz nur auf ihre individuelle Leistung blicken. Sie fühlen sich gestählt für Kampf und Konkurrenz und übersehen, dass die Macht nicht gleich verteilt ist, sondern bei den Arbeitgebern liegt. Die Selbstoptimierung ist oft verbunden mit Selbstüberschätzung.

Der Arbeitsmarkt ist ein eigenartiges Konstrukt: Die Arbeitnehmer können faire Preise für ihre Leistungen nur erzielen, wenn kollektiv verhandelt wird. Die individuelle Vertragsfreiheit muss eingeschränkt werden, damit das Spiel von Angebot und Nachfrage funktioniert. Aber immerhin: Mit Mühe lässt sich überhaupt ein »Markt« für Arbeit konstruieren. Bei vielen anderen Gütern ist dies ausgeschlossen.

Eklatant ist dies bei der Gesundheit. Einen »Gesundheitsmarkt« kann es schlicht nicht geben, obwohl dieser Begriff in jüngster Zeit Karriere macht. Eine erste Schwierigkeit: Gesundheit hat keinen Preis. Für jeden Kranken ist sein Leben das höchste Gut, und er ist daher erpressbar. Die Verhandlungsmacht würde allein bei den Ärzten und Pharmafirmen liegen, wenn es keine soziale Kontrolle gäbe. Es ist daher nicht erstaunlich, dass in allen westlichen Ländern Honorarordnungen für Mediziner und Preisvorgaben für Arzneien existieren. Zudem tritt bei der Gesundheitsversorgung ein Problem auf, das sich bereits bei den Eisenbahnen zeigte: Für private Firmen würde es sich nicht lohnen, spärlich besiedelte Landstriche mit einem Krankenhaus zu versehen. Also muss erneut der Staat eingreifen, um eine flächendeckende Infrastruktur sicherzustellen.

Vor allem aber wird die Idee eines reinen Marktes durch unsere ethischen Gefühle ausgehebelt: Es gehört zum Grundkonsens in Deutschland, dass jeder Mensch Anspruch auf lebensrettende Hilfe hat. Auch Arme sollen eine Krebsbehandlung erhalten, obwohl sie selbst die Kosten nicht tragen könnten. Es geht also um Solidarität – was das glatte Gegenteil von marktförmiger Konkurrenz ist. Insofern ist es absurd, dass die Politik ständig versucht, einen »Wettbewerb« zwischen den Krankenkassen zu inszenieren. Denn die Kassen können sich gar nicht nennenswert voneinander unterscheiden. Die Leistungen für die Versicherten sind genauso vorgegeben wie die Zahlungen an Ärzte und Pharmakonzerne. Diese umfassende Planwirtschaft ist jedoch keine Verschwörung verrückter Bürokraten, sondern folgt zwingend aus den Aufgaben, die eine Gesundheitsversorgung bewältigen muss.

Im ersten Quartal 2014 gab es noch 132 gesetzliche Krankenkassen, was die Verwaltungskosten sinnlos aufbläht. Denn eine Kasse für alle würde reichen, schließlich gibt es auch nur eine gesetzliche Rentenversicherung. Aber immerhin ist ein gewisser Fortschritt zu erkennen: 1970 wurden noch 1815 gesetzliche Krankenkassen gezählt. Langsam setzt also eine »Marktbereinigung« auf diesem inexistenten Markt ein.

Besonders abstrus ist allerdings, dass es nebenher noch 45 private Krankenkassen gibt, in denen sich Beamte und viele Selbständige sammeln. Angeblich dient auch dies dem »Wettbewerb«, doch tatsächlich handelt es sich um Standesorganisationen, die allein den Zweck verfolgen, die Vorteile für ihre Klientel zu maximieren. Da sie nur ihresgleichen aufnehmen, sparen sie sich die Kosten, die durch die Solidarität mit den Armen entstehen. Für die Versorgung der Bedürftigen zahlt allein die angestellte Mittelschicht, die in den gesetzlichen Kassen organisiert ist. Die privaten Krankenkassen haben mit »Markt« also nichts zu tun, sondern dienen dem Egoismus einer kleinen Minderheit.

Doch obwohl die privaten Kassen nur die »guten Risiken« versammeln, erweisen sie sich sogar als ein Verlustgeschäft für ihre Mitglieder. Privatpatienten werden oft schlechter versorgt als Kassenpatienten, wie eine Studie jüngst ergeben hat.[36] Denn die hohen Beiträge fließen nicht nur in die medizinische Behandlung, sondern müssen auch die Gewinne der Versicherungskonzerne und die Provisionen der Vertreter finanzieren. Die Autoren der Studie sprechen daher bei den privaten Kassen von einem »Marktversagen«, was bei aller Kritik sogar noch ein Euphemismus ist, weil damit unterstellt wird, dass es überhaupt einen »Gesundheitsmarkt« geben könne.

Künftig dürften die privaten Krankenkassen sogar in noch größere Bedrängnis geraten, weil sie kapitalgedeckte Versicherungen sind – sie sparen die Beiträge ihrer Mitglieder also teilweise an. Inzwischen haben die privaten Krankenkassen schon 194 Milliarden Euro angehäuft,[37] die sie auf den »Finanzmärkten« anlegen müssen. Einziges Problem dabei: Auch die »Finanzmärkte« sind keine Märkte, sondern funktionieren nach ganz eigenen Regeln, weil Geld keine normale Ware ist. Es wird nicht wie ein Auto mühsam hergestellt, sondern kann jederzeit frei geschöpft werden. Die Konsequenzen werden in Teil IV genauer erläutert, doch so viel vorweg: Inzwischen schwirrt so viel Finanzvermögen umher, dass die Renditen stark fallen müssen, was für die privaten Krankenkassen umgekehrt bedeuten dürfte, dass sie ihre Beiträge erhöhen müssen, um die laufenden Behandlungskosten zu decken. Bei den privaten Krankenkassen lässt sich also der interessante Fall beobachten, dass ein Gesundheitsmarkt simuliert wird, indem man Beiträge auf Finanzmärkten anlegt, die ebenfalls keine Märkte sind.

Ebenso problematisch ist die private Altersvorsorge wie etwa die »Riester-Rente«, die ebenfalls Kapitaldeckung betreibt und von der Fiktion lebt, dass die Finanzmärkte echte Märkte seien. Entsprechend groß ist die allseitige Enttäuschung. Inzwischen hat sich bei den meisten Riester-Sparern herumgesprochen, dass eine echte Rente nicht zu erwarten ist – und dass es wohl noch nicht einmal für einen Inflationsausgleich reichen wird. Gewonnen haben nur die Versicherungskonzerne, die für ein untaugliches Produkt Milliarden an Provisionen kassieren konnten. Was sich daran zeigt: Das

Gut Sicherheit – ob im Alter oder gegen Krankheit – lässt sich am besten in staatlichen Kassen organisieren. Denn Solidarität ist mehr als ein moralisches Gebot, sie ist oft auch ökonomisch am effizientesten.

Auch viele andere Märkte funktionieren nicht wirklich als Markt. Dazu gehört der Wohnungsmarkt, wo erneut das Problem auftritt, dass die Macht zwischen Mietern und Vermietern ungleich verteilt ist. Irgendwo müssen die Menschen ja wohnen, was sie erpressbar macht. Dies gilt ganz besonders für die Ärmsten, weswegen der Staat wieder gezwungen ist einzugreifen: mit Preisregulierungen, Sozialwohnungen und Wohngeld.

Bei anderen Gütern wiederum ist es am billigsten, gleich ganz auf einen Wettbewerb und damit auf einen »Markt« zu verzichten. Dies gilt beispielsweise für alle Infrastrukturprojekte wie Eisenbahnen oder Stromtrassen. Es wäre sinnlos und teuer, mehr als ein Netz zu bauen, nur um Wettbewerb zu erzeugen. Sobald es aber nur ein Netz gibt, entsteht ein »natürliches Monopol«, wie Ökonomen dies nennen, das von privaten Betreibern ausgenutzt würde, falls sie keiner Kontrolle unterlägen. Also muss erneut der Staat einschreiten – und diese Netze entweder selbst betreiben oder aber mit eigenen Behörden regulieren, wer diese Infrastruktur nutzen darf und zu welchem Preis.[38]

Die Marktwirtschaft erinnert an den Scheinriesen Herrn Tur Tur bei Jim Knopf. Aus der Ferne wirkt sie enorm, aber je näher man ihr kommt, desto kleiner wird sie, bis nur noch wenig von ihr übrig bleibt. Bei genauerem Hinsehen ist es fast unmöglich, in der offiziellen »Marktwirtschaft« namens Deutschland einen echten Markt zu entdecken. Übrigens ist es keine neue Erkenntnis, dass die »Marktwirtschaft« eine Fiktion ist. Selbst konservative Ökonomen wie Joseph Schumpeter haben früh bemerkt, dass die treibende Kraft des Kapitalismus nicht der »Markt« ist, sondern der technische Fortschritt. Ihn nannte Schumpeter einen »ewigen Orkan der schöpferischen Zerstörung«.[39] Dieser Fortschritt entsteht nicht primär, weil die Unternehmen miteinander konkurrieren, sondern weil jede einzelne Firma mehr Gewinn erzielen möchte. Also investiert sie in neue Produkte oder in neue Verfahren, die dann allerdings – eher als Nebeneffekt – die Konkurrenz niederwalzen. Das Bessemer-Verfahren in der Stahlindustrie war dafür typisch: Diese neue Verhüttungstechnik war so effektiv, dass sie die Fabriken zu enormer Größe zwang. Wer nicht mithalten konnte, ging unter oder wurde aufgekauft. Dieser Zyklus zeigt sich bei jeder neuen Technik. Kaum hat sie sich, wie jüngst das Internet, etabliert, entstehen neue Oligopole oder Monopole. Jeder kennt die Namen der neuesten Giganten: Microsoft, Apple, Google, Amazon, Facebook.

Wir leben also nicht in einer Marktwirtschaft, sondern in einem System, für das bisher keine bessere Bezeichnung als »Kapitalismus« gefunden wurde. Es ist eine Mischform zwischen Staat und privat, zwischen oligopolistischen Großkonzernen und kleinen Nischen wie etwa der Gastronomie, in denen tatsächlich unbeschränkter Wettbewerb stattfindet. Die treibende Kraft in diesem System ist die Idee, dass man Geld investiert, damit hinterher mehr Geld herauskommt. Wenn dies kein Schneeballsystem sein soll, bei dem sich das Vermögen nur auf dem Papier vermehrt, dann muss gleichzeitig die Gütermenge steigen. Reales Wachstum kann es jedoch nur durch technischen Fortschritt geben, was umgekehrt bedeutet: Ohne technischen Fortschritt ist der Kapitalismus am Ende.

Unsere heutige Wirtschaftsform zeichnet sich durch eine entfesselte Dynamik aus, die mit dem Begriff »Marktwirtschaft« überhaupt nicht abgebildet wird. Denn das Wort »Markt« betont den Tausch von Waren, das Gleichgewicht von Angebot und Nachfrage. Wachstum ist in dieses stationäre Konzept nur sehr schwer zu integrieren, weswegen viele neoliberale Theorien das Thema Wachstum auch lieber ganz aussparen. Der Begriff »Kapitalismus« hingegen drückt diesen Prozess perfekt aus, bei dem es darum geht, aus Kapital mehr Kapital zu machen.

Wenn aber »Marktwirtschaft« die falsche Beschreibung für unser System darstellt – warum wird an diesem Begriff so obsessiv festgehalten? Ein Grund ist schlicht: Die falsche Theorie führt zu echten Gewinnen, und die Profiteure sind die Großunternehmen. Indem sie den »Wettbewerb« zu einem quasi religiösen Prinzip erheben, können sie einst öffentliche Aufgaben übernehmen, die sichere Erträge versprechen, gerade weil dort Wettbewerb unmöglich ist.

Das Stichwort heißt »Privatisierung«. Vormals staatliche Angebote werden privaten Unternehmen übertragen, weil sie angeblich so viel effizienter sind. Ob es ehemals öffentliche Krankenhäuser, die Wasserversorgung oder die Riester-Renten sind – stets übernehmen nun Großkonzerne die elementare Daseinsfürsorge für die Bürger. Dies sichert garantierte Renditen, denn die »Kunden« haben ja keine Wahl. Sie sind auf diese Dienste angewiesen. Die Theorie von der »freien Marktwirtschaft« ist eine sehr mächtige politische Waffe, die wenigen Firmen und ihren Aktionären nützt. Oder wie es der britische Soziologe Colin Crouch formuliert: »Neoliberale Politik fördert weniger den Markt als das Unternehmen.«[40]

Die Theorie von der »freien Marktwirtschaft« arbeitet mit dem simplen Propagandatrick, die Welt in Gut und Böse einzuteilen. Die Marktwirtschaft ist gut, denn sie garantiert angeblich Freiheit, individuelle Entfaltung, faire Preise, ein riesiges Angebot – und vor allem Effizienz. Die Rolle des Bösen übernimmt in diesem Setting der Staat. Er steht vermeintlich für Gängelung, Bürokratie, fade Gleichmacherei, Korruption und die ineffiziente Verschwendung von Ressourcen. Weil das Zitat von Milton Friedman so sprechend ist, sei es noch einmal wiederholt: »Grundsätzlich gibt es nur zwei Arten, die wirtschaftlichen Aktivitäten von Millionen von Menschen zu koordinieren: Die eine ist die zentral gelenkte, wobei mit Hilfe von Zwangsmaßnahmen gearbeitet wird, also den Techniken, wie sie Armeen und totalitäre Staaten anwenden. Die zweite Art ist die freiwillig gesteuerte, also die Kooperation einzelner Individuen, wie man sie auf jedem Marktplatz erleben kann.«[41]

Diese neoliberale Marktideologie ist überaus mächtig, wie sich daran erkennen lässt, dass selbst viele Kritiker der Vorstellung anhängen, dass es eine »Marktwirtschaft« gäbe. Bemängelt wird nur, dass die »Marktlogik« inzwischen das gesamte Leben beherrsche. So hat der berühmte Moralphilosoph Michael J. Sandel kürzlich ein Buch veröffentlicht, das den kämpferischen Titel trägt: *Was Geld nicht kaufen kann. Die moralischen Grenzen des Marktes.* Darin beklagt er: »Die Märkte und das marktorientierte Denken sind in Lebensbereiche vorgedrungen, die zuvor durch marktferne Werte geregelt waren: Familienleben und persönliche Beziehungen;

Gesundheit und Bildung; Umweltschutz und Strafgerichtsbarkeit; nationale Sicherheit und bürgerliches Leben. Fast unbemerkt haben wir einen Wandel von einer Gesellschaft mit einer Marktwirtschaft zur Marktgesellschaft durchlaufen. Der Unterschied zwischen beiden ist folgender: Eine Marktwirtschaft ist ein Instrument – ein wertvolles und effektives Instrument –, um die Produktionsaktivität zu organisieren. Eine Marktgesellschaft dagegen ist ein Ort, wo praktisch alles käuflich ist. Sie ist eine Lebensweise, bei der die Marktwerte gesellschaftliche Beziehungen durchdringen und alle Bereiche bestimmen.«[42]

Obwohl diese Beschreibung kritisch klingt, ist sie in Wahrheit affirmativ. Denn auch Sandel glaubt unbesehen, dass es der »Markt« sei, der die Produktion von Waren effizient regele. Dem Autor entgeht völlig, dass es den schrankenlosen Wettbewerb nicht gibt, sondern dass wenige Großkonzerne eine kapitalistische Wirtschaft beherrschen. Indem er die Legende von der Marktwirtschaft übernimmt, ist Sandel bereits in die Falle der Neoliberalen getappt. Ab jetzt führt er nur noch einen Abwehrkampf, um diesem angeblich so effizienten Markt ethische Grenzen zu setzen. Statt ökonomisch zu argumentieren, wird er moralisch. Dies ist legitim, hat aber einen schweren Nachteil: Auch Neoliberale argumentieren gern ethisch. Sie behaupten einfach, dass Ungleichheit gerecht sei, weil sich Leistung lohnen müsse und auch die breiten Massen von der allgemeinen Wohlfahrt profitieren würden. Diese moralische Schlacht ist schwer zu gewinnen, weil Sandel ja bereits zugestanden hat, dass der Markt ein »wertvolles und effektives Instrument« sei.[43]

Die Kritiker landen in der Defensive, weil sie unbewusst die Dichotomie der Neoliberalen übernehmen: Auf der einen Seite stehen das Privateigentum und der Markt – und auf der anderen Seite befinden sich die Gesellschaft und der Staat. Der einzige Unterschied ist, dass Kritiker wie Sandel die sozialen Beziehungen vor einer Allmacht des Marktes retten wollen, während umgekehrt Neoliberale wie Friedman den Markt vor dem angeblich diktatorischen Staat schützen möchten.

Doch diese Trennung von Markt und Staat ist eine Fiktion. Sie ist nicht nur irreal, weil es den Markt in seiner Reinform nicht gibt –

sondern weil Kapitalismus und Staat gar keine Gegensätze sind. Sie haben stets sehr eng zusammengewirkt, denn sie sind gemeinsam entstanden. Den modernen Kapitalismus kann es nur in einem modernen Staat geben.

7 Kapitalismus ist nicht das Gegenteil von Staat

Neoliberale erwecken stets den Eindruck, als ob die Wirtschaft vom Staat geknebelt würde und sich von dieser politischen Diktatur mühsamst befreien müsste. Historisch ist dies ein völlig schiefes Bild: Wo immer es Frühformen des Kapitalismus gab – da hatten diese frühen Kapitalisten auch politisch das Sagen.

Sehr typisch sind die mittelalterlichen Hansestädte Hamburg, Lübeck oder Bremen, deren prächtige Rathäuser noch heute davon zeugen, dass dort einst mächtige Senatoren tagten. Diese Patrizier waren natürlich nicht durchs breite Volk gewählt, sondern stammten aus dem erlauchten Kreis der großen Kaufleute, die die Politik der unabhängigen Stadtstaaten danach ausrichteten, was dem Fernhandel und damit ihrer Schatulle förderlich war.

Dieses Muster war in allen großen Handelsmetropolen zu beobachten. Auch in den italienischen Stadtstaaten Venedig, Florenz und Genua regierte die Geldaristokratie. Besonders berühmt wurde die Florentiner Bankiersfamilie Medici, der es sogar gelang, sich zu Großherzögen der Toskana aufzuschwingen. Nach der Entdeckung Amerikas 1492 verlagerte sich der Handel zwar gen Westen, aber auch in Antwerpen und später Amsterdam galt, dass die Kaufleute ihre Städte regieren. »Der Kapitalismus triumphierte nur dann, wenn er mit dem Staat identifiziert wurde, wenn er der Staat war«, fasst der französische Historiker Fernand Braudel dieses Phänomen zusammen.[44]

Die Handelsstädte waren der Fläche nach zwar klein, aber sie waren regionale und manchmal sogar globale Großmächte. Sowohl Venedig wie Genua besaßen zahlreiche Kolonien im Mittelmeerraum, und die Amsterdamer Kaufleute dehnten ihren Einfluss bis nach Indonesien aus, indem 1602 die Niederländische Ostindien-Kompanie gegründet und mit staatlicher Herrschaftsgewalt ausgestattet wurde. Politische Macht und wirtschaftliche Interessen waren nicht zu trennen.

Bis ins 17. Jahrhundert dominierten die großen Handelsstädte den weltweiten Handel, doch sie lagen wie kleine kapitalistische Inseln in einem weiten Meer von Feudalstaaten. Im 18. Jahrhundert ändert sich dies. Erstmals wurde ein ganzer Nationalstaat von Kapitalinteressen regiert: England. Die schon erwähnte »Glorious Revolution« von 1688/89 war das Symbol für diesen Wandel; die »Bill of Rights« sicherte dem Parlament umfassende Rechte zu, die die Macht des Königs beschnitten. Formal wurde England damit zur konstitutionellen Monarchie, doch war das Stimmrecht daran gekoppelt, dass man ein Mindestvermögen besaß.

Eine kleine Elite, die vor allem aus dem Landadel, aber auch aus Kaufleuten bestand, dominierte das englische Parlament und sorgte dafür, dass die britische Politik ihre wirtschaftlichen Interessen bediente. Nicht zufällig hatten sie sich dafür auch den richtigen König ausgesucht: Nachdem die Briten 1688 ihren katholischen König Jakob II. gestürzt hatten, trugen sie die Krone Wilhelm III. von Oranien-Nassau an, der gleichzeitig der Statthalter der Niederlande war.

Allerdings wäre es falsch zu behaupten, dass die englischen Kaufleute bis dahin unter ihren Monarchen gelitten hätten. Spätestens seit dem 16. Jahrhundert gehörte es zum Programm der englischen Könige, die Wirtschaft zu fördern, wie Adam Smith 1776 bezeugt: »Seit der Herrschaft von Elisabeth hat sich die englische Gesetzgebung besonders um die Interessen des Handels und der Manufakturen bemüht, und in Wirklichkeit gibt es kein Land in Europa, Holland nicht ausgenommen, wo das Recht dieser Art von Industrie so gewogen ist.«[45]

Das englische Beispiel machte bald Schule, denn auch anderen europäischen Monarchen war deutlich, dass sie ihre Wirtschaft fördern mussten, wenn sie die permanenten Kriege in Europa überstehen wollten. Armeen waren teuer und ließen sich nur durch eine prosperierende Ökonomie finanzieren. Ab dem 17. Jahrhundert kam daher europaweit der sogenannte »Merkantilismus« in Mode, der zwar nie ein geschlossenes theoretisches Konzept darstellte, aber in fast allen Ländern dazu führte, dass die Herrscher bemüht waren, Manufakturen zu gründen und die Exporte ihres Landes zu steigern. Wieder war die Kooperation zwischen Staat und Wirtschaft eng: Die meisten Könige hatten bürgerliche Berater, die ihnen erklärten, wie das Handelsleben funktionierte. Legendär wurde der russische Zar Peter der Große, der 1697 sogar unter falschem Namen nach Holland reiste, um in Zaandam auf einer Werft zu arbeiten und die Wirtschaft dieser reichen Handelsnation zu studieren.

Diese kurze historische Skizze zeigt bereits, dass der Kapitalismus nicht gegen den Staat entstanden ist, sondern immer Staatshilfe genossen hat. Allerdings wandelte sich die Rolle des Staates im 19. Jahrhundert fundamental, als mit der Industrialisierung der moderne Kapitalismus einsetzte. Der Merkantilismus hatte sich abgemüht, in einer weitgehend stagnierenden Wirtschaft Wachstum zu erzeugen. Mit der Industrialisierung stellte sich das Problem genau umgekehrt: Nun gab es zwar Wachstum, aber die rasante technische Entwicklung hatte ungeahnte gesellschaftliche Folgen, die nur der Staat bewältigen konnte.[46]

Damit sich der Kapitalismus entfalten konnte, war es notwendig, die Bevölkerung besser auszubilden, Universitäten zu gründen und die Forschung zu finanzieren. Die explodierenden Städte mussten geplant und verwaltet, Straßen und Eisenbahnen gebaut werden. Potentiell gefährliche Produkte wie neue Medikamente mussten überwacht, die Sicherheit der Fabriken kontrolliert und Umweltschäden vermieden werden. Der Staat war plötzlich überall gefragt.

Zudem hätten zentrale technische Entwicklungen gar nicht stattfinden können, wenn der Staat nicht mitgezogen hätte. Ein Beispiel: Für die Deutsche Edison-Gesellschaft (später AEG) lohnte es sich nur, ins Elektrizitätsgeschäft einzusteigen, weil die Stadt Berlin als sicherer Kunde zur Verfügung stand und 1884 einen Konzessionsvertrag mit der Firma abschloss.

Vor allem aber musste der Staat dafür sorgen, dass die Bevölkerung den technischen Wandel aushalten konnte. »Wohlstand für alle« klingt zwar gut, aber der ständige Produktivitätsfortschritt ist auch eine Zumutung. Wissen veraltet, einst sichere Arbeitsplätze verschwinden, und im Wettstreit um die besten Jobs kann nicht jeder siegen. Der Soziologe Karl Otto Hondrich hat die Dialektik des Fortschritts sehr schön beschrieben: »Wettbewerb erzeugt Ungleichheit. Sogar wenn alle ihre Leistung steigern, sind einige zum Scheitern verdammt. Der Erfolg des einen ist der Misserfolg des anderen. Leistungssteigerung führt – später oder früher, dort oder hier – zu Leistungsversagen. Dieses Leistungsversagungsgesetz ist das fundamentale Paradox der Wettbewerbsgesellschaft, eine Fortschrittsfalle, aus der es kein Entrinnen gibt. ... Jede individuelle Leistungssteigerung im Wettbewerb beruht auf einer kollektiven Vorleistung: Die Gesellschaft muss ja sagen zum Leistungsversagen!«[47] Das Ergebnis ist bekannt: Alle westlichen Länder haben eine staatliche Arbeitslosenversicherung und Sozialhilfe eingeführt, um wenigstens die größten Härten des Kapitalismus abzufedern.

Die wachsende Bedeutung des Staates spiegelt sich in der sogenannten Staatsquote wider, die den Anteil öffentlicher Ausgaben an der jährlichen Wirtschaftsleistung misst, und diese Staatsquote ist rasant gestiegen. Lag sie im Kaiserreich noch bei fünf bis sieben Prozent, hatte sie in der Weimarer Republik schon 15 bis 20 Prozent erreicht – und 2013 betrug sie in Deutschland 44,3 Prozent.[48]

Auf den ersten Blick könnte dies nahelegen, dass die Staatsausgaben ständig steil nach oben klettern würden. Tatsächlich jedoch verharren sie seit 40 Jahren auf einem fast unveränderten Niveau. In Deutschland belief sich die Staatsquote 1975 auch schon auf 48,8 Prozent – und seither musste sogar noch eine Wiedervereinigung finanziert werden. Die Sorge ist also gänzlich unbegründet, dass ein Moloch namens Staat das angeblich zarte Pflänzchen namens Kapitalismus restlos zermalmen könnte.

Vor allem aber ist die neoliberale Grundannahme falsch, dass Wachstum nur möglich sei, wenn sich der Staat möglichst aus der Wirtschaft heraushält. Obwohl Österreich die stattliche Staatsquote von 50,5 Prozent aufweist, ist es in den vergangenen Jahren stärker gewachsen als Deutschland. Zwischen 2001 und 2010 legte die österreichische Wirtschaft jährlich im Durchschnitt um 1,6 Prozent zu, während es die Bundesrepublik nur auf 0,9 Prozent brachte. Die Schweiz wiederum scheint zunächst den gegenteiligen Fall darzustellen, weil sie ein durchschnittliches Wachstum von 1,7 Prozent erzielte, obwohl ihre Staatsquote nur bei 34,5 Prozent liegt.[49]

Allerdings führt es etwas in die Irre, nur die absoluten Wachstumsraten zu vergleichen. Denn es bleibt ja die Frage, auf wie viele Köpfe die Wirtschaftsleistung zu verteilen ist – und da zeigen sich bemerkenswerte Unterschiede zwischen den drei Staaten. In Deutschland nahm die Zahl der Bürger leicht ab und liegt jetzt bei 81 Millionen, während die Schweiz im vergangenen Jahrzehnt rund 800 000 Menschen hinzugewonnen hat und nun auf etwa acht Millionen Einwohner kommt, was einem Zuwachs von zehn Prozent entspricht. Nach Österreich sind in der gleichen Zeit 400 000 Menschen eingewandert, so dass dort die Zahl der Bürger um fünf Prozent auf 8,4 Millionen angestiegen ist. Mehr Menschen bedeuten jedoch mehr Konsum. Es ist völlig logisch, dass eine Wirtschaft wächst, wenn zusätzliche Einwanderer zu versorgen sind.

Um dies genauer vorzurechnen: Seit 2000 betrug das Schweizer Wirtschaftswachstum kumuliert etwa 21 Prozent. Da gleichzeitig die Bevölkerung um über zehn Prozent zunahm, handelte es sich zur Hälfte um ein »Breitenwachstum«.[50] Pro Kopf war das Plus also nur halb so hoch und betrug etwa 0,85 Prozent. Diese Ziffer erinnert genau an den Durchschnittswert von Deutschland, das bei leicht sinkender Bevölkerung auf 0,9 Prozent kam. Am besten schnitt pro Kopf Österreich ab, obwohl es von den drei Ländern die höchste Staatsquote besitzt.

Zudem stellt sich die Frage, wie es den Schweizern überhaupt gelungen ist, ihre Staatsquote auf erstaunliche 34,5 Prozent zu drücken. Schließlich schwankt diese in fast allen anderen westeuropäischen Ländern in einem Korridor von 45 bis 55 Prozent. Die Antwort heißt »Privatisierung«. Die Schweizer Krankenversicherung und ein Teil der Altersvorsorge werden durch private Unternehmen abgedeckt – und damit bei der Staatsquote nicht erfasst. Aus der Sicht eines Schweizer Angestellten ist dies nicht viel mehr als ein Taschenspielertrick, denn er muss ja trotzdem Zwangsabgaben an die Versicherungen leisten. Der Schweizer Unternehmerverband hat bereits ausgerechnet, wie hoch die Schweizer Staatsquote wäre, wenn man die privatisierten Sozialversicherungen berücksichtigen würde: Sie läge sogar noch weit über dem deutschen Niveau.[51]

Europaweit war es in den vergangenen Jahren ein neoliberaler Volkssport, sich auf die Staatsquote zu fixieren und diese möglichst weit nach unten zu drücken. Doch dies gelingt nur mit statistischen Tricks. Die »echte« Staatsquote liegt in allen westlichen Ländern ähnlich hoch – egal ob dort Sozialdemokraten oder Konservative regieren. Dieser Befund ist nicht erstaunlich: Der Staat muss ein sehr wesentlicher Teil des Kapitalismus sein, sonst bricht dieser Kapitalismus sofort zusammen.

Vor allem die »Finanzmärkte« würde es gar nicht geben, wenn der Staat nicht stützend und regulierend eingreifen würde. Dies macht schon die Geschichte der ersten Banken deutlich. Sie entstanden in Italien im 14. Jahrhundert nicht etwa, um private Einlagen entgegenzunehmen, sondern um die öffentlichen Schulden zu verwalten.[52] Aus der Sicht der italienischen Kaufleute war diese enge Kooperation sehr naheliegend: Da sie die Städte regierten, gab es für sie sowieso keine Trennung zwischen Staat und privat.

Auch Aktiengesellschaften waren ursprünglich keine rein privatwirtschaftlichen Unternehmen. Die weltweit erste Aktiengesellschaft war die schon erwähnte Niederländische Ostindien-Kompanie von 1602, die ihre Profite damit machte, dass sie ein staatlich garantiertes Monopol für den Fernhandel mit Asien besaß. Die Börsen hatten zunächst ebenfalls wenig mit der Privatwirtschaft zu tun, obwohl sie als die Inkarnation des freien Marktes gelten: 1611 entstand die weltweit erste Wertpapierbörse in Amsterdam – und sie hatte zunächst nur den Zweck, die »Liquidität«, also den Umsatz, von staatsnahen Papieren zu erhöhen. Gehandelt wurden vor allem öffentliche Schuldverschreibungen und eben Aktien der Niederländischen Ostindien-Kompanie.[53] In London wiederholte sich dieses Phänomen gegen Ende des 17. Jahrhunderts, als sich die dortige Börse für Wertpapiere öffnete. Erneut waren vor allem zwei Papiere begehrt: nämlich die Aktien der Britischen Ostindien-Kompanie und die Anleihen der Bank von England[54] – beides staatlich geschützte Monopolgesellschaften.

Seither hat sich das Geschehen auf den Finanzmärkten zwar stark diversifiziert, aber auch heute noch wären viele Investoren ratlos, wenn sie nicht mit Staatspapieren spekulieren könnten. Der Umsatz mit öffentlichen Anleihen ist geradezu astronomisch, wie das Beispiel der deutschen Bundespapiere zeigt. 2013 zirkulierten Bundesanleihen im Wert von etwa 1,1 Billionen Euro, doch das weltweite Handelsvolumen mit diesen Papieren betrug 5,8 Billionen Euro. In einem Jahr wurde also jede Anleihe mehr als fünfmal gekauft und verkauft.[55]

Noch beliebter ist der Devisenhandel, der auf ein weltweites Volumen von mindestens vier Billionen Euro kommt – täglich. Ökonomisch ist dieses Großkasino sowieso völlig überflüssig, aber vor allem wird gern vergessen, dass Währungen keinen Wert »an sich« haben. Geld behält seine Kaufkraft nur, weil es staatlich überwacht wird. In allen Ländern sorgen Notenbanken dafür, dass die Geldmenge nicht explodiert, indem sie das Zinsniveau vorgeben. Der Zins ist aber nichts anderes als ein Preis – nämlich für Kredite, die immer noch das Kerngeschäft der Finanzmärkte ausmachen. Die angeblich so freien Finanzmärkte sind also Märkte, auf denen der Staat den Preis zentral bestimmt. Ein Marsmensch würde wahrscheinlich denken, dass Finanzmärkte knapp vor einem Sozialismus einzuordnen wären.

Dieser Marsmensch läge auch deswegen nicht falsch, weil die großen Banken und Fonds ein einzigartiges Privileg genießen: Fast immer rettet sie der Staat, wenn die Pleite droht. Denn beim Bankrott einer wichtigen Bank kollabieren nicht nur die Finanzmärkte – auch die Realwirtschaft leidet sofort (mehr im vierten Teil). Also muss der Staat eingreifen, um den Crash zu vermeiden. Für die Investmentbanken ist diese implizite Staatsgarantie ungeheuer lukrativ, denn sie leben in einer Welt, die sich als eine perverse Mischung von Sozialismus und Kapitalismus beschreiben ließe: Die Verluste werden sozialisiert und die Gewinne privatisiert.

Kein Wirtschaftszweig ist vom Staat so abhängig wie die Finanzbranche, und insofern war es geniales Marketing, dass es ihr gelungen ist, sich als besonders staatsfern darzustellen. Die Deregulierung seit den frühen 1980ern basierte auf dem Trick, die staatlichen

Regeln als Zwangsjacke zu diffamieren, die die freie Entfaltung des »Finanzmarktes« und der Wirtschaft abwürgen würde. In ihrer ersten großen Rede nach dem »Big Bang« kondensierte die britische Premierministerin Margaret Thatcher diese neoliberale Weltsicht zu einem einzigen Satz: »Verschwunden sind die Kontrollen, die den Erfolg behindert haben.«[56]

Wie das Wort »Erfolg« schon sagt: Misserfolge waren gar nicht erst vorgesehen, was erstaunlich realitätsblind war. Der Kapitalismus ist ein extrem volatiles System, das zu periodischen Krisen neigt. Oft sind es nur normale Konjunkturdellen, aber nicht selten kommt es auch zu schweren Depressionen, die durch das Herdenverhalten der Finanzinvestoren ausgelöst werden (mehr dazu im vierten Teil). Sobald aber das Wachstum stockt, ist wieder der Staat gefragt. Dann nehmen auch neoliberale Unternehmer sehr gern Regierungshilfe in Anspruch. Jüngstes Beispiel war die »Abwrackprämie«, die 2009 die Automobilindustrie durch die Finanzkrise lotsen sollte und die den deutschen Steuerzahler fünf Milliarden Euro gekostet hat.

Neben solchen direkten Subventionen profitieren die Firmen aber auch indirekt: Obwohl Marktwirtschaftler gern die angeblich zu hohe Staatsquote beklagen, sind es genau diese öffentlichen Ausgaben, die die Wirtschaft in Krisenzeiten stabilisieren. Denn die Renten laufen weiter, Arbeitslose werden unterstützt, und auch die Krankenkassen schränken ihre Leistungen nicht ein. Diese »automatischen Stabilisatoren« garantieren einen Basissockel an Einkommen, was wiederum für Konsum, Umsatz und Arbeitsplätze sorgt, während die Firmen ihre Investitionen und Kapazitäten nach unten fahren. Würde die deutsche Wirtschaft nur aus privaten Unternehmen bestehen – sie würde in jeder Krise weitgehend kollabieren. Das 19. Jahrhundert ist dafür ein abschreckendes Beispiel, als es noch keine Sozialversicherungen gab und der Staat nicht intervenierte: Nach dem Gründerkrach 1873 wurden in der deutschen Eisenindustrie 40 Prozent aller Arbeiter entlassen. Dies wäre heute undenkbar.

Der Staat ist im Kapitalismus allgegenwärtig, weil es ohne seine permanente Intervention gar keinen funktionierenden Kapitalismus geben würde. Dieser Zusammenhang ist so offensichtlich, dass sich die Frage stellt, warum Marktliberale dies hartnäckig ignorieren. Eine Antwort dürfte sein: Es ist keine angenehme Vorstellung, zum Staat verdammt zu sein. Es ist anstrengend, dass man sich ständig mit Millionen von Mitbürgern arrangieren muss und es keine ökonomische Insel gibt, auf die man flüchten kann. Die Idee des Marktes hingegen ist unendlich tröstlich: Dort zählt nur das Individuum, das ganz auf seine eigene Leistung bauen kann und sich nicht ständig um das große Ganze kümmern muss. Dort ist jeder seines Glückes Schmied und übernimmt Verantwortung nur für sich selbst und seine Familie. Dieses Märchen ist einfach zu schön, um es aufzugeben.

Zudem schmeichelt es dem Selbstwertgefühl der Privilegierten ungemein, wenn sie sich zu Leistungsträgern adeln dürfen, anstatt sich nach den sozialen Bedingungen ihres Reichtums fragen zu müssen.

Wer heute Videos mit Margaret Thatcher sieht, staunt ein wenig, wie steif sie war. Ihre Reden wirken, als wären sie auswendig gelernt. Trotzdem entfalteten sie einen Sog, weil die britische Premierministerin das Märchen vom freien Markt und vom freien Individuum perfekt erzählen konnte. Den Ausverkauf der öffentlichen Wasserversorgung, Bahnen und Elektrizitätswerke rechtfertigte sie zum Beispiel 1986 mit diesen Worten: »Wir Politiker haben alle Träume. Zu meinem gehört, dass ich Macht und Verantwortung an das Volk zurückgeben will, um den Menschen und ihren Familien wieder das Gefühl der Unabhängigkeit zu vermitteln. Die große Reform des vergangenen Jahrhunderts war es, mehr und mehr Bürger zu Wählern zu machen. Die große Reform unserer Zeit ist es, mehr und mehr Bürger zu Eigentümern zu machen. Volkskapitalismus ist ein Glaubensfeldzug: ein Kreuzzug, der die vielen befreit und befähigt, am wirtschaftlichen Leben Großbritanniens teilzunehmen. … Menschen brauche Anreize; sie brauchen Verantwortung; sie brauchen die Freiheit und die Würde, die daher rührt, dass sie etwas ihr Eigen nennen können … Die Stärke unserer Politik ist, dass sie auf dem gesunden Instinkt unseres Volkes beruht – einem Instinkt für Eigentum, Sparsamkeit, ehrliche Arbeit und faire Belohnung.«[57]

Jeder würde gern in dieser Welt des ehrlichen Eigentums leben, aber leider ist es eben nur eine schöne Mär. In der Realität strichen wenige Finanzinvestoren Monopolgewinne ein, während die britischen Eisenbahnen und Wasserwerke verfielen.

Doch der Staat wird nicht nur in Frage gestellt, weil er angeblich zu viel Macht ausübt und die Freiheit seiner Bürger beschneidet. Auch das genaue Gegenteil wird ihm vorgehalten. Der Nationalstaat wird als machtlos wahrgenommen – als ein historisches Relikt, das in den Zeiten der Globalisierung anachronistisch wirkt. Der Staat erscheint vielen seiner Bürger unendlich piefig und altmodisch, da er auf seiner Scholle hockt, während die Waren und vor allem das Finanzkapital frei um die Welt strömen.

Das Wort »Globalisierung« kam in den 1990er Jahren auf,[58] und schon deswegen denken viele Menschen, dass das Phänomen genauso jung sein müsse wie das Wort. Dies ist ein Irrtum. Die Globalisierung ist alt, vielleicht sogar uralt, woraus wiederum folgt: Wenn der Staat an Einfluss verliert oder die Löhne sinken, kann es nicht an der Globalisierung liegen.

8   Globalisierung ist nicht neu

Schon in der Antike lebten die Menschen global. Der makedonische König Alexander der Große drang 326 v. Chr. bis nach Indien vor, und die Römer kannten Seidenstoffe aus China. Später haben Wikinger Grönland und Nordamerika entdeckt, Mongolen haben 1241 Ungarn erstürmt – und Polynesier sind um etwa 1280 als erste in Neuseeland gelandet.

Selbst auf deutschen Äckern lassen sich erstaunliche Funde machen. So wurde beim Bau der Autobahn A20 in der Nähe von Anklam ein Silberschatz entdeckt – mit arabischen Münzen aus dem siebten bis neunten Jahrhundert. Das Geld war in Nordafrika, in Bagdad und im Iran geprägt worden, und eine Münze stammte sogar aus Masar-i-Sharif in Afghanistan.[59] Die Slawen an der Ostsee verfügten also schon im frühen Mittelalter über weitläufige Handelsbeziehungen, die sie indirekt sogar mit Asien verbanden.

Dieser Handel dehnte sich stetig aus. Im hohen Mittelalter lebten rund 200 Hansestädte bestens davon, den Handel zwischen Russland und den nordischen Ostseeländern sowie England und den Niederlanden zu organisieren. Holz, Wachs, Pelze, Roggen und Weizen wurden von Osten nach Westen geschifft, während in der umgekehrten Richtung Salz, Tuche und Wein geliefert wurden. Diese engen Handelsbeziehungen wirkten bis in die Sprachen hinein. Das heutige Schwedisch besteht knapp zur Hälfte aus niederdeutschen Lehnwörtern und Vorsilben, weil sich viele deutsche Kaufleute in den schwedischen Häfen niederließen.

Wie stark schon das mittelalterliche Europa vernetzt war, zeigt auch die Kunstgeschichte. Jeder Baustil verbreitete sich über ganz Europa. Ob Romanik, Gotik, Renaissance oder Barock – die neueste

Mode wurde überall kopiert oder abgewandelt. Das Gleiche gilt für neue Ideen und Vorstellungen: Die protestantische Reformation und die katholische Gegenreformation prägten ab dem 16. Jahrhundert die Politik in allen europäischen Ländern.

Die Geschichte der Krankheiten dokumentiert ebenfalls, wie eng die Kontakte waren. 1330 kam die Beulenpest in Zentralasien auf, und es dauerte weniger als zwei Jahrzehnte, bis sie ihren Seuchenzug durch Europa antrat und etwa ein Drittel der Bevölkerung tötete.[60]

Globalisierung ist also uralt, wenn man darunter globale Kontakte versteht. Allerdings wird der Begriff »Globalisierung« meist enger und rein ökonomisch verwandt. Gemeint ist dann, dass die Handelsströme so vernetzt sind, dass sich die Preise in diversen Ländern parallel entwickeln. Dieses Phänomen ist erstmals im 16. Jahrhundert zu beobachten: Wenn damals Getreide in London teurer wurde, dann stieg der Weizenpreis auch im Baltikum.[61]

Auf moderne Europäer wirkt diese parallele Preisentwicklung wenig spektakulär, da sie längst daran gewöhnt sind, dass ihr Spielzeug aus China kommt. Aber die ökonomische Globalisierung war eine technische Meisterleistung: Der Handel konnte die Welt erst umspannen, als die Schiffe absolut hochseetauglich wurden. Das »Vollschiff« mit drei Masten wurde in Europa jedoch erst im 15. Jahrhundert entwickelt.[62]

Es ist kein Zufall, dass die Getreidepreise als erstes im Gleichklang schwangen. Denn Getreide war das Grundnahrungsmittel und jede Missernte eine Hungerkatastrophe, so dass man versuchte, aus anderen Ländern Weizen oder Roggen zu importieren. Allerdings waren die Vorräte selbst in Überschussländern wie Polen knapp, und entsprechend gering waren die Getreidemengen, die auf Reisen gingen. Der französische Historiker Fernand Braudel schätzt, dass der Fernhandel noch nicht einmal ein Prozent des Getreidekonsums ausmachte[63] – doch dieses kleine Prozent reichte schon aus, um die Preise europaweit aneinander anzupassen.

Aber nicht nur der Waren- und Getreidehandel globalisierten sich, auch die Finanzströme waren längst international und hatten selbst die Provinz erfasst. So machten sich Kaufleute im italienischen Livorno 1751 Sorgen, wie sich Firmenzusammenbrüche im fernen Sankt Petersburg auf sie auswirken könnten. In einem Brief hieß es: »Die große Zahl von Konkursen in verschiedenen Städten hat den Handel hier beträchtlich geschädigt, der gerade einen neuen Dämpfer durch die Nachricht erhielt, dass die Firma Leake & Prescott in Sankt Petersburg bankrott ist, was einen Schaden von 500 000 Rubeln verursacht haben soll.«[64]

Im 19. Jahrhundert setzte dann die eigentliche ökonomische Globalisierung ein, die vor allem auf zwei technischen Revolutionen basierte: dem Dampfschiff und der Telegraphie. 1851 lag das erste Seekabel unter dem Ärmelkanal, 1866 waren Europa und Amerika verbunden. Nie wieder wurde durch eine einzige technische Erfindung eine derartige Beschleunigung erreicht, denn die Übermittlungsgeschwindigkeit zwischen Europa und den USA erhöhte sich damals um den Faktor 10 000.[65] Die Nachrichten jagten nun in Echtzeit um die Welt, was vor allem von Banken und Investoren genutzt wurde. Londoner Börsenbroker mussten im Jahr 1913 weniger als eine Minute auf eine Verbindung warten, wenn sie mit ihren Partnern in New York Kurse und Aufträge austauschen wollten.[66]

Die Dampfschifffahrt und der Bau des Suezkanals wirkten ähnlich revolutionär: Die Transportkosten zwischen Großbritannien und Indien fielen innerhalb des 19. Jahrhunderts um unglaubliche 98 Prozent pro Masseneinheit. Da ist es kein Wunder, dass sich der Welthandel zwischen 1850 und 1913 real verzehnfachte.[67]

Aber nicht nur Güter waren auf Reisen, auch die Menschen setzten sich in Bewegung. Millionen Europäer wanderten nach Nord- und Südamerika aus, um ein besseres Leben zu suchen. Andere konnten es sich schon leisten, einfach ihrer Neugier zu folgen und das Reisen zur Freizeitbeschäftigung zu machen. 1879 zählte die Schweiz schon fast eine Million Touristen, darunter 200 000 Amerikaner,[68] für die es alsbald die passende Literatur gab, die ihnen die Fremde erklärte. So schrieb Mark Twain einen unterhaltsamen Roman über seine Reisen durch Deutschland, die Schweiz und Italien, in dem er seinen amerikanischen Lesern unter anderem erläuterte, dass Richard Wagners *Lohengrin* deutlich zu laut sei. »Das Dröhnen und Knallen und Brausen und Krachen war unglaublich. Die rasenden und mitleidlosen Schmerzen, die dies erzeugte, werden für immer in meinem Gedächtnis haften bleiben, gleich neben den Erinnerungen an die Zeit, als ich meine Zähne reparieren ließ.«[69]

Den Zeitgenossen konnte nicht entgehen, dass sie in einem globalen Zeitalter lebten. *Das Kommunistische Manifest* von Karl Marx und Friedrich Engels endet mit den prägnanten Worten: »Proletarier aller Länder vereinigt euch!« Schon dieser kurze Schlachtruf zeigt, dass Deutschland für die beiden Sozialisten keine Referenzgröße mehr darstellte. Stattdessen nannten sie ihre Arbeiterbewegung später »Internationale«, weil ja auch das Kapital global agierte: »Die große Industrie hat den Weltmarkt hergestellt«, schrieben die beiden schon 1848 in ihrem Manifest. »Das Bedürfnis nach einem stets ausgedehnteren Absatz für ihre Produkte jagt die Bourgeoisie über die ganze Erdkugel. Überall muss sie sich einnisten, überall anbauen, überall Verbindungen herstellen.« Für Deutschtümelei hatten Marx und Engels nur Spott übrig: »Die Bourgeoisie hat durch ihre Exploitation des Weltmarktes die Produktion und Konsumtion aller Länder kosmopolitisch gestaltet. Sie hat zum großen Bedauern der Reaktionäre den nationalen Boden der Industrie unter den Füßen weggezogen.«

Wenn die Sozialisten sich anschickten, global zu agieren, folgten sie damit nur den Strömen des Kapitals. Daher waren die Sozialisten nicht die einzigen, die in internationalen Maßstäben dachten. Auch der Liberalismus, der andere große Politikentwurf des 19. Jahrhunderts, war eine Globalisierungsutopie – nur dass sich der Elan dort darauf konzentrierte, den unbeschränkten Freihandel zu propagieren.[70]

Die moderne Globalisierung ist rund 160 Jahre alt – warum wird sie jetzt als neu empfunden? Eine Antwort ist offensichtlich: Die Globalisierung war kein linearer Prozess, sondern die erste Phase endete 1914 abrupt mit dem Ersten Weltkrieg. Noch eine Woche vor Kriegsausbruch konnten sich viele Unternehmer nicht vorstellen, dass es tatsächlich zu einer militärischen Konfrontation kommen würde. Sie wussten, wie vernetzt die Weltwirtschaft war und welch ungeheure ökonomische Schäden ein Krieg verursachen würde. Also blieb an den Börsen alles ruhig, während die Diplomaten schon ihre Drohdepeschen austauschten. Erst am 27. Juli wurden die Investoren so nervös, dass die Wiener Börse schließen musste. Bis zum 30. Juli folgten die restlichen Börsen in Kontinentaleuropa, und am 31. Juli machten auch London und New York dicht.[71] Nur einen Tag später, am 1. August, begann der Weltkrieg, den die meisten Anleger nicht hatten kommen sehen.

Der Erste Weltkrieg bedeutete eine ökonomische Zäsur, denn mit ihm setzte eine Kette von Ereignissen ein, die den globalen Austausch immer wieder lähmten. Ab 1929 kam es zur Weltwirtschaftskrise; danach folgte der Zweite Weltkrieg, an dessen Ende ein sozialistischer Block stand, der sich dem internationalen Handel weitgehend entzog. Erst in den 1970er Jahren war die Welt ökonomisch wieder so verflochten wie einst 1913.[72] Nach dieser langen Pause ist es nicht verwunderlich, dass die Globalisierung als ein neues Phänomen erschien, als sich ab 1989 der Ostblock auflöste und China zeitgleich seine Exporte forcierte. Erstmals nach fast 80 Jahren war die ganze Welt wieder im kapitalistischen Austausch vereint.

Der Welthandel ist in den vergangenen 20 Jahren geradezu explodiert: Inzwischen werden schon mehr als ein Viertel aller Waren und Dienstleistungen international gehandelt; der globale Austausch wächst jährlich um neun Prozent – und damit zweimal so schnell wie die weltweite Wirtschaftsleistung. Dieses gigantische Handelsvolumen organisieren rund 77 000 transnationale Unternehmen mit mehr als 750 000 ausländischen Tochtergesellschaften. Selbst ein einfaches Produkt wie ein Elektrorasierer beruht heutzutage auf Arbeitsschritten in bis zu zehn Ländern.[73]

Dies weckt auch Ängste, denn die Länder erscheinen austauschbar und den transnationalen Konzernen ausgeliefert. Ein Wort, das parallel zur »Globalisierung« auftauchte, war der »Standortwettbewerb«. Dahinter steht die Idee, dass die Länder möglichst billige Löhne anbieten müssen, damit die transnationalen Konzerne auch weiterhin dort produzieren. Diese Ängste werden von Managern gezielt geschürt. Immer wieder gern wird der Ausspruch eines Volvo-Chefs zitiert, der einmal gesagt haben soll: »Schweden braucht Volvo, aber Volvo braucht Schweden nicht.«[74]

Doch dies ist ein Mythos. Das Kapital ist weder heimatlos, noch vagabundiert es frei durch die Welt. Bei transnationalen Firmen werden höchstens Teile der Produktion verlagert, doch die Entwicklung und Verwaltung bleiben im Heimatland. Auch die Chefs stammen fast immer aus dem eigenen Kulturkreis.[75] Wer sich in den deutschen DAX-Konzernen umsieht, wird feststellen, dass sie fast alle von Deutschen oder Österreichern geleitet werden.

Zudem ist der Mythos uralt, dass die Unternehmer heimatlose Gesellen seien. Wann immer ein neues Land in den Kreis der Industriestaaten vorstieß, hatten die »alten« Industrieländer Angst, sie könnten einen Teil ihres Reichtums verlieren. Heute fürchten sich die Europäer vor der Konkurrenz der Chinesen; vor 100 Jahren sorgten sich die Engländer, dass ihnen die Deutschen gefährlich werden könnten. Dabei sind die Stereotypen stets die gleichen. Die Briten beschrieben ihre deutschen Konkurrenten mit Worten, die heute bestens auf die Chinesen zu passen scheinen: »Der Deutsche ist aufgebrochen, um die Welt der Industrie zu erobern. Schwierigkeiten, die selbst die Kühnsten und Begeistertsten hätten entmutigen können, haben seinen Weg verstellt; aber weit entfernt davon aufzugeben, hat ihn dies nur bestärkt, seine Anstrengungen zu erhöhen … Es fehlt Kapital? Dann werden spartanisches Leben und Sparsamkeit ihn damit versorgen. … Der Markt ist bereits gut bedient mit den Produkten anderer Nationen? Dann wird er seine Rivalen unterbieten, wie niedrig ihre Preise auch sein mögen. Er ist nicht in der Lage, einen Artikel in der gleichen Qualität zu gleichen Kosten herzustellen? Dann stellt er ein angeblich echtes Imitat her, und in seiner Begeisterung schreckt er nicht einmal vor einer Fälschung zurück.«[76]

Doch diese Ängste vor den Deutschen damals oder den Chinesen heute sind unbegründet. Der weltweite Wohlstand wächst, wenn neue Produzenten hinzukommen – obwohl sie zunächst billiger sind als man selbst. Der Fall der Mauer 1989 war dafür ein idealer Testfall. Plötzlich traten die Länder im Ostblock als Konkurrenten auf, die viele Waren günstiger herstellen konnten als ihre Pendants im Westen. Und natürlich ließen sich die Deutschen die Chance nicht entgehen, billig im Osten einzukaufen. Die deutschen Importe aus Polen schnellten in die Höhe und betrugen im Jahr 2014 bereits 39,8 Milliarden Euro. Dennoch war dies keineswegs das Ende der deutschen Wirtschaft, sondern sie profitierte vom neuen Reichtum jenseits der Oder, denn die Exporte nach Polen stiegen sogar noch schneller und lagen bei 47,5 Milliarden.[77]

Reiche Länder handeln vor allem mit anderen reichen Ländern, denn nur wo Wohlstand ist, kann Nachfrage entstehen. Diese Erkenntnis ist nicht neu, sondern wurde schon 1776 von Adam Smith formuliert, der sich damals mit den Ängsten seiner Mitbürger herumschlagen musste, dass die Konkurrenten auf dem europäischen Festland zu mächtig werden könnten: »Eine Nation, die durch den Außenhandel reich werden will, kann dies am ehesten erreichen, wenn auch alle ihre Nachbarn reiche, fleißige und kaufmännische Nationen sind. Eine große Nation, die auf allen Seiten von wandernden Wilden und armen Barbaren umgeben ist, kann zweifellos Reichtum erlangen, indem sie ihre eigenen Ländereien bewirtschaftet und den Binnenhandel fördert, aber nicht durch Exporte.«[78]

Wie recht Smith behalten sollte, zeigen einmal mehr die Zahlen: Im 19. Jahrhundert wurden 80 Prozent des Welthandels zwischen Europa und Amerika abgewickelt[79] – und dies gilt weitgehend bis heute. Noch immer stellen Nordamerika, Europa und nun auch Japan drei Viertel der gesamten Weltproduktion,[80] obwohl andere Länder wie China, Südkorea oder Taiwan deutlich aufgeholt haben. Globalisierung ist, wenn die reichen Länder miteinander handeln.

Strukturell hat sich also in den letzten 150 Jahren wenig getan, dennoch wird bei jeder technischen Neuentwicklung geglaubt, dass sie nun für immer die Spielregeln auf den Weltmärkten verändern würde. Derzeit wird das Internet mit diesem Mythos belastet, dass es die globale Wirtschaft revolutionieren könnte. Als Beispiel muss dann oft das indische Bangalore herhalten, wohin einige europäische Firmen ihre Buchhaltung oder ihre Software-Entwicklung ausgelagert haben. Doch so atemberaubend das Internet ist – die Erfindung der Telegraphie war ähnlich einschneidend.[81] Zudem gilt für beide Technologien, dass sie zwar die Übertragungsgeschwindigkeit der Nachrichten beschleunigt haben – doch die Absender und Adressaten dieser Nachrichten sind die gleichen geblieben: Es sind noch immer die Bewohner der reichen Länder. Die Netzwerke wurden enger, aber die Struktur dieser Netzwerke hat sich kaum verändert.

Neben dem Internet wird oft ein zweiter Mythos bemüht, um eine neue Ära der Globalisierung auszurufen: Erstmals seien die Finanzmärkte weltweit vernetzt. Natürlich ist es wahr, dass Milliarden Dollar sekundenschnell um den Erdball gejagt werden. Allein die täglichen Währungsgeschäfte machen ja schon mehr als vier Billionen Dollar aus. Trotzdem sind grenzüberschreitende Finanzgeschäfte keine neue Entwicklung. Schon im 19. Jahrhundert legten die Briten jedes Jahr fünf bis sieben Prozent ihrer Wirtschaftsleistung im Ausland an.[82]

Neu ist also nicht die Globalisierung – neu ist nur, dass sie als neoliberales Argument missbraucht wurde, um die Löhne zu drücken, die Steuern für die Unternehmen zu senken und die Finanzmärkte zu deregulieren. Aber dies waren keine Sachzwänge, sondern politische Entscheidungen, die ab 1980 einsetzten und die sich wieder korrigieren lassen.

Oft wird bezweifelt, dass es noch möglich sei, in Zeiten der Globalisierung Politik zu betreiben. Dahinter verbirgt sich die Vorstellung, dass die Nationalstaaten entmachtet seien, sobald die Unternehmen international agieren. Auch dies ist ein Irrtum. Der Nationalstaat ist nicht das Gegenteil der Globalisierung, sondern er ist mit ihr gemeinsam entstanden – und ihre Voraussetzung. Die deutsche Geschichte bietet dafür ein lehrreiches Beispiel: Das Kaiserreich wurde 1871 gegründet, und genau in dieser Zeit begann auch Deutschlands Aufstieg zur globalen Exportnation.

Anders herum formuliert: An der Globalisierung nehmen nur starke Nationalstaaten teil. Es sind ausgerechnet jene Länder mit der höchsten Staatsquote, die auch am intensivsten international verflochten sind.[83] Ob Österreich, Deutschland, Schweden oder die Niederlande: Diese Länder sind alle extrem exportstark – und haben gleichzeitig ein sehr gut ausgebautes Verwaltungs- und Sozialsystem.

Es ist also falsch, dass Globalisierung zwingend weltweite Anarchie bedeutet, in der internationale Konzerne und Banken treiben können, was ihnen passt. Die nationale Politik hat sehr viel Macht – nur hat sie in den vergangenen 30 Jahren allzu oft auf diese Macht verzichtet.

Diese Gehorsamkeit gegenüber den »Finanzmärkten« und Konzernen ist nicht nur bedauerlich, sondern gefährlich. Der Kapitalismus kann nur florieren, wenn er politisch gesteuert wird. Aber dieses Selbstbewusstsein fehlt vielen Bürgern und Politikern. Sie sind der neoliberalen Propaganda hilflos ausgeliefert, weil sie letztlich nicht verstehen, wie die Banken und ihr Handelsgut – das Geld – funktionieren.

Teil III

Kapital versus Geld

9 Geld ist ein Rätsel – und nicht das Gleiche wie Kapital

Was ist Geld? Wie funktioniert es? Und wie kann man es retten? Diese Fragen klingen denkbar schlicht und sind dennoch schwer zu beantworten. Der berühmte Ökonom Joseph Schumpeter hat jahrelang an einem Buch über Geld gearbeitet, doch erschienen ist es nie. Das Thema war zu kompliziert.[1]

Dabei wirkt es auf den ersten Blick so einfach: Jeder benutzt Geld. Noch nicht einmal ein Brötchen lässt sich kaufen, ohne wenigstens zehn Cent auf den Ladentisch zu legen. Zudem ist das Geld offenbar so alt wie die Menschheit. Ob Muscheln, Kühe oder Gold – sobald die Völker sesshaft wurden, schufen sie sich eine Maßeinheit, mit der sie soziale und ökonomische Schulden beziffern konnten.

Doch so alt und so alltäglich Geld ist – es bleibt rätselhaft. Dies zeigt sich schon daran, dass keine klare Definition existiert, was genau als Geld zu betrachten ist. Stattdessen werden »Geldmengen« kreiert, die jede Zentralbank selbst festlegt. Es gibt keine eindeutige globale Übereinkunft, was als Geld zu zählen ist. Beim Geld versagt die internationale Normierung, die bei jedem Kopierer und jedem Auto selbstverständlich ist.

Geld ist so merkwürdig und so wandelbar, weil es ein soziales Konstrukt ist. Geld ist, was als Geld akzeptiert wird. Das kann alles sein. So kamen die Amerikaner im Tabakstaat Virginia auf die Idee, dass man doch auch mit Tabak zahlen könnte. Das hat rund 200 Jahre lang leidlich funktioniert.[2]

Es ist nicht bekannt, seit wann die Menschen Geld benutzen. Sicher ist nur, dass die ersten schriftlichen Zeugnisse aus Mesopotamien stammen und über 4000 Jahre alt sind. Die Recheneinheit war damals der Silberschekel, der noch nicht als Münze kursierte, sondern abgewogen werden musste, wobei ein Schekel etwa 8,5 Gramm Silber entsprach.[3]

Doch obwohl Babylonier und Assyrer noch keine Münzen kannten, wussten sie schon ganz genau, wie man den Zinseszins berechnet. Es sind Kreditverträge erhalten, die unterschiedlichen Zwecken dienten: Manche waren dazu gedacht, den Fernhandel etwa mit Anatolien zu finanzieren. Andere nutzten die Notlage von Kleinbauern aus, die sich nach Dürren Getreide leihen mussten, um ihre Familie bis zur nächsten Ernte zu ernähren. Diese Kreditverträge und Schuldscheine sind die ältesten Dokumente der Menschheit. Die Schrift wurde nicht etwa erfunden, um Literatur zu verfassen, sondern um kommerzielle Absprachen festzuhalten.

Bereits die Assyrer kamen auf eine Idee, die ungemein modern wirkt: Sie nutzten die Schuldscheine als Zahlungsmittel. Die Händler und Kaufleute warteten nicht ab, bis der Kredit fällig wurde, sondern reichten stattdessen das Dokument weiter, um damit wiederum ihre eigenen Verpflichtungen zu begleichen.[4] Von Anfang an kannten die Menschen das Kreditgeld, das wir heute – in einer etwas anderen Form – ebenfalls verwenden.

Die Münze war also nicht der Ursprung des Geldes, sondern eine relativ späte Erfindung, die wahrscheinlich auf das siebte Jahrhundert v. Chr. zu datieren ist. Beim griechischen Historiker Herodot heißt es in einer berühmten Stelle: »Als die ersten Menschen, von denen wir wissen, haben die Lyder Münzen aus Gold und Silber geprägt.«[5] Die Lyder waren ein indogermanisches Volk, das in Kleinasien lebte, und ihr berühmtester König hieß – Krösus. Er beeindruckte seine griechischen Nachbarn mit derart opulenten Geschenken an die Orakel von Delphi, Milet und Ephesus, dass sich der Ausdruck »reich wie Krösus« bis heute erhalten hat.[6]

Schon in der Antike hat die Menschen eine Frage beschäftigt, die Investoren bis heute keine Ruhe lässt: Haben Gold- und Silbermünzen einen Wert an sich, weil sie aus Edelmetall bestehen? Oder entsteht der Wert der Münzen vor allem durch ihre soziale Funktion, als Zahlungsmittel zu dienen und den Austausch unterschiedlicher Güter zu erleichtern?

Für den griechischen Philosophen Aristoteles war die Antwort eindeutig: Der Wert des Geldes beruht auf einer sozialen Konvention, die dazu dient, verschiedene Güter miteinander vergleichbar zu machen. Wörtlich heißt es bei ihm: »Deshalb muss alles, was ausgetauscht wird, irgendwie vergleichbar sein. Dafür nun ist das Geld auf den Plan getreten: Es wird in gewissem Sinn zu einer Mittlerinstanz, denn alles lässt sich an ihm messen, auch das Zuviel also und das Zuwenig, wie viele Schuhe denn etwa einem Haus oder Nahrungsmitteln gleichwertig sind. … Als eine Art austauschbarer Stellvertreter des Bedarfs aber ist das Geld geschaffen worden, auf Grund gegenseitiger Übereinkunft. Und es trägt den Namen ›Geld‹ (nomisma), weil es sein Dasein nicht der Natur verdankt, sondern weil man es als ›geltend‹ gesetzt (nomos) hat und es bei uns steht, ob wir es ändern oder außer Kurs setzen wollen.«[7]

Geld hat also keinen »intrinsischen« Wert an sich, weil es aus Gold oder Silber ist, sondern entsteht durch soziale Übereinkunft. Geld gibt es, weil es gebraucht wird. Diese Erkenntnis mag nicht besonders sensationell klingen, aber mit seiner nüchternen Beschreibung war Aristoteles schon vor 2 500 Jahren deutlich weiter als viele Kulturwissenschaftler, die sich heute über Geld äußern.[8]

Wie richtig Aristoteles die Funktion des Geldes beschrieben hat, zeigen archäologische Münzfunde aus Kleinasien. Überrascht stellten die Historiker fest, dass der Goldgehalt extrem schwankte, obwohl die Münzen die gleiche Prägung besaßen und damit offenbar gleich viel wert waren. Das Gold als Gold schien also nicht vorrangig zu interessieren, sondern der Wert der Münzen ergab sich daraus, dass sie ein legales Zahlungsmittel waren, dessen Umlauf vom Staat kontrolliert wurde. Wichtig war nicht das Material der Münzen, sondern dass die Herrscher dafür sorgten, dass das Geld seine Kaufkraft behielt, indem es nicht beliebig vermehrt wurde.[9]

Wenn aber die Münzen keinen intrinsischen Wert hatten, warum waren sie dann überhaupt aus Edelmetall? Diese naheliegende Frage beschäftigte bereits den mittelalterlichen Philosophen Nikolaus von Oresme, und seine Antwort fiel äußerst pragmatisch aus: Gold und Silber seien eben knapp und leicht zu transportieren.[10]

Blieb nur ein Problem: Gold und Silber waren in Europa nicht nur knapp, sondern oft gar nicht vorhanden. Seit der Antike verschwanden die begehrten Münzen Richtung Osten und kehrten von dort nie wieder zurück. Wie schon geschildert, interessierten sich Inder und Chinesen nicht für die westeuropäischen Produkte, die sie als grobschlächtig empfanden, und waren nur bereit, ihre Seide oder ihr Porzellan zu tauschen, wenn sie dafür Silber erhielten. Ein ähnliches Problem tauchte im Handel mit Russland oder der Levante auf: Auch dort rückte man Felle oder Gewürze nur heraus, wenn im Gegenzug Silber floss.

Wo kein Geld ist, muss man es eben erfinden. Dieser Grundsatz hat wahrscheinlich für alle Kulturen gegolten, und nach diesem Muster gingen auch die Westeuropäer vor. Sie nutzten im Mittelalter die gleiche Idee, die schon die Mesopotamier gehabt hatten. Sie verwandelten Kredite in Geld – nur dass sie diesmal mit Wechseln bezahlten.

Die Idee eines Wechsels ist einfach: Der Verkäufer einer Ware gewährt seinem Käufer einen Zahlungsaufschub, meist drei Monate – und damit einen kurzen Kredit. Dies wird mit einer Wechselurkunde dokumentiert, die der Verkäufer ausstellt und die der Käufer akzeptiert. Während der Laufzeit kann der Wechsel weitergereicht werden und als Zahlungsmittel dienen. Bei dieser einfachen Form blieb es natürlich nicht, sondern über die Jahrhunderte wurde das Wechselgeschäft immer raffinierter, zumal den ersten Kaufleuten bald auffiel, dass sie doch Wechsel ausstellen könnten, ohne dass es ein Grundgeschäft gab. Statt mit Waren zu handeln, schöpften sie gleich Kredit – und damit Geld.

Der Wechsel war keine europäische Erfindung, sondern wurde von den Arabern übernommen und bedeutete eine wundersame Geldvermehrung. In Westeuropa betrug das Verhältnis zwischen Münzen und Wechseln teilweise eins zu 15.[11] Zudem konnte man die Wechsel saldieren, so dass fast kein Münzgeld benötigt wurde, um die ausstehenden Forderungen und Verbindlichkeiten zu begleichen. Diese Transaktionen fanden auf den Messen statt, die stets mit einer »Zahlwoche« endeten. Ab dem 13. Jahrhundert trafen sich die Fernhändler in der französischen Champagne, wo die Messen wie ein Wanderzirkus rund ums Jahr an vier verschiedenen Orten abgehalten wurden. Durch das Saldieren reichten oft schon 100 000 Gold-Ecus – also »echtes« Münzgeld –, um Wechsel im Wert von vielen Millionen zu bedienen. Später erwies es sich als noch praktischer, diese Geldgeschäfte nicht auf Messen abzuwickeln, sondern erst in Brügge, dann in Antwerpen und ab dem 17. Jahrhundert in Amsterdam zu erledigen. Nacheinander stiegen diese Städte zu den wichtigsten europäischen Finanzzentren auf, auf die fast alle Wechsel gezogen wurden.[12]

Die Wechsel vermehrten zwar das Geld, aber bei den Münzen herrschte weiterhin enormes Chaos. Ein Handbuch des niederländischen Parlaments aus dem Jahre 1606 verzeichnete 341 verschiedene Silber- und 505 Goldmünzen, die in Holland kursierten.[13] Um dieses Durcheinander zu ordnen, gründeten die Niederländer 1609 die »Wisselbank« in Amsterdam, die zum Vorläufer aller modernen Banken in Europa wurde. Diese »Wechselbank« nahm die diversen Münzen entgegen, prüfte ihren Edelmetallgehalt und schrieb die Einlage als Bankgulden auf einem Konto gut. Damit begann der bargeldlose Zahlungsverkehr, denn nun konnten alle Kunden ihr Geld von einem Konto zu einem anderen auf der Bank überweisen, ohne dass die hinterlegten Münzen noch bewegt werden mussten. Der Bankgulden, der letztlich nur eine Rechengröße war, stieg zur wichtigsten europäischen Referenzwährung im 17. Jahrhundert auf. Allerdings war die »Wisselbank« noch keine Bank im heutigen Sinne, denn sie durfte keine Kredite vergeben.[14]

Ein modernes Geldsystem erfanden erst die Briten, als sie 1694 ihre Bank von England gründeten. Ursprünglich sollte diese Institution nur dazu dienen, einen der vielen Kriege gegen Frankreich zu finanzieren. Der Einfall war so einfach wie erstaunlich: Londoner Kaufleute sammelten 1,2 Millionen Pfund zusammen, die das Grundkapital der neuen Bank sein sollten. Dieses Geld liehen sie dann dem britischen König, und im Gegenzug musste sich das Parlament verpflichten, bestimmte Steuern für den Zinsdienst zu reservieren. Auf der Basis dieser Zusage gab die neue Bank von England dann Banknoten aus, die sie als Kredit an Kaufleute weiterreichte. Der erfreuliche Effekt für die Bank: Auf ein Grundkapital von 1,2

Millionen Pfund kassierte sie gleich zweimal Zinsen – einmal vom König und einmal von den Londoner Kaufleuten, die einen Banknotenkredit aufnahmen.[15]

Aus dem Nichts war also Papiergeld geschöpft worden, das nur auf dem fiktiven Versprechen des Königs beruhte, bei Bedarf den Kredit von 1,2 Millionen Pfund zu tilgen. Tatsächlich war jedoch niemand daran interessiert, dass der König seine Schuld zurückzahlte, denn die Banknoten wurden gebraucht, um den Geldumlauf zu steigern und damit den Warenverkehr zu erleichtern.[16]

Die Geschichte der Bank von England zeigt, dass die Banknote ein unbefristeter Kredit ist, den die Bürger ihrem Staat gewähren. Jeder Geldschein verkörpert ein Zahlungsversprechen, das niemals eingelöst wird. Damit ähnelt die Banknote einem staatlichen Wechsel, der auf ewig zirkuliert – und tatsächlich waren die Wechsel die Vorläufer des Papiergeldes.

Den Zeitgenossen war dieser Zusammenhang allerdings noch nicht so deutlich. Offiziell galt damals die Doktrin, dass jede Banknote durch Gold gedeckt sei – und dies wurde auch auf den Geldscheinen ausgedrückt. Noch heute werden die englischen Pfundnoten von dem Spruch geziert »I promise to pay the bearer on demand the sum of«, und dann folgt die Summe von fünf, zehn oder 20 Pfund. Darüber schwebt der Kopf der Königin, so dass eindeutig ist, wer dieses Zahlungsversprechen abgibt.

Dieses Versprechen ist heute eine sinnlose Tautologie, die nur noch aus historischer Nostalgie auf den Scheinen erscheint. Für Papierpfund gibt es nur Papierpfund. Aber im 18. Jahrhundert konnte jeder Besitzer einer Banknote bei der Bank von England den Gegenwert in Goldmünzen verlangen, was aber höchst selten geschah. Wie schon Aristoteles festgestellt hatte, ist ja nicht das Gold als Gold wichtig, sondern dass es ein Zahlungsmittel gibt. Dafür aber eigneten sich die Papierscheine mindestens genauso gut.

Gefährlich wurde es nur in Krisenzeiten wie etwa den britischen Kriegen gegen Frankreich von 1793 bis 1815. Aus langjähriger Erfahrung wussten die Briten, dass jeder Krieg mit einer Inflation endet – und daher stürmten sie die Banken, um ihr Papiergeld in Gold zu tauschen. Gleichzeitig schmolzen aber die Goldbestände in der Bank von England dahin, weil große Mengen des Edelmetalls gebraucht wurden, um die Soldaten auf dem Kontinent zu bezahlen und die Alliierten zu unterstützen. 1797 war es so weit, dass der britische Premier William Pitt der Jüngere unfreiwillig eines der größten Experimente in der Geldgeschichte wagen musste: Die Konvertierbarkeit des Pfundes wurde ausgesetzt, es konnte nicht mehr in Gold getauscht werden. Damit wurde das Pfund zur reinen Papierwährung. Ursprünglich sollte diese Regelung nur sechs Wochen gelten, doch tatsächlich bestand sie 24 Jahre lang bis 1819. In dieser Zeit ereignete sich ein Wunder, wie die Zeitgenossen fanden: Obwohl das Pfund nicht mehr durch Gold gedeckt war, behielt es weitgehend seinen Wert. Damit hatte niemand gerechnet, schon gar nicht Pitt.[17]

Durch Zufall waren die Briten damit auf den zentralen Mechanismus gestoßen, der bis heute erklärt, warum Geld wertvoll ist, obwohl es nur aus bedrucktem Papier oder Kontobuchungen besteht: Es wird nicht durch Gold, sondern durch die Wirtschaftsleistung eines Landes gedeckt. Geld ist so viel wert, wie man dafür an realen Produkten kaufen kann.

Den Briten war jedoch ihre eigene Entdeckung nicht geheuer, und ab 1819 führten sie wieder die Golddeckung ein. Dieser Goldstandard war jedoch reine Fiktion, denn die umlaufende Geldmenge vermehrte sich rasant. 1914, direkt vor dem ersten Weltkrieg, beliefen sich die Guthaben bei den britischen Banken auf 1,2 Milliarden Pfund, denen aber nur Banknoten im Wert von 45,5 Millionen Pfund gegenüberstanden.[18]

Diese Geldexplosion hatte mit einer weiteren Finanzerfindung zu tun: mit der privaten Kreditbank.

Noch 1750 gab es kaum ein Dutzend Banken außerhalb von London. 1775 waren es schon 150, im Jahr 1800 rund 400 und 1815 bereits 800 Banken.[19] Anders als die Bank von England konzentrierten sich diese Institute vor allem auf das Kreditgeschäft.[20] Wie die heutigen Banken nahmen sie Sparguthaben an – und verliehen diese weiter. Damit aber begann die Geldmenge zu expandieren, denn mit jedem neuen Kredit wird Geld aus dem Nichts geschöpft.

Dies zeigt schon ein ganz einfaches Rechenbeispiel aus der Gegenwart: Angenommen, eine Sparerin A trägt 1 000 Euro zur Bank, die ihr auf dem Girokonto gutgeschrieben werden. Dort bleibt das Geld natürlich nicht liegen, sondern die Bank verleiht es weiter an eine Baufirma B, die damit Werkzeuge bei dem Betrieb C kauft, der die eingenommenen 1 000 Euro auf sein Geschäftskonto einzahlt. Durch ein einziges Kreditgeschäft wurden damit aus 1 000 Euro 2 000 Euro, denn Sparerin A hat immer noch 1 000 Euro auf dem Konto – und Betrieb C jetzt ebenfalls. Umgekehrt gilt natürlich: Wenn ein Kredit zurückgezahlt wird, schrumpft die Geldmenge wieder. In der Summe expandiert die Geldmenge nur genauso schnell, wie die Kredite insgesamt zunehmen.

In der Realität ist die Kreditschöpfung der Banken sogar noch einfacher: Sie funktioniert auch ohne Sparer. Es muss niemand sein Geld zur Bank tragen, damit Darlehen gewährt werden können. Wenn eine Bank einen Kredit vergibt, bucht sie das Geld einfach auf das Konto ihres Kunden. Fertig.[21] Die Ersparnisse entstehen erst hinterher. Um noch einmal zum obigen Beispiel zurückzukehren: Wenn die Bank der Baufirma B aus dem Nichts 1 000 Euro leiht, dann verändert sich an der weiteren Wirkungskette nicht viel. Baufirma B wird immer noch Werkzeuge bei Betrieb C kaufen, der diese eingenommenen 1 000 Euro dann auf sein Geschäftskonto einzahlt.

Der offizielle Goldstandard konnte diese Expansion des Geldes und der Geldvermögen nicht bremsen, denn es mussten ja nur die Banknoten gedeckt sein. Papiergeld wurde aber kaum noch gebraucht, weil sich das Geld zwischen den Konten verschiedener Banken auch transferieren ließ, ohne dass dafür Geldscheine benötigt wurden: Man nutzte einfach den Scheck.[22]

Wie bei der Industrialisierung hinkte Deutschland auch bei den Finanzerfindungen hinterher und brauchte rund 100 Jahre länger als die Engländer. Die ersten Banknoten tauchten in München auf: Sie wurden von der Bayerischen Hypotheken- und Wechselbank ausgegeben, die 1835 entstand. Die Leipziger Bank folgte 1838, und ab 1847 druckte die Preußische Bank eigene Geldscheine. Diese Banken wurden auch »Zettelbanken« genannt, weil sie Zettel, also Papiergeld, ausgaben. Immer mehr deutsche Staaten und Institute imitierten diese Idee: Bis zur Reichsgründung 1871 hatten sich schon 20 Länder und 33 Banken eigene Banknoten zugelegt.[23] Dieses Chaos wurde erst mit dem Deutschen Reich abgeschafft und die Mark eingeführt – was einen Kompromiss darstellte. Die Preußen hatten bis dahin mit Talern gezahlt, während in Süddeutschland meist mit Gulden gerechnet wurde, so dass sich am Ende die Mark durchsetzte, die bis dahin vor allem in den norddeutschen Hansestädten gebräuchlich war.

Parallel zur Industrialisierung wuchs die Geldmenge auch in Deutschland rasant. 1840 lag sie bei 449 Millionen Talern, und 1870 schon bei 1,569 Milliarden Talern. Nach der Umstellung auf die Mark stieg die Geldmenge von 6,9 Milliarden Mark im Jahr 1876 auf 43,7 Milliarden Mark 1913. Die Goldbestände nahmen natürlich längst nicht so schnell zu, was aber nicht weiter störte. Wie in England wurde das Geld einfach von Konto zu Konto transferiert, während Münzen und Papiergeld kaum noch eine Rolle spielten. Kurz vor dem Ersten Weltkrieg machte das sogenannte »Buchgeld« auf den Bankkonten bereits 88 Prozent der Geldmenge aus, während Münzen nur noch auf sieben Prozent kamen und Papiergeld auf fünf Prozent.[24] Das Prinzip ist also immer das Gleiche, ob in England oder Deutschland: Die Geldmenge nimmt zu, sobald Kredite vergeben werden, und daher wird das heutige Geld auch »Kreditgeld« genannt.

Viele Menschen glauben, das Kreditgeld sei fundamental neu und völlig verschieden vom »Warengeld«, bei dem Gegenstände wie Gold, Silber, Kupfer, Zigaretten oder Tabak als Zahlungsmittel dienen. Es erscheint ihnen geradezu teuflisch, dass das Geld aus dem Nichts entsteht und dennoch Wert haben soll. Auch Goethe war dabei unwohl. In seinem Drama *Faust II* wird es als alchimistischer Zaubertrick dargestellt, dass Faust und Mephisto einfach Papiergeld erfinden – und dies trotzdem zu echtem Reichtum mutiert, weil es die Wirtschaft wachsen lässt. Dank ihrer neuen »Zettel« können Faust und Mephisto nämlich Arbeitskräfte bezahlen, die dann Wattgebiete eindeichen. Wo nichts war, entsteht plötzlich fruchtbares Land aus dem Meer.[25]

Goethe ist 1832 gestorben und hat noch die Anfänge der Industrialisierung miterlebt. Da gleichzeitig das Papiergeld aufkam, war es für ihn naheliegend zu glauben, dass dies nicht nur eine zeitliche

Korrelation war, sondern dass es eine zwingende Kausalität geben musste, die von dem neuen Papiergeld zum neuen Wachstum führte. Doch dahinter verbirgt sich ein doppelter Irrtum.

Der erste Fehler: Das Kreditgeld ist nicht neu, sondern hat schon immer existiert, wie die allerersten Dokumente aus Mesopotamien zeigen, wo Schuldscheine als Zahlungsmittel dienten. Denn das Warengeld hatte einen entscheidenden Nachteil, den der Nobelpreisträger und Monetarist Milton Friedman sehr schön auf den Punkt bringt: »Der fundamentale Fehler einer Warenwährung – vom Standpunkt der Gesellschaft als Ganzen – liegt darin, dass man natürliche Ressourcen haben muss, um den Geldbestand zu vermehren. … Daher gab es stets die Tendenz zu einem gemischten System, das kreditäre Elemente wie Banknoten und Depositen oder Staatspapiere als Ergänzung enthielt.«[26] Die Menschen hatten noch nie Lust, sich dem Zufall auszuliefern, ob sie Gold- oder Silberminen besaßen. Also wurden sie kreativ – und erfanden schon weit vor unserer Zeitrechnung das Kreditgeld. Nur die Formen wechselten, wie Darlehen in Zahlungsmittel verwandelt wurden. Anfangs waren es übertragbare Schuldscheine, dann Wechsel, schließlich Papiergeld und heute Girokonten.

Wenn aber Kreditgeld uralt ist, dann kann es nicht der Grund sein, warum ab 1760 ein selbsttragendes Wachstum einsetzte. Dies ist der zweite Irrtum, dem nicht nur Goethe erlag: Bis heute wird geglaubt, dass irgendwelche »Innovationen« auf dem Finanzsektor den Aufschwung befeuern könnten.[27] Diese Annahme teilen skurrilerweise die Bonusjäger in der »Finanzindustrie« mit den Zinskritikern von Occupy. Gemeinsam glauben sie, dass das Geld die Triebkraft der realen Wirtschaft sei. Konträr sind sie nur bei der Wertung: Während die Banken Extrarenditen beanspruchen, weil sie angeblich das Wachstum fördern, möchten die Zinskritiker umgekehrt das Geldsystem verändern, um diesen »Wachstumszwang« auszuhebeln (Näheres folgt im elften Kapitel). Doch bei aller Unterschiedlichkeit sind sich Banker wie Zinskritiker einig, dass das Kreditgeld ökonomische Zauberkraft besitzt.[28]

Diese Idee ist zwar falsch, aber nur knapp daneben, sonst hätte sie sich nicht so lange gehalten. Geld kann die Wirtschaft tatsächlich befeuern, aber nur unter einer sehr speziellen Bedingung: Das Geld muss Kapital finanzieren, was zunächst wie eine Tautologie klingen mag. Doch Geld und Kapital sind nicht das Gleiche.

Geld wird nur zu Kapital, wenn es produktiv investiert wird, um Güter herzustellen. Geld ist jedoch kein Kapital, wenn es wie bei den römischen Senatoren angesammelt wird, um ein Luxusleben zu finanzieren. Der französische Historiker Fernand Braudel hat es einmal knapp erklärt: »Ein Haus ist Kapital; gespeicherter Weizen ist Kapital; ein Schiff, eine Straße sind Kapital. Aber Kapitalgüter verdienen diesen Namen nur, wenn sie am ständig sich erneuernden Produktionsprozess teilhaben: Die Münzen eines Schatzes, der nicht benutzt wird, sind ebenso wenig Kapital wie ein ungenutzter Wald und so weiter.«[29]

Schon immer gab es Menschen, die kapitalistisch investiert haben. Bereits im zweiten Jahrtausend v. Chr. taten sich in Assyrien Kaufleute zusammen, um gemeinsam Karawanen nach Anatolien auszustatten. Wie die Dokumente verraten, sollten Zinn und Textilien gegen Silber und Gold getauscht werden, was einen Gewinn von 33 Prozent versprach.[30]

Auch der Weinanbau in Frankreich oder der Bergbau in Deutschland waren bereits im 16. Jahrhundert kapitalistisch organisiert. Doch dies waren versprengte Einzelfälle, solange feudale oder ständische Verhältnisse dominierten. Bis in die Neuzeit waren gewinnträchtige Investitionsmöglichkeiten rar, was zu einem eigenartigen Phänomen führte: Viele lebenswichtige Güter waren knapp, aber an Geld fehlte es nie.[31] Es herrschte ein permanenter »Anlagenotstand«.

Geld gab es im Überfluss, aber es ließ sich nicht produktiv verwenden. Dies änderte sich erst ab 1760 in England, als dort die Löhne so hoch waren, dass es sich erstmals in der Geschichte lohnte, Arbeitskraft durch Maschinen zu ersetzen und in die Produktivität zu investieren. Jetzt wurde das Kreditgeld zu Kapital und trat seinen weltweiten Siegeszug an.

Diese neuen Realitäten wurden sehr schnell in der Sprache gespiegelt. Das Wort »Kapital« erhielt seinen heutigen Sinn etwa 1770. Geprägt hat es der französische Ökonom Robert Jacques Turgot[32] –

und nicht etwa Karl Marx, der diesen Begriff nur von der klassischen Ökonomie übernommen hat.

Um zur Ausgangsfrage dieses Kapitels zurückzukehren: Warum ist Geld ein Rätsel – und warum gelingt es den Notenbanken nicht, eine eindeutige Geldmenge zu definieren? Es sind drei Eigenschaften, die das Geld so schwer fassbar machen.

Erstens: Alles kann zu Geld werden, ob es Gold, Tabak, Wechsel oder Girokonten sind. Geld entsteht immer aus dem Nichts, oder man könnte auch sagen: durch den sozialen Kontext. Auch der Wert von Silbermünzen ist nur scheinbar materiell und in Wahrheit abstrakt. Denn dieser Wert entsteht nicht durch das Edelmetall, sondern durch die Funktion, die ihm die Gesellschaft zuweist. Geld ist Zahlungsmittel, Recheneinheit – und Wertaufbewahrungsmittel. Diese letzte Funktion ist besonders bemerkenswert, denn dank des Geldes lässt sich die Gegenwart in die Zukunft transportieren.

Dies führt zum zweiten Phänomen, das Geld so schwer begreiflich macht: Geld ist symbolisierte Zeit. Wer eine Leistung erbringt und dafür Geld akzeptiert, verschiebt seine eigene Nachfrage. Oft ist die Periode nur kurz, die zwischen den einzelnen Transaktionen liegt. Um einen typischen Gastwirt zu nehmen: Was er abends von seinen Kunden einnimmt, gibt er am nächsten Tag teils wieder für Lebensmittel aus. Aber selbst diese klassischen Tauschverhältnisse sind nur deswegen so einfach, weil Geld als sozialer Wertspeicher dient und es daher erlaubt, Transaktionen zeitlich zu entzerren. Wer Geld akzeptiert, gewährt also einen Kredit – und sei dieses Darlehen noch so kurzfristig. Im Gegenzug erhält man dafür Vermögen, eben jenes Geld. Was für den einzelnen gilt, gilt auch für die gesamte Volkswirtschaft: Jedem Kredit steht ein Guthaben gegenüber; die Schulden des einen sind das Finanzvermögen eines anderen.

Die Zeitkomponente des Geldes macht es jedoch schwierig zu definieren, was Geld ist. Denn jedes Geld ist auch Geldvermögen – aber nicht jedes Geldvermögen gilt als Geld. Dies zeigt schon das simple Beispiel der Sparverträge. Wenn die Kündigungsfrist nur drei Monate beträgt, dann erfasst die Europäische Zentralbank diese Einlagen als Geld. Läuft der Sparvertrag länger, zählt er nicht mehr als Geld, sondern nur noch als Geldvermögen. Dahinter steckt die Annahme, dass langjährige Sparverträge nicht angerührt werden – und dass das dort geparkte Vermögen der Nachfrage nach realen Gütern entzogen ist. Trotzdem ist diese Drei-Monats-Grenze zwischen Geld und Geldvermögen so willkürlich, wie es auch jede andere Grenze wäre. Der schleichende Übergang vom Geld zum reinen Geldvermögen ist ein Grund, warum die Zentralbanken gleich mehrere Geldmengen definieren und warum diese Geldmengen bei jeder Zentralbank etwas anders zusammengesetzt sind.

Verwirrend am Geld ist auch, dass zwar der einzelne für die Zukunft vorsorgen kann, indem er Geld spart und seine Nachfrage verschiebt – dass dies aber nicht für die Gesamtwirtschaft gilt. Geld ist nur für den einzelnen ein Wertspeicher, nicht fürs Kollektiv. Geld macht eine Gesellschaft nicht reich, denn Geld ist ja nur ein Mittler und ein soziales Konstrukt, das den Tausch und die Produktion erleichtert. Wenn eine Gesellschaft reich werden will, muss sie mit dem Geld Kapital finanzieren.

Dies ist das dritte Phänomen, das ständig für Verwirrung sorgt: Geld ist nicht das Gleiche wie Kapital. Eine Gesellschaft kann für die Zukunft nur vorsorgen, indem sie heute in die Produktion von morgen investiert – indem sie also Fabriken baut, ihre Bürger ausbildet, die Infrastruktur pflegt. Der Reichtum einer Gesellschaft sind die Waren und Dienstleistungen, die sie herstellt – nicht das Geld, das sie hortet. Doch dies wird oft verwechselt.

Von diesem Unterschied zwischen Geld und Kapital hängen alle weiteren Phänomene ab, die häufig genauso rätselhaft erscheinen: wie sich Schulden und Zinsen erklären, wann Inflation entsteht, wie sich Spekulationsblasen aufpumpen – und was bei Finanzkrisen passiert.

Nur ein Thema lässt sich schnell abhaken: Gold. Es stellt weder Kapital noch Geld dar, obwohl seine Fans dies nicht glauben möchten. Gerade Deutschen will nicht einleuchten, dass sie ans Kreditgeld gefesselt sind. Sie hoffen, dass sie einen privaten Abzweig nehmen könnten, und wollen vor Inflation und Krisen fliehen, indem sie Edelmetalle horten. Aber nur weil Gold glänzt, muss es seinen Besitzern noch lange nicht glänzend gehen.

10 Gold? Nein, danke

Bereits die antiken Griechen wussten, dass der Wert von Gold weitgehend eingebildet ist. Deswegen erzählten sie sich die Sage vom dummen König Midas, der sich einst wünschte, dass alles zu Gold werde, was er berührte. Nach nur wenigen Tagen musste Midas einsehen, dass er bald verhungern würde, weil jede Speise, die er zum Mund führte, zu Gold wurde, sich Gold aber nicht essen lässt.

Trotzdem glauben viele Deutsche 2500 Jahre später, dass sie gewiefter seien als die alten Griechen – und legen sich Goldbarren zu, weil sie eine weitere Finanzkrise fürchten und ihr Vermögen retten wollen. Selbst in Zeitschriften wie *TV Spielfilm* finden sich schon Anzeigen, in denen die Postbank fürs »Gold-Sparen« wirbt, bei denen ein »attraktiver Gold-Bonus« winkt.[33] Der Wahnsinn hat die Kleinstsparer erreicht.

Emsig wird gehortet, so dass die Deutschen 2010 schon auf 7500 Tonnen Gold saßen. Rund die Hälfte davon war Schmuck, die andere Hälfte sogenanntes Anlagegold wie Münzen oder Barren, und gemeinsam war dieser Haufen damals etwa 236 Milliarden Euro wert. Hinzu kamen Edelmetallfonds im Wert von weiteren knapp 43 Milliarden Euro.[34]

Kaum ein Volk ist so verrückt nach Gold wie die Deutschen. Allein 2012 wurden 110 Tonnen Gold gekauft, die knapp sechs Milliarden Dollar kosteten. Noch begeisterter sind nur die Inder und Chinesen, die jeweils 864 und 817 Tonnen erwarben. Das restliche Europa hingegen hält sich zurück: Frankreich kaufte nur ganze drei Tonnen, Großbritannien kam immerhin auf 21 Tonnen.[35]

Dieser deutsche Sonderweg ist ein Erbe der Geschichte, denn noch immer sind die Deutschen traumatisiert von den beiden Inflationen 1923 und 1948, die ihre Urgroßeltern und Großeltern erlebt haben. Offenbar ist der Verlust von Geldvermögen selbst Generationen später nicht zu verwinden, denn 83 Prozent der deutschen Goldkäufer geben in Umfragen an, dass sie eine Geldentwertung befürchten und deswegen ins Edelmetall flüchten.[36] Franzosen und Briten hingegen haben fast gar keine Angst vor Inflation, sondern staunen über diese »German Angst«.

Die deutsche Flucht ins Gold mag irrational sein, dennoch wirkt sie zunächst wie ein gutes Geschäft. Wie »Marktanalysten« gern betonen, ist das Edelmetall knapp und wird immer knapper. Denn beim Gold ist bereits eingetreten, was beim Öl nur befürchtet wird: Der Scheitelpunkt der Förderung ist überschritten; »Peak Gold« dürfte sich etwa 2001 zugetragen haben. Seither steigen die Kosten für jedes Körnchen dramatisch an, das noch aus dem Boden gekratzt werden soll. Für Goldfans ist es daher zwingend, dass der Unzenpreis schon bald auf mindestens 2500 Dollar hochschnellen muss, damit sich der Abbau noch lohnt.[37]

Wie jeder Fehlschluss basiert auch der Mythos vom Gold auf einer durchaus richtigen Beobachtung: Das Edelmetall ist tatsächlich knapp. In der gesamten Menschheitsgeschichte wurden bisher nur rund 163000 Tonnen gefördert. Würde das weltweit verfügbare Gold zu einem Würfel gepresst, hätte er eine Kantenlänge von nur etwas mehr als 20 Metern.[38] Das Bild, das Dagobert Duck in unsere Hirne gebrannt hat, ist also falsch. Schon mangels Masse ist es unmöglich, in riesigen Goldvorräten zu baden.

Doch dass Gold knapp ist, muss noch nichts bedeuten. Korallenriffe sind auch selten, trotzdem werden die letzten zerstört. Offenbar übersetzt sich nicht jede Knappheit in einen monetären Wert, wie die Goldgläubigen so selbstverständlich annehmen.

Oder um in der Marktlogik zu bleiben: Ein geringes Angebot treibt nur den Preis, wenn die Nachfrage nicht noch geringer ist. Es muss Käufer geben, die glauben, dass ihnen Gold etwas bedeuten könnte. Doch die Nachfrage der Industrie sinkt,[39] und selbst Eheringe werden inzwischen aus anderen Metallen hergestellt. Der Goldmarkt wäre längst zusammengebrochen, wenn nicht wenigstens Inder, Chinesen, Türken und Araber daran festhalten würden, Goldschmuck als Statussymbol zu betrachten.

Doch selbst die muslimischen und asiatischen Goldkonsumenten könnten den Preis nicht stabilisieren, wenn nicht diverse Notenbanken so freundlich wären, knapp ein Fünftel des globalen Goldes in ihren Kellern zu horten. Allein die USA haben 8 134 Tonnen eingelagert, an zweiter Stelle folgt dann schon die Bundesbank mit 3 391 Tonnen.[40] Auf dem Papier haben diese Goldreserven zwar einen enormen Wert, doch faktisch sind sie unverkäuflich. Sobald nur eine Notenbank anfinge, ihre Bestände aufzulösen, würde der Markt kollabieren und der Goldpreis ins Nichts rauschen. Daher haben sich 20 europäische Notenbanken in einem »Goldabkommen« verpflichtet, gemeinsam höchstens 400 Tonnen Gold pro Jahr zu veräußern.

Es ist ironisch: Die Deutschen kaufen Gold, weil sie eine Inflation fürchten und der Geldpolitik der Zentralbanken misstrauen. Dabei sind es gerade diese Zentralbanken, die den Goldpreis stützen und damit den Mythos zu bestätigen scheinen, Gold hätte irgendeinen Wert an sich, der sich durch eine Finanzkrise retten ließe.

Wer das Gold nicht gläubig überhöht, wird schnell feststellen, dass kaum ein Engagement riskanter ist. Es ist zwar banal, aber trotzdem nicht unerheblich, dass Gold keine Zinsen oder Dividenden abwirft. Jedes Sparbuch bringt mehr.

Vor allem aber schwankt der Goldkurs, dass Anlegern schwindelig werden müsste. So reichten selbst die Höchststände von 2012 nicht an die Rekordkurse von 1980 heran, als eine Unze Gold in heutigen Preisen fast 2 000 Dollar wert war. Doch statt weiter zu steigen, halbierte sich der Kurs damals in nur zwei Jahren, um dann auf Jahrzehnte vor sich hin zu dümpeln. Erst seit 2002 zieht der Goldpreis wieder an. Es wäre also absurd zu glauben, Gold würde garantiert gegen die Inflation schützen. Stattdessen hat ein Investor etwa die Hälfte seines Anlagevermögens verloren, falls er 1980 Gold gekauft und bis 2005 gehalten hat.

Gold neigt zur perfekten Blase. Sein Preis steigt genau so lange, wie panische Anleger glauben, dass sein Preis steigt. Denn eine reale Verwendung gibt es kaum. Das meiste Gold liegt nutzlos in Kellern, was zu einem eigenartigen Kreislauf führt, wie der US-amerikanische Starinvestor Warren Buffett findet: »Man gräbt es irgendwo aus der Erde, schmilzt es zu einem Barren und vergräbt es in einem Tresor.«[41]

Leider ist dieser Unsinn nicht folgenlos, sondern verschmutzt die Umwelt und enteignet Menschen. Fast alle Goldminen hinterlassen Giftmüll wie Zyanid, Quecksilber und Schwermetalle; viele zerstören Naturreservate oder vertreiben Ureinwohner. Gold glänzt nicht, es sieht nur so aus.

11 Schulden und Zinsen? Ja, bitte

Das Wort »Schuld« ist im Deutschen doppeldeutig, denn es lässt sich moralisch oder ökonomisch verwenden. Eine Schuld kann Sühne verlangen oder aber nur eine schnöde Rückzahlung von Geld meinen. Schuld klingt zudem nach Schuldturm, nach drohender Knechtschaft und Unfreiheit. Kein Begriff ist so schillernd wie »Schuld«, und vielen ist es daher nicht geheuer, dass unser gesamtes Wirtschaftssystem auf Krediten zu beruhen scheint und wir alle mit Kreditgeld zahlen.

Die Doppeldeutigkeit der Schuld ist bereits im Alten Testament angelegt, das es zur moralischen Pflicht der Gläubiger erhebt, alle sieben Jahre ein »Erlassjahr« abzuhalten und auf ihre Forderungen zu verzichten: »So aber soll's zugehen mit dem Erlassjahr: Wenn einer seinem Nächsten etwas geborgt hat, der soll's ihm erlassen und soll's nicht eintreiben von seinem Nächsten oder von seinem Bruder; denn man hat ein Erlassjahr ausgerufen dem Herrn.« (5. Mose, 15, 1–2)

Allerdings stießen schon die alten Hebräer auf ein Dilemma, das man im modernen Ökonomendeutsch als »moralisches Risiko« bezeichnen könnte: Die Geldverleiher konnten sich genau ausrechnen, wann wieder ein Erlassjahr anstehen würde – und je näher dieses siebte Jahr rückte, desto weniger waren sie bereit, Kredite zu vergeben. Die Bibel mahnt daher: »Hüte dich, dass nicht in deinem Herzen ein arglistiger Gedanke aufsteige, dass du sprichst: Es naht das siebte Jahr, das Erlassjahr –, und dass du deinen armen Bruder nicht unfreundlich ansiehst und ihm nichts gibst.« (5. Mose, 15, 9)

Schon hier zeigt sich, dass die Bibel Kredite nicht missbilligt, sondern ausdrücklich fordert, dass die Reichen den Armen Geld oder

Getreide leihen sollen, wenn Notlagen drohen. Nicht die Schuld ist verwerflich, sondern die Bibel betrachtet es vielmehr als moralisches Problem, dass die Gläubiger ihr Geld wiedersehen wollen.

Diese biblische Wertung mag seltsam wirken, antwortet aber auf eine praktische Erfahrung: In der Antike war es üblich, Schuldner zu versklaven, wenn sie ihre Kredite nicht zurückzahlen konnten. Sie mussten sich selbst oder ihre Angehörigen in die Schuldknechtschaft verkaufen. Gerade nach Missernten konnte es passieren, dass fast alle Armen ihre Freiheit verloren: Um zu überleben, mussten sie sich bei den Reichen Getreide leihen, das sie in den Folgejahren nicht zurückzahlen konnten, schon gar nicht mit Zinsen, weil sie nicht genug Boden besaßen, um die nötigen Zusatzerträge zu erwirtschaften. Damit aber das Volk irgendwann nicht nur aus Sklaven bestehen würde, wurde das Erlassjahr eingeführt. Die Bibel tröstet die Reichen damit, dass dies gar kein schlechtes Geschäft für sie sei: »Wenn dein Bruder, ein Hebräer oder eine Hebräerin, sich dir verkauft hat, so soll er dir sechs Jahre dienen; im siebenten Jahr sollst du ihn als frei entlassen … Und lass dir's nicht schwerfallen, dass du ihn freilässt, denn er hat dir sechs Jahre wie zwei Tagelöhner gedient.« (5. Mose, 15, 12–18)

Die Kreditknechtschaft galt nicht nur bei den Hebräern als Problem; Schulderlasse für Arme waren in Mesopotamien bereits im 18. Jahrhundert v. Chr. üblich,[42] und in Athen dekretierte Solon 594 v. Chr. einen allgemeinen Erlass.

Doch nicht nur die Tilgung von Krediten war oft schwierig. Mindestens genauso problematisch waren die zusätzlichen Zinszahlungen. Deswegen formuliert das Alte Testament ein strenges Zinsverbot. Im 5. Buch Mose heißt es: »Du sollst von deinem Bruder nicht Zinsen nehmen, weder für Geld noch für Speise noch für alles, wofür man Zinsen nehmen kann. Von dem Ausländer darfst du Zinsen nehmen, aber nicht von deinem Bruder.« (23, 21–22) Diese Unterscheidung zwischen Einheimischen und Ausländern wurde im Christentum aufgegeben. Für Christen galt generell, dass sie keine Zinsen nehmen durften, weil alle Menschen als Brüder zu betrachten waren.

Während sich die Bibel vor allem um die Notlage der Armen sorgte, formulierte Aristoteles etwa zeitgleich ein philosophisches

Problem, das sich beim Zins ergibt: Wie kann Geld überhaupt Geld erzeugen? Bei Tieren ist der Weg der Vermehrung klar, denn sie pflanzen sich fort. Wo zuerst nur ein Mutterschaf ist, gibt es im nächsten Frühjahr mindestens noch ein Lamm. Aber bei Geld? Die Vermehrung durch den Zins sei widernatürlich, erläutert Aristoteles in seiner *Politik*: »Erst recht (ist) der Wucher hassenswert, der aus dem Geld selbst den Erwerb zieht und nicht aus dem, wofür das Geld da ist. Denn das Geld ist um des Tausches willen erfunden worden, durch den Zins vermehrt es sich aber durch sich selbst. Daher hat es auch seinen Namen: Das Geborene ist gleich wie das Gebärende, und durch den Zins (tokos) entsteht Geld aus Geld. Diese Art des Gelderwerbs ist also am meisten gegen die Natur.«[43]

Thomas von Aquin verfeinerte dieses Argument im 13. Jahrhundert noch weiter, indem er ausführte, dass durch die Zinspraxis »die Zeit verkauft wird«. Die Zeit könne jedoch nicht im Besitz von einzelnen sein, sondern gehöre allein Gott.[44] Daher galt jeder Zins als Wucher (usura) und Sünde.

Kreditzinsen waren jedoch nicht der einzige Fall, wo aus Geld mehr Geld zu werden schien. Genauso seltsam erschien es, dass Kaufleute Gewinn erzielten, indem sie einfach nur Handel trieben. Denn beim Tausch gilt ja eigentlich, dass die getauschten Güter gleich viel wert sein müssten. Wenn jedoch Äquivalente gehandelt wurden, wo kam dann der Gewinn her?

Auf diese Frage konnte es nur eine Antwort geben: Die Kaufleute wurden verdächtigt, ihre Mitbürger zu betrügen. Man betrachtete sie daher mit äußerstem Misstrauen. Thomas von Aquin befand, dass der Handel »zu Recht getadelt wird, weil er die Gewinnsucht befriedigt, die sich über alle Grenzen hinweg ins Unendliche erstreckt«.[45]

Doch wie so häufig scheiterte die Theorie an der Praxis. Schon im Mittelalter fiel auf, dass es offenbar nicht viel brachte, Zinsen und Gewinne pauschal zu verbieten. Denn die Kaufleute verfügten über vielfältige Tricks, die Wechsel so auszustellen, dass der Profit verborgen wurde. Zudem gab es auch ökonomische Gründe, warum Gewinn erlaubt sein musste, denen sich die Kirche nicht verschließen konnte. Dazu gehörten das Risiko des Verlustes und die Mühen des Kaufmanns, die entschädigt werden mussten. Außerdem sah selbst die Kirche ein, dass es im Interesse des Gemeinwohls war, Waren aus dem Ausland zu beziehen. So heißt es in einem Beichtbuch aus dem 13. Jahrhundert: »In vielen Ländern würde große Not herrschen, wenn die Kaufleute nicht den Überfluss aus einer Gegend in eine andere Gegend brächten, wo Mangel herrscht. Zu Recht erhalten sie den Preis ihrer Arbeit.«[46]

Trotzdem blieb ein Unbehagen zurück, dass es beim Zins nicht mit rechten Dingen zugehen könne. Dieser Verdacht wurde auch regelmäßig genährt, denn sobald es durch Missernten und Kriege ökonomisch kritisch wurde, schossen die Wucherzinsen in absurde Höhen: Zum Teil wurden Jahreszinsen von 100 Prozent verlangt. Die Kredite wurden oft gar nicht in Geld, sondern in Naturalien gewährt, weswegen ganz Deutschland noch im 18. Jahrhundert gegen den »Getreidewucher« ankämpfte.[47]

In diesem Kampf gegen Zinsen und Gewinn spiegelt sich das Grundproblem einer jeden archaischen Agrarwirtschaft, deren Pro-Kopf-Einkommen stagniert: Profite waren meist nur möglich, indem die Notlage oder das Unwissen des Geschäftspartners ausgenutzt wurden. Zinsen und Gewinne mussten aus der Substanz gezahlt werden, so dass Profite nur entstehen konnten, wenn andere Verluste machen. Es war ein Null-Summen-Spiel, bei dem sich der Stärkere auf Kosten des Schwächeren durchsetzte. Die Kirchenlehrer irrten also nicht, wenn sie Zinsen und Gewinne mit Ausbeutung gleichsetzten.

Doch diese Zwangslage existiert nicht mehr, seitdem die Wirtschaft wächst. Der Kapitalismus hat den Charakter von Schulden, Zinsen und Profiten völlig verändert. Jetzt werden Kredite nicht mehr vorrangig benutzt, um bitterste Not abzuwenden, sondern um die Effizienz der Produktion zu steigern. Zinsen und Gewinne werden nicht mehr aus der Substanz bezahlt, sondern aus den Zuwächsen der Wirtschaft. Aus einem Null-Summen-Spiel ist eine »Winwin-Situation« geworden, wie es auf neudeutsch heißt.

Noch krasser: Ohne Schulden kann die Wirtschaft nicht wachsen. Der Kapitalismus ist nur möglich, wenn ihm ständig neue Kredite zugeführt werden. Diese innere Logik des Kapitals hat der Schweizer Ökonom Hans Christoph Binswanger sehr einfach beschrieben: Unternehmen investieren nur, wenn sie hoffen können, Profite zu erzielen. Gewinne wiederum sind die Differenz zwischen den Einnahmen und den Ausgaben. Gesamtwirtschaftlich müssen also die Einnahmen aller Betriebe höher sein als die Ausgaben aller Betriebe. Dies ist jedoch nur möglich, wenn von außen Geld zufließt – in Form von Krediten, die aus dem Nichts geschöpft werden.[48] Diese Geldvermehrung führt nicht zur Inflation, weil ja gleichzeitig durch die neuen Investitionen auch die Gütermenge steigt. Das Wachstum von Wirtschaft, Kapital und Gewinnen bleibt im Gleichgewicht.

Krisen sind dabei nicht ausgeschlossen (mehr dazu im vierten Teil). Doch hier soll es erst einmal um den Normalbetrieb des Kapitalismus gehen, den gerade Kapitalismuskritiker oft falsch beschreiben. So hat der Vordenker der Occupy-Bewegung David Graeber ein Buch namens *Schulden. Die ersten 5 000 Jahre* verfasst, und wie der Titel schon andeutet, werden dort die heutigen Kredite im Kapitalismus mit der Schuldknechtschaft in Mesopotamien oder mit der Sklaverei im antiken Rom verglichen. Der Rückblick auf 5 000 Jahre Schulden ist für Graeber eine einzige Geschichte der Unterdrückung und der Ausbeutung.

Diese steile These lässt sich nur durchhalten, wenn man die fundamentalen realwirtschaftlichen Veränderungen in den vergangenen 250 Jahren ignoriert. Graeber nimmt nicht wahr, dass im Kapitalismus die Schulden die Triebfedern des Wachstums sind und zu einem neuen Reichtum führen. Genauso wenig werden bei ihm der technische Fortschritt und die erhöhte Produktivität erwähnt, die neuerdings mit den Krediten finanziert werden. Graeber bleibt gedanklich im antiken Mesopotamien stecken und will wie die Bibel eine Art »Erlassjahr« einführen. Dies ist seine einzige politische Forderung, ansonsten hat er keine.[49]

Damit schießt Graeber sich selbst und Occupy ins politische Aus. Es führt zum Tod einer jeden Bewegung, wenn sie Forderungen erhebt, die sich nicht umsetzen lassen. Ein Erlassjahr wäre jedoch unmöglich, weil nicht nur Schulden gestrichen würden – auch die entsprechenden Geldvermögen wären verschwunden. Es mag banal klingen, aber es wäre so banal: An den Geldautomaten gäbe es kein

Geld mehr, und Konten wären leer gefegt. Die Wirtschaft würde sofort zusammenbrechen, und im allgemeinen Chaos würden nicht nur »die Reichen« verlieren, sondern auch die Armen ihren Arbeitsplatz und ihren Lohn. Graeber würde genau jene schädigen, die er angeblich verteidigen will.

Es ist bedauerlich, dass Graeber die Occupy-Bewegung mit falschen Analysen lahmlegt. Denn es gibt im Kapitalismus massive Ausbeutung, die man bekämpfen muss. Aber sie findet nicht mehr durch die Schuldknechtschaft statt, sondern durch ungleiche Löhne oder ungleiche Bildungschancen. Doch diese Themen kommen bei Graeber nicht vor.

Während Graeber sich auf die Schulden konzentriert, gibt es einen weiteren Zweig von Kapitalismuskritikern, die zwar nichts gegen Kredite haben, wohl aber die Zinsen abschaffen wollen. Die Horrorrechnung ist einfach: »Bei einem Zinssatz von einem Prozent verdoppelt sich ein Vermögen – durch Zins und Zinseszins – in 72 Jahren, bei drei Prozent in 24 Jahren, bei sechs Prozent in zwölf Jahren und bei 24 Prozent in drei Jahren.«[50]

Diese Zinsspirale würde einen »krankhaften Wachstumszwang« auslösen, glaubte etwa Margrit Kennedy, die zu den Vordenkern der Zinskritik gehörte. »Der Zins, den die Bank verlangt, ist der wichtigste Preis in unserer Wirtschaft. Der Preis für Geld. Er setzt die unterste Grenze für das, was wir als ›wirtschaftlich‹ betrachten. Deshalb hat die Wirtschaft keine Wahl: Sie muss ein exponentielles Wachstum anstreben. Ohne wenigstens die Zinsen für aufgenommene Kredite zu verdienen und einen darüber hinausgehenden Gewinn zu erzielen, wird kein Unternehmen in neue Projekte investieren und langfristig überleben können.«[51]

Dies klingt vielleicht zwingend, ist es aber nicht, wie schon die Geschichte lehrt. Bereits die Mesopotamier wussten, wie man einen Zinseszins berechnet – trotzdem stagnierte ihre Wirtschaft und damit auch ihr Vermögen.

Dass Zinsen allein nicht zu Wachstum führen, lässt sich auch praktisch zeigen. Hätten die Zinskritiker recht, wäre es sehr einfach, auf eine Konjunkturdelle zu reagieren: Die Zentralbank müsste nur die Zinsen hochsetzen, um einen »Wachstumszwang« auszulösen und die Wirtschaft wieder anzukurbeln. Doch stattdessen geschieht das glatte Gegenteil. Wann immer eine Flaute droht, werden die Zinsen gen null gesenkt, um das Wachstum zu stimulieren. Offenbar behindern Zinsen das Wachstum, statt es zu fördern.[52]

Die Binnenlogik der Zinskritik ist ebenfalls seltsam. So ist nicht zu verstehen, warum nur der Zins attackiert wird – nicht aber der Gewinn der Unternehmer. Denn auch Gewinne können exponentiell wachsen. Kennedys Rechnung mit dem Zins ließe sich genauso gut auf Profite anwenden: Ein Gewinn von sechs Prozent pro Jahr verdoppelt ein Vermögen ebenfalls in zwölf Jahren.

Doch für Kennedy sind Gewinne gut und Zinsen schlecht, was sie wie folgt erklärt: Der normale Gewinn würde einer »natürlichen Sättigungsgrenze« zustreben, denn für ihn müsste man ja arbeiten. »Der Zins ist hingegen ein leistungsloses Einkommen, das beliebig gesteigert werden kann. Der Zins ist in allen Preisen versteckt, so dass es zu einer Umverteilung von unten nach oben kommt. Davon profitiert die Minderheit der Vermögenden, die höchstens zehn Prozent der Bevölkerung umfasst. Unser Geldsystem sorgt also für einen ständigen Geldfluss von den Fleißigen zu den Reichen.«[53]

Auch diese Analyse ist einfach falsch, wie man erneut der Geschichte entnehmen kann. Zinsen gab es schon immer, trotzdem nahm die Ungleichheit in der Bundesrepublik lange Zeit kaum zu. Erst ab dem Jahr 2000 driften Arm und Reich beschleunigt auseinander, während die Mittelschicht schrumpft.[54] Offenbar profitieren die Wohlhabenden von anderen Mechanismen als ausgerechnet dem Zins – etwa von der Senkung des Spitzensteuersatzes oder der faktischen Abschaffung der Erbschaftsteuer. Doch mit konkreter Politik befassen sich viele Occupy-Aktivisten nicht, weil sie stattdessen lieber ein neues Geldsystem erfinden. Das ist schade, denn ihr kritisches Potential würde dringend gebraucht.

Die Zinskritiker erliegen der Mystik des Geldes und glauben, dass Geld allein bereits die Macht hätte, die Welt zu verändern. Damit sind sie ihren Lieblingsfeinden, den Investmentbankern, überraschend nah, die ebenfalls meinen, dass ihre windigen »Finanzprodukte« echten Reichtum schafften, weswegen sie sich auch gern »Finanzindustrie« nennen und hohe Boni verlangen.

Doch Geld allein ist machtlos. Der heutige Kapitalismus ist entstanden, weil man in England ab 1760 auf die Idee kam, menschliche Arbeitskraft systematisch durch Maschinen zu ersetzen. Geld wurde in Kapital verwandelt. Dieser Umbruch hatte mit dem Zinseszins nichts zu tun, hat aber umgekehrt den Charakter von Schulden für immer verändert. Kredite finanzieren jetzt das Wachstum, aber sie lösen es nicht eigenständig aus.

Wie machtlos Geld sein kann, zeigt sich auch bei einem anderen Phänomen: Die kapitalistische Wirtschaft tendiert nicht zur Inflation. Stattdessen droht meist das Gegenteil, die Deflation, die zu sinkenden Preisen führt. Es gehört zur großen Tragik der Deutschen, dass sie immer noch eisern glauben, dass die Geldentwertung die größte Gefahr sei. Denn diese totale Fehleinschätzung führt dazu, dass die Deutschen bei Wirtschaftskrisen falsch reagieren – was dann erst jene Vermögensverluste provoziert, die die Bundesbürger so fürchten.

12 Ein Lob auf die Inflation: Warum Geldentwertung sein muss

Auch für Ängste gibt es eine Hitliste, und in Deutschland steht die Inflation einsam an der Spitze. 58 Prozent der Befragten befürchten, dass die Lebenshaltungskosten steigen könnten. Sogar persönliche oder existentielle Sorgen bleiben dahinter zurück. Nur 51 Prozent aller Deutschen denken, dass sie ein Pflegefall im Alter werden könnten, und nur 47 Prozent haben die Sorge, dass sie sich eine schwere Erkrankung zuziehen könnten.[55]

Bekanntlich ist Angst ein subjektives Gefühl, das mit der Realität wenig zu tun haben muss. So ist es auch bei den Ängsten der Deutschen vor der Inflation. Es gibt keine Geldentwertung, vor der man sich fürchten müsste: 2014 lag die Inflation nur noch bei 0,9 Prozent. Doch von aktuellen Zahlen haben sich die Bundesbürger noch nie beeindrucken lassen, so dass die Sorge vor der Inflation immer wieder ganz oben landete, wenn die Deutschen nach ihren Ängsten befragt wurden. In den vergangenen 20 Jahren brachte es die Geldentwertung 15-mal auf Platz eins.

Die Deutschen können offenbar nicht darüber hinwegkommen, dass ihre Urgroßeltern und Großeltern zwei Inflationen und Währungsreformen erlebt haben: 1923 und 1948 ging jeweils das gesamte Geldvermögen verloren. Seither sind die meisten Bundesbürger misstrauisch und halten es für denkbar, dass sie hinterrücks erneut von einer Geldentwertung überrascht werden könnten. Dabei übersehen sie jedoch eine Banalität: Beide Inflationen wurden durch verlorene Weltkriege ausgelöst, die mit der Druckerpresse finanziert wurden, während gleichzeitig das Güterangebot fiel. Momentan herrscht aber Frieden.

In Friedenszeiten ist eine Inflation unwahrscheinlich – und gar nicht leicht zu erzeugen. Stattdessen neigt eine kapitalistische Wirtschaft eher zum Gegenteil: zur Deflation, also zu sinkenden Preisen. Diese Tendenz zur Deflation hat vor allem mit dem technischen Fortschritt zu tun. Die Produkte werden besser – und trotzdem billiger. Den kombinierten Effekt hat der heutige Chefvolkswirt des Internationalen Währungsfonds (IWF), Olivier Blanchard, einmal am Beispiel der Computer vorgerechnet: »Das US-Handelsministerium schätzt, dass die Leistungsfähigkeit der neuen Rechner seit 1981 um jährlich 18 Prozent gestiegen ist. ... Ein typischer PC von 2007 lieferte damit etwa 74-mal so viel Rechenleistung wie ein typischer PC von 1981. Doch die Computer sind nicht nur leistungsstärker geworden, sondern sie wurden auch noch billiger: Ihr Preis hat jährlich um ungefähr zehn Prozent nachgegeben. ... Anders gesagt: Ein Dollar, der 2007 für einen Computer ausgegeben wurde, konnte 613-mal mehr Leistungsfähigkeit einkaufen als ein Dollar 1981.«[56]

Dieser Trend zur Deflation hat nicht erst mit den Computern eingesetzt, sondern war schon im 19. Jahrhundert zu beobachten. Durch die Dampfschifffahrt sanken die Transportkosten zum Teil um 98 Prozent, und ähnliche Effizienzgewinne gab es bei der Produktion, so dass alles billiger wurde: von der Seife bis zum Stahlrohr.

Das 19. Jahrhundert war daher ein einziges langes Jahrhundert der Deflation, die nur gelegentlich von kurzen und geringen Inflationen unterbrochen wurde. Dieser jeweils kurzfristige Preisauftrieb setzte immer dann ein, wenn die Wirtschaft boomte. Dieser Zusammenhang gilt bis heute: Im Normalfall ziehen die Preise nur in einer Hochkonjunktur deutlich an. Solange die Fabriken nicht völlig ausgelastet sind, liefern sich die Unternehmen lieber Rabattschlachten, anstatt die Preise zu erhöhen und damit die Kunden zu verschrecken.

Konsumenten sind zunächst geneigt, sich über sinkende Preise zu freuen. Doch tatsächlich ist eine Deflation immer gefährlich, weil sinkende Preise schnell auch sinkende Gewinne bedeuten. Für viele Unternehmer gibt es jedoch keinen Grund mehr, weiter zu investieren, wenn sie mit fallenden Profiten konfrontiert sind. Das Wachstum stockt.

Genau dieser Kreislauf war im 19. Jahrhundert zu beobachten. Wer die Wirkungen einer Deflation kennenlernen will, ist mit den

Jahren 1873 bis 1896 bestens bedient, als sich der strukturelle Druck auf die Preise auch noch mit einer Konjunkturkrise paarte. In dieser Zeit der »Langen Deflation« oder »Langen Depression« sanken Preise und Gewinne so stark, dass die Zeitgenossen das Gefühl hatten, dass sie in einer permanenten Krise festsaßen. Objektiv ist die Wirtschaft damals sogar immer mal wieder gewachsen, aber dies haben die Betroffenen nicht wahrgenommen. Sie erlebten vor allem, dass die Renditen ständig fielen – und viele Firmen ums Überleben kämpften. Also sanken nicht nur die Preise, sondern auch die Löhne, die sich in der Stahlindustrie und im Bergbau sogar halbierten.[57] Viele Arbeiter wurden gleich ganz entlassen, und auch auf dem Land war die Lage aussichtslos. Um dieser Misere zu entkommen, wanderten von 1880 bis 1893 so viele Deutsche aus wie nie zuvor: 1,8 Millionen machten sich auf den Weg nach Amerika.[58]

Wie gefährlich eine Deflation ist, lässt sich an den politischen Folgen erkennen. Ohne hier ins Detail zu gehen: Aber genau in der Langen Deflation zwischen 1873 und 1896 verschärften sich der Nationalismus, der Militarismus, der rassistische Antisemitismus und der globale Wettlauf um die Kolonien, die dann die beiden Weltkriege und den Holocaust erst möglich gemacht haben.

Eine Deflation ist tückisch, weil sie kaum zu stoppen ist. Selbst moderne Zentralbanken sind machtlos, denn sie können die Zinsen nicht unter null senken. Damit sind die Kredite aber immer noch zu teuer, obwohl sie scheinbar umsonst sind. Bei sinkenden Preisen kann sich ein Unternehmer ausrechnen, dass seine Umsätze künftig fallen – und er ein Darlehen nicht zurückzahlen kann, wie niedrig der Zins auch immer liegen mag. Also wird der Firmenchef auf Investitionen verzichten, was die Wirtschaft weiter abwürgt. Noch schlimmer ist eine Deflation für Unternehmen, die bereits Kredite aufgenommen haben: Während die Preise fallen, bleiben die Schulden gleich hoch – so dass es immer schwieriger wird, die Darlehen zurückzuzahlen.

Um diesem Deflationsdilemma zu entkommen, hat die Europäische Zentralbank ihr offizielles Inflationsziel bei zwei Prozent angesetzt – und nicht etwa bei null. Die Notenbank akzeptiert eine moderate Geldentwertung, damit sie Spielraum bei den Zinsen hat, sobald es zu einer Wirtschaftskrise kommt. Denn wenn die Unternehmer wissen, dass die Preise steigen, ist es verlockend, einen billigen Kredit aufzunehmen, weil er sich dank der Inflation leicht zurückzahlen lässt.

Die moderate Inflation ist also nötig, um ein kapitalistisches System zu steuern – nur wie erzeugt man sie? Diese Frage mag zunächst merkwürdig klingen, weil viele Menschen instinktiv der sogenannten Mengentheorie anhängen. Nach dem Motto: Die Zentralbank muss nur Geld »drucken«, also die Geldmenge erhöhen, und schon steigen auch die Preise. Doch so einfach ist es leider nicht.

Die Probleme fangen schon damit an, dass die Zentralbank nur den geringsten Teil des umlaufenden Geldes schöpft. Anders als gemeinhin geglaubt wird, »druckt« die Zentralbank fast gar kein Geld. Der Staat gibt nur die Banknoten und die Münzen aus, die gemeinsam etwa 20 Prozent des umlaufenden Geldes ausmachen. Der große Rest von etwa 80 Prozent lagert auf Giro- und Tagesgeldkonten. Dieses »Buchgeld« wird jedoch nicht vom Staat geschaffen, sondern von den Banken, indem sie Kredite vergeben und auf den Konten ihrer Kunden gutschreiben (siehe neuntes Kapitel).[59]

Wenn die Wirtschaft wächst und die Stimmung gut ist, vergeben die Banken gern Kredite, so dass die Geldmenge steigt. Dies bedeutet jedoch nicht unbedingt, dass gleichzeitig auch die Inflation anzieht. Wenn die Unternehmer die Kredite nutzen, um in die Produktion zu investieren, steigt ja gleichzeitig die Gütermenge. Produkte und Geld bleiben im Gleichgewicht. Die Wirtschaft »überhitzt« erst, wenn alle Fabriken ausgelastet sind und Vollbeschäftigung herrscht. Dann legen die Löhne deutlich zu, was wiederum die Preise steigen lässt. Meist hält dieser Zustand aber nicht lange an, weil die Unternehmen – angelockt durch die hohen Gewinne – neue Überkapazitäten aufbauen. Ein Teil der Güter bleibt liegen, und die nächste Rezession beginnt.

Ausgerechnet in einer Krise neigen die Banken jedoch nicht dazu, neue Kredite zu gewähren. Stattdessen haben sie Angst, dass ihre Kunden die Darlehen nicht zurückzahlen könnten. Also versuchen sie, die Kredite so weit wie möglich einzutreiben. Sie reduzieren die ausstehenden Darlehen, womit die Geldmenge automatisch schrumpft. Es droht eher eine Deflation statt einer Inflation, die in einer Krise so hilfreich wäre.

Die Banken agieren also »prozyklisch«. In einem Wirtschaftsaufschwung vergeben sie viele Kredite, so dass die Geldmenge steigt, während sie in einem Abschwung ihre Darlehen einkassieren und die Geldmenge schrumpft. Anders gesagt: Der Kapitalismus neigt zu Krisen, nicht aber zu einer überschießenden Inflation.

Diese Behauptung mag erstaunlich wirken, weil doch ständig vorgerechnet wird, dass ein Liter Milch im Jahr 1950 nur 36 Pfennig kostete und heute im Supermarkt etwa 60 Cent, dass er also etwa 3,33-mal so teuer ist. Und das soll keine Inflation sein?!

In der Tat: Es gab eine Geldentwertung. Bei vielen Produkten war sie sogar noch ausgeprägter als bei der Milch. Insgesamt stiegen die Preise in Westdeutschland zwischen 1950 und 2012 um das 4,4-Fache,[60] was etwa der Entwicklung in der Schweiz entspricht: Dort wurde der Warenkorb rund 4,8-mal teurer.[61] Aus dem Rahmen fällt hingegen Österreich, wo die Preise in der gleichen Zeit um fast das Zehnfache stiegen.[62] Damit waren die Österreicher so gebeutelt wie die Amerikaner, denn auch in den USA legten die Preise um das 9,5-Fache zu.[63] Bevor jetzt aber die Deutschen oder Schweizer allzu großes Mitleid mit den Österreichern entwickeln, sei noch schnell hinzugefügt, dass diese keineswegs ärmer sind. Vielmehr sind die österreichischen Nominallöhne ebenfalls schneller gestiegen, so dass die reale Kaufkraft vergleichbar ist.

Die Geldentwertung ist also kein Unglück, und sie kam auch nicht zustande, weil die Zentralbanken munter Geld gedruckt hätten. Stattdessen ist die Inflation eine notwendige und auch segensreiche Folge des Sozialstaats, der sich im 20. Jahrhundert entwickelt hat. Vor allem die Arbeitslosenversicherung führt dazu, dass die Löhne in Wirtschaftskrisen nicht mehr fallen wie noch im 19. Jahrhundert. Daher bleiben auch die Preise in einer Rezession recht stabil, weil die Bevölkerung ja weiterhin das nötige Einkommen hat, um die produzierten Güter zu erwerben. Der Sozialstaat ist eine Bremse, die dafür sorgt, dass weder Gehälter noch Preise ins Bodenlose abgleiten, was wiederum die Konjunktur stabilisiert. Dieser sehr wünschenswerte Effekt führt aber auch dazu, dass die Preise seither nur noch eine Tendenz kennen: leicht nach oben.

Dieser Zusammenhang zwischen Sozialstaat und Inflation wird vielleicht klarer, wenn wir noch einmal ins 19. Jahrhundert zurückkehren. Zunächst könnte diese Zeit wie eine ideale Welt für jeden Deutschen erscheinen, der sich vor einer Inflation fürchtet: Von 1815 bis 1914 sind die Preise nämlich gar nicht gestiegen. Stattdessen schwankten sie auf und ab, je nachdem ob die Wirtschaft gerade schrumpfte oder boomte. Lange Deflationen wurden von kurzen Inflationen unterbrochen, so dass die Preise insgesamt stabil blieben.

Diese Stabilität wird gern damit erklärt, dass damals der Goldstandard herrschte. Doch wie im neunten Kapitel schon gesehen, war die Golddeckung nicht in der Lage, die Geldmenge zu begrenzen. Sie konnte unkontrolliert expandieren oder auch kontrahieren, weil – wie heute – Kreditgeld geschöpft wurde.

Wichtig war etwas anderes: Der Staat hatte damals noch nicht erkannt, dass er Deflationen bremsen muss, weil sie ökonomisch ruinös sind. In der Krise ab 1873 sahen Kaiser Wilhelm I. und sein Reichskanzler Bismarck tatenlos zu, wie sich die Löhne halbierten und die Arbeitslosigkeit stieg. Die Preise folgten und fielen im Durchschnitt um 38 Prozent.[64]

Heute wäre es schlicht undenkbar, dass sich die Löhne halbieren. Zum Glück. Aber ohne regelmäßige Deflationen setzt sich die Inflation in einer Gesellschaft fest, denn der Preisauftrieb der Boomphasen wird nicht mehr korrigiert. Zudem gewöhnen sich alle daran, dass die Preise ständig steigen. Die Gewerkschaften berücksichtigen dies bei ihren Lohnforderungen und die Firmen bei ihrer Preiskalkulation, so dass sich die Inflationserwartung von selbst erfüllt. Diese moderate Geldentwertung ist aber kein Skandal, sondern sogar zu begrüßen, weil – wie bereits ausgeführt – eine gewisse Inflation sein muss, damit die Zinspolitik der Zentralbank in Krisenzeiten wirken kann. Es verliert auch niemand: Solange die Löhne mit den Preisen mithalten, ist es letztlich gleichgültig, ob ein Ei heute viermal mehr kostet als vor 50 Jahren.

Die Furcht der Deutschen vor der Inflation ist also völlig übertrieben und nur historisch zu erklären. Sie wollen nicht noch einmal erleben, dass ihr Vermögen vernichtet wird. Dies führt jedoch zu einer Frage, die nur scheinbar banal ist: Was genau ist eigentlich Vermögen? Je näher man hinsieht, desto flüchtiger wird dieses Konzept.

Vermögen hat nämlich die merkwürdige Eigenschaft, dass sein Wert schwanken kann, ohne dass sich in der realen Welt viel zu ändern scheint. Ein typisches Beispiel sind die Aktienmärkte: Im Mai 2012 stand der DAX bei rund 6 200 Punkten, im Mai 2013 bei 8 500 Punkten. Das ist ein Plus von 37 Prozent. Wie sich aber noch jeder erinnern wird, ist die deutsche Wirtschaft in diesem einen Jahr nicht um 37 Prozent gewachsen. Die Aktienkurse scheinen sich also in einer virtuellen Realität zu bewegen, die von der Wirklichkeit entkoppelt ist.

Noch merkwürdiger: Es wird allgemein anerkannt, dass es sich um eine »Wertsteigerung« handelt, wenn eine Aktie in einem Jahr um 37 Prozent zulegt. Dies wäre bei einem normalen Brot anders. Es hieße schlicht »Inflation«, wenn Backwaren plötzlich um 37 Prozent teurer würden und ein Brot nicht mehr einen Euro kosten würde, sondern 1,37.

Eine enorme »Wertsteigerung« haben jedoch nicht nur die Aktienkurse erlebt, sondern auch das sonstige Finanzvermögen ist nach oben geschossen. 1980 entsprach das weltweite Finanzvermögen noch ungefähr der globalen Wirtschaftsleistung und lag bei einem Verhältnis von 1,2 zu eins. Im Jahr 2007 betrug das Verhältnis schon 4,4 zu eins.[65]

Auf den ersten Blick könnte es so wirken, als sei die Welt »reicher« geworden, wenn das Vermögen zunimmt. Doch tatsächlich ist die Explosion der Finanzwerte höchst ungesund. Denn der wahre Wert eines Vermögens bemisst sich danach, wie viel Rendite es jährlich abwirft. Diese Erträge müssen aber aus der laufenden Wirtschaftsleistung erbracht werden. Wenn nun das Finanzvermögen ständig steigt, ohne dass das jährliche Volkseinkommen entsprechend wächst, kommt es irgendwann zum Crash.

In den letzten 30 Jahren hat sich eine gigantische Spekulationsblase aufgepumpt. Es wurde künstliches Vermögen geschaffen, dem der Unterbau in der realen Welt fehlt. Doch das sehen die meisten Deutschen nicht. Sie verstehen nicht, dass die eigentliche Inflation beim Finanzvermögen stattfindet, sondern fürchten stattdessen eine Inflation bei den normalen Verbrauchsgütern wie Brot, obwohl diese nirgends zu erkennen ist.

Aber wie können »Werte« einfach steigen, völlig losgelöst von der realen Welt? Wer verstehen will, wie es zu einer Inflation beim Vermögen kommt, muss wissen, wie Spekulation funktioniert. Es ist eine Welt, in der Geld Geld gebiert – und fast nie zu produktivem Kapital wird.

13 Geld gebiert Geld: Die Menschen wussten schon immer, wie man spekuliert

Thales von Milet war einer der berühmtesten Philosophen Griechenlands, doch von seinen Mitbürgern wurde er verachtet und verspottet. Schon in der Antike hielt sich das Vorurteil, dass Philosophen nur praxisfern in den Tag hineinträumen würden. Eines Tages reichte es Thales, wie Aristoteles berichtet: »Als man ihn nämlich wegen seiner Armut verhöhnte und behauptete, die Philosophie sei unnütz, da habe er, da er mit Hilfe der Astronomie eine ergiebige Olivenernte voraussah, noch im Winter mit dem wenigen Geld, das er besaß, sämtliche Ölpressen in Milet und Chios für einen geringen Betrag gepachtet, da ihn niemand überbot; als dann die rechte Zeit gekommen war und plötzlich und gleichzeitig viele Ölpressen verlangt wurden, da verpachtete er sie so teuer, wie ihm beliebte, und gewann viel Geld und zeigte so, dass es für den Philosophen leicht ist, reich zu werden, wenn er nur wolle, dass er aber darauf keinen Wert lege.«[66]

Thales lebte im sechsten Jahrhundert v. Chr., und offenbar war es schon damals üblich, mit Agrarprodukten zu spekulieren. Heute glauben viele, es sei eine ganz neue Erfindung, dass Anleger mit Ernten, Immobilien oder Währungen hantieren, um Spekulationsgewinne einzustreichen. Das ist falsch. So weit die schriftlichen Zeugnisse zurückreichen, ist ihnen zu entnehmen, dass die Menschen schon immer Wetten auf die Zukunft abgeschlossen haben.

Bereits die Babylonier nutzten Finanzkonstrukte, die sehr stark an heutige »Futures« erinnern. Das Grundproblem leuchtet unmittelbar ein: Auch Bauern hätten gern Planungssicherheit, aber leider lässt sich nicht vorab kalkulieren, wie die Ernten ausfallen. Noch im letzten Moment können Dürre oder Dauerregen Felder vernichten, die bis dahin vielversprechend aussahen. Umgekehrt kann es aber auch ganz unerwartet zu Rekordernten kommen, weil ausnahmsweise keine Störungen auftreten. Der Zickzackkurs des Wetters bedeutet für die Bauern, dass sie vorab nicht wissen können, wie teuer das Getreide wird. In Zeiten der Dürre schießen die Preise in die Höhe, in Jahren des Überflusses fallen die Preise. Um sich gegen diese Zufälle des Schicksals abzusichern, kamen schon die Babylonier auf einen naheliegenden Einfall: Die Bauern verkauften ihre Ernte vorab zu einem Fixpreis an Großhändler.[67] Die Bauern waren nun gegen Verluste abgesichert – verpassten aber vielleicht einen Extragewinn, falls der Marktpreis nach der Ernte weit höher liegen sollte als der vorab vereinbarte Fixpreis. Auf diesen Preisanstieg spekulierten natürlich die Großhändler, die sich aber ebenfalls absicherten, indem sie – auch vorab – einen Teil der Ernte zum Fixpreis plus Aufschlag weiterverkauften. Es setzte ein Karussell ein, bei dem alle gemeinsam die Zukunft in die Gegenwart verlagerten.

Die Zukunft wird damit planbar gemacht – und deswegen heißen diese Konstruktionen heute »Future«, was das englische Wort für Zukunft ist. Futures gehören zu den Derivaten, womit Kontrakte gemeint sind, die sich von einem Grundgeschäft ableiten (lat. derivare). In Mesopotamien war das Grundgeschäft der Kauf und Verkauf von Getreide, worauf dann der »Future« aufsetzte, der vorab den Fixpreis festlegte.

Futures zeichnen sich bis heute dadurch aus, dass das Derivatgeschäft abgewickelt werden muss.[68] Diese Verpflichtung ist jedoch oft unpraktisch, wenn man nur spekulieren will und beispielsweise auf Getreidepreise wetten möchte, ohne Getreidehändler zu sein. Daher erfand man schon in der Antike eine Variante des Futures: nämlich die »Option«. Der Name entstand erst später, ist aber Programm. Bei einer Option besteht Wahlfreiheit, ob man die erworbenen Rechte ausübt. Ein schönes Beispiel dafür ist Thales, der nie vorhatte, vom Philosophen zum Mühlenbetreiber zu werden. Er wollte nur von der Mietsteigerung bei den Olivenpressen profitieren, weil er eine gute Ernte vorhersah.

Die Spekulation beschränkte sich aber keineswegs nur auf Agrarprodukte oder auf Derivate, wie Beispiele aus dem Mittelalter zeigen. Die Florentiner kamen bereits im 13. Jahrhundert auf die Idee, dass man sich doch auf Vorrat attraktive Grundstücke im Zentrum sichern könnte, um sie erst später zu bebauen, wenn ihr Wert gestiegen war.[69] Mit Währungen wurde ebenfalls spekuliert. Ein Italiener schrieb 1399 aus Brügge in hektischem Stakkato an das Haupthaus im toskanischen Prato: »In Genua scheint ein Überfluss an Münzen vorhanden zu sein, schicken Sie also unser Geld nicht nach Genua oder nur, wenn Sie dafür einen sehr guten Preis bekommen können. Bringen Sie es eher in Venedig oder Florenz unter oder hier in Brügge oder in Paris oder in Montpellier oder dort, wo es Ihnen am besten erscheint.«[70]

Ein gigantisches Spekulationsgeschäft war auch der Fernhandel, der sich für alle Beteiligten lohnte, wie der französische Historiker Fernand Braudel vorrechnet: »Ein Kilo Pfeffer, das am Produktionsort in Indien ein oder zwei Gramm Silber wert war, brachte in Alexandria zehn bis 14 Gramm ein, 14 bis 18 Gramm in Venedig und 20 bis 30 Gramm in den Abnehmerländern in Europa.«[71]

Bei der Spekulation mit Währungen oder Pfeffer wurde schon damals ein Trick angewandt, der bis heute sehr beliebt ist: Es wurde auf sogenannte Arbitragegewinne gesetzt, also auf Kursdifferenzen zwischen verschiedenen Märkten. Diese Arbitragegewinne machen noch immer einen wesentlichen Teil der Finanzumsätze aus. So ist der computergestützte Hochfrequenzhandel oft auch nichts anderes als ein Arbitragegeschäft, das Kursunterschiede ausnutzt. Nur dass diese Differenzen inzwischen im Promillebereich liegen und die Handelsgeschäfte in Millisekunden ausgeführt werden.

Es ist ein ziemlich sicheres Geschäft, Kursdifferenzen auszunutzen. Viel gefährlicher, aber auch lukrativer ist es, auf künftige Kursentwicklungen zu wetten. Auch dieses riskante Spiel wurde stets betrieben, wie Thales zeigt, aber im 17. Jahrhundert eröffnete sich eine neue Möglichkeit, das große Rad zu drehen: Die Aktie wurde erfunden.

Im Jahr 1602 gründeten die Niederländer, wie schon erwähnt, ihre Ostindien-Kompanie, um Asien zu beherrschen und auszubeuten. Kaum waren diese Aktien in der Welt, wurden sie zum begehrten Tauschobjekt. 1611 entstand die Amsterdamer Börse, die wenig später auch den Handel mit Wertpapieren, den sogenannten Effekten, zuließ.

Die Ostindien-Kompanie selbst wollte die Spekulation mit ihren Aktien eigentlich unterbinden, weil dies nur Unruhe in ihre Geschäfte brachte. Also vergab sie »Namensaktien«, bei denen die Besitzer der Papiere in einem Verzeichnis aufgelistet waren. Wurde eine Aktie verkauft, musste der alte Name gelöscht und der neue Eigentümer eingetragen werden. Diese Umständlichkeit sollte die Spekulanten abschrecken, doch das Gegenteil geschah: Es wurde einfach ohne Aktien mit den Aktien gehandelt. Diese seltsame Operation nannten die Holländer alsbald »Windhandel«, weil er aus reinen Luftbuchungen bestand.

Den meisten Holländern blieb es ein Rätsel, was bei diesem »Windhandel« geschah. Um seine Zeitgenossen aufzuklären, schrieb Joseph de la Vega 1688 den ersten Börsenführer der Welt und nannte sein kleines Buch sehr passend *Die Verwirrung der Verwirrungen*[72]. Die äußere Form des Textes wirkt heute antiquiert, denn es handelt sich um moralisierende Dialoge zwischen einem Philosophen, einem Kaufmann und einem Aktionär. Doch der Inhalt hat nichts von seiner Aktualität und Frische verloren. Es geht um Kauf- und Verkaufsoptionen, um Insidergeschäfte und die allgemeine Börsenpsychologie.

Beschrieben wird ein munterer Derivatehandel. Da die Namensaktien zu unpraktisch waren, spekulierte man eben mit Optionen. Mit diesen Papieren sicherten sich die Investoren gegen eine Gebühr das Recht, zu einem bestimmten Termin – zum Beispiel in drei Monaten – eine Aktie zu einem bestimmten Kurs zu kaufen oder zu verkaufen. Am vereinbarten Tag wurde dann einfach die Differenz zum aktuellen Aktienkurs ausgezahlt, ohne dass die eigentliche Aktie jemals bewegt worden wäre. Dieses simple Optionsmodell konnte natürlich vielfältig variiert werden, mit »Rück- und Vorprämien«, wie Joseph de la Vega sie nannte, um sich während der Laufzeit der Wette gegen neue und neueste Kursbewegungen abzusichern.[73] Damit es schnell ging, gab es vorgedruckte Formulare für die Derivate, bei denen nur noch ein paar Details ausgefüllt werden mussten.

Schon de la Vega beschreibt, was bis heute zu beobachten ist: Viele Anleger drängte es an die Börse, weil sie nicht wussten, wo sie ihr Geld sonst investieren sollten. Denn die sicheren Staatsanleihen waren so begehrt, dass dort nur drei Prozent Zinsen abfielen. »Es sind daher selbst die Allervermögendsten gezwungen, Dividendenpapiere zu kaufen«, fasst de la Vega das Dilemma zusammen.[74] Wieder einmal zeigt sich: Geld war noch nie knapp.

Der Aktienhandel und der »Windhandel« mit Derivaten fanden meist in einer Art Vakuum statt, denn es dauerte oft Tage oder Monate, bis neue Nachrichten aus Asien eintrafen und die echten Erträge des Fernhandels abzuschätzen waren. Doch auch ohne aktuelle Erkenntnisse über die reale Welt wurde täglich schwungvoll mit den virtuellen Werten gehandelt, was zu sehr volatilen Kursen führte: Verluste oder Gewinne konnten 30 Prozent pro Tag ausmachen.[75]

Ganz Europa lernte von den Holländern, wobei sich London schnell zum Zentrum der globalen Spekulation entwickelte. Die Zeitgenossen reagierten mit dem gleichen Misstrauen, das auch heute herrscht. Bereits 1689 beschwerte sich der englische Parlamentsabgeordnete George White über »dieses seltsame Insekt namens Börsenhändler«, der Kurse beliebig nach oben oder unten manipulieren würde, um sich auf Kosten anderer zu bereichern. Die Makler wären wie die »Heuschrecken«, die in biblischen Zeiten über die fruchtbaren Felder Ägyptens hergefallen seien.[76] Der einstige SPD-Chef Franz Müntefering war also keineswegs der erste, der Finanzinvestoren mit einem Heuschreckenschwarm gleichsetzte. Diese Metapher ist mindestens 300 Jahre alt.

Es dauerte auch gar nicht lange, bis Gegenmaßnahmen ergriffen wurden. Im Jahr 1734 untersagte das britische Parlament den Handel mit Derivaten, nur um zu erleben, dass dies gar nichts brachte. Es wurden einfach neue Papiere entwickelt, die anders hießen – und weiter ging das Spiel.[77]

Schon damals war zu beobachten, dass sich die Anleger wie eine Herde verhielten, die gemeinsam immer in die gleiche Richtung trabten und zu übertriebenem Optimismus tendierten. Dieser seltsame Überschwang der Spekulanten beschäftigte bereits Adam Smith, der 1776 süffisant schrieb: »Dass die Gewinnchancen immer überschätzt werden, können wir aus dem allgemeinen Erfolg der Lotterien ableiten. … Denn es gibt keine gültigere Erkenntnis in der Mathematik als jene, dass man umso wahrscheinlicher verliert, je mehr Lose man kauft. Wer alle Lose in einer Lotterie erwirbt, verliert ganz bestimmt.«[78]

Der Spekulationswahn pumpte bereits damals Blasen auf, die die unbeteiligten Zuschauer sehr lustig fanden. Dazu gehörte der »Tulpenschwindel«, der sich von 1634 bis 1637 in Holland zutrug. Tulpen waren damals noch neu, gerade frisch aus der Türkei importiert, und nach zwei Jahren des spekulativen Wahns kostete eine Zwiebel mehr als 4 600 Gulden – was zu damaligen Preisen etwa 40 fetten Ochsen entsprach.[79] Es kam, wie es kommen musste: Irgendwann fiel den ersten Anlegern auf, dass eine Tulpenzwiebel nur eine Tulpenzwiebel ist, und die Blase platzte.

Im Rückblick ist die Tulpenblase nicht mehr als eine Kuriosität, die zwar vielleicht einzelne Anleger ruiniert hat, aber volkswirtschaftlich keinen großen Schaden hinterließ und daher in den Niederlanden weitgehend vergessen ist.[80] Damit unterscheidet sich der »Tulpenschwindel« deutlich von den modernen Finanzkrisen, die jedes Mal enorme Kosten verursachen. Was also ist jetzt anders?

Die reine Technik der Spekulation kann jedenfalls nicht erklären, warum Finanzkrisen heute so viel härter ausfallen. Arbitragegeschäfte und Derivate gibt es seit Jahrtausenden. Nicht das Geld hat die Wirklichkeit verändert, sondern umgekehrt hat seit 1760 die Expansion der Wirtschaft die Spekulation revolutioniert. Das reale Wachstum hat die virtuelle Phantasie beflügelt.

Solange die Wirtschaft kaum oder gar nicht wuchs, glich die Börse letztlich einem Null-Summen-Spiel. Was die einen gewannen, verloren die anderen. Die Geschäfte mit den Derivaten waren zwar sehr ausgeklügelt, aber sie vermehrten nicht die Werte, die zu verteilen waren. Das vorhandene Vermögen wurde nur umgeschichtet. Auch bei der Tulpenblase gab es letztlich genauso viele Gewinner wie Verlierer, so dass volkswirtschaftlich kein großer Schaden entstehen konnte.

Doch sobald das Wachstum in der Welt war, veränderte sich die Spielanordnung. Durch die expandierende Wirtschaft nahmen die

Gewinne und damit das Vermögen zu. Eine echte Wertsteigerung ist seither von einer reinen Spekulation gar nicht mehr eindeutig zu unterscheiden – zumal die Grenzen fließend sind. Jeder Unternehmer spekuliert in einem gewissen Sinn, wenn er in eine neue Maschine investiert. Er erhofft sich einen zusätzlichen Ertrag in der Zukunft, doch ganz sicher ist dieser eingeplante Profit nicht, sondern kann sich hinterher als Fehlkalkulation erweisen. Anders als erwartet, können plötzlich Überkapazitäten bestehen, oder die launischen Kunden verschmähen das Produkt.

Noch tückischer: Die Rolle des Kredits hat sich gewandelt. Wie schon im elften Kapitel gesehen, kann es reales Wachstum nur geben, wenn zugleich die Schulden steigen. Dieser Mechanismus führt jedoch dazu, dass es selbstverständlich erscheint, auch die reine Spekulation über Kredite abzuwickeln. Zudem ist es für jeden einzelnen Spekulanten äußerst lukrativ, seine Wetten mit geliehenem Geld zu betreiben, weil er dann mit geringen Eigenmitteln exorbitante Gewinne einfahren kann.

Ein fiktives Rechenbeispiel: Anleger A glaubt, dass eine Aktie B eine »Wertsteigerung« von 37 Prozent erfahren wird und in einem Jahr nicht mehr 100, sondern 137 Euro wert ist. Also nimmt er einen Kredit von 100 000 Euro auf und kauft damit 1 000 Aktien. Wenn seine Wette aufgeht, hat er nach einem Jahr 37 000 Euro Gewinn gemacht, ohne auch nur einen eigenen Euro investiert zu haben. Das ist eine Traumrendite, die sich in Prozenten gar nicht ausrechnen lässt. Im Fachdeutsch heißt es »hebeln« (englisch: leverage), wenn mit Krediten der eigene Gewinn gesteigert wird.

Diese kreditfinanzierte Spekulation wirkt zudem risikofrei, solange auch andere Investoren mit geliehenem Geld Aktien kaufen. Gemeinsam treiben die Anleger die Kurse nach oben, und wie von selbst baut sich eine riesige Kreditblase auf, die nicht als Blase erkannt wird, weil sich die Spekulanten dem Wahn hingeben, sie würden »reicher«, weil der offizielle Wert ihres Vermögens zunimmt. Erneut wird Geld mit Kapital verwechselt. Die Anleger türmen eine reine Geldpyramide auf, glauben aber ernsthaft, sie würden in produktive Unternehmungen investieren, wenn sie Aktien oder Immobilien kaufen. Aber in Wahrheit wird nicht eine einzige Ware mehr produziert, nur weil die Aktienkurse steigen. Diese Diskrepanz zwischen echter Wirtschaftsleistung und fiktivem Geldvermögen fällt irgendwann auf. Es kommt zum Crash, und die Vermögenspreise fallen rasant. Die Krise ist da, die den modernen Kapitalismus regelmäßig zu schütteln scheint.

Teil IV

Die Krisen des Kapitals

14 Nach der Krise ist vor der Krise: Wie der moderne Kapitalismus ständig in Schwierigkeiten gerät

Wirtschaftskrisen sind lästig und gefürchtet. Keiner will sie haben. Das ist nicht ganz gerecht, denn Konjunkturflauten zeugen vom Erfolg. Wirtschaftskrisen beweisen, dass eine Gesellschaft reich ist. Denn nur wenn Überfluss herrscht, kann die Konjunktur regelmäßig einbrechen.

Die alte Welt vor 1760 kannte keine Wirtschaftskrisen im modernen Sinne. Stattdessen gab es Hungersnöte, und es herrschte bittere, archaische Armut, weil die Menschen der Natur fast schutzlos ausgeliefert waren. Diese Erfahrung ist bereits im Alten Testament festgehalten, das in der Joseph-Geschichte beschreibt, wie Ägypten erst von sieben guten und dann sieben schlechten Jahren heimgesucht wurde.

Selbst in guten Zeiten lebten die meisten Menschen in der Antike und im Mittelalter nur knapp oberhalb des Existenzminimums. Im Jahr 1500 sah der typische Verbrauch eines typischen Europäers wie folgt aus: Er aß 180 Kilo Brot im Jahr und trank 180 Liter Bier, das damals weniger Alkohol enthielt und tatsächlich »flüssiges Brot« war. Hinzu kamen 26 Kilo Fleisch, fünf Kilo Butter und Käse sowie 52 Eier. Diese Nahrungsmittel verschlangen schon 80 Prozent des gesamten Einkommens. Fünf Prozent des Geldes gingen fürs Heizen drauf, noch einmal zehn Prozent für Kerzen und das Öl der Lampen. Der schmale Rest wurde für Seife und Stoffe verwandt.[1]

Nicht alle Menschen wurden satt. Mehr als 80 Prozent der Bevölkerung arbeiteten in der Landwirtschaft und produzierten gerade so viel, dass es knapp für alle reichte. Seit der Antike hatte es also kaum Fortschritt gegeben, denn auch zu Zeiten Roms hatten schon etwa 80 Prozent der Menschen auf den Feldern geschuftet.

Die letzte europaweite Hungersnot brach 1846/47 aus. Schlechtes Wetter vernichtete einen Teil der Getreideernte, und gleichzeitig grassierte die Kartoffelfäule. Am schlimmsten traf es Irland, das das einzige Land in Europa war, dessen Bevölkerung im 19. Jahrhundert schrumpfte. 1841 lebten dort 8,2 Millionen Menschen, 1901 waren es nur noch 4,5 Millionen. Mindestens eine Million war verhungert, der Rest nach Amerika und England ausgewandert.[2]

Seither war Nahrung in Westeuropa nie mehr knapp, solange keine Weltkriege angezettelt wurden. Nur in Finnland brach noch 1867 eine allerletzte Hungerkrise aus, wo nach einer Missernte 100 000 der 1,6 Millionen Einwohner starben.[3] Der Kapitalismus hat den Hunger überwunden und stattdessen Überfluss produziert, hat »Butterberge« aufgetürmt und »Milchseen« gefüllt.

Dafür aber entstanden neue Krisen, nämlich Konjunktur- und Finanzkrisen, die oft gemeinsam auftreten, aber nicht das Gleiche sind. Um erst einmal bei der klassischen Konjunkturkrise zu bleiben: Bereits Karl Marx und Friedrich Engels erkannten, dass es offenbar zum Wesen des Kapitalismus gehört, dass die Wirtschaft regelmäßig einbricht.[4] In ihrem *Kommunistischen Manifest* von 1848 beschrieben sie die »periodische Wiederkehr« dieses neuen und seltsamen Phänomens: »In den Handelskrisen wird ein großer Teil nicht nur der erzeugten Produkte, sondern der bereits geschaffenen Produktivkräfte regelmäßig vernichtet. In den Krisen bricht eine gesellschaftliche Epidemie aus, welche allen früheren Epochen als ein Widersinn erschienen wäre – die Epidemie der Überproduktion.«

Marx und Engels wiesen damit auf den elementaren Zusammenhang hin: In der Antike oder im Mittelalter hätte es eine Überproduktion nie geben können, weil der Mangel so eklatant war, dass jedes zusätzliche Gut – ob Getreide oder Kleidung – sofort einen Konsumenten gefunden hätte. Moderne Wirtschaftskrisen entstehen erst, seitdem große Teile der Gesellschaft reich genug sind, um auf Konsum auch verzichten zu können. Genau darin besteht ja eine Konjunkturkrise: Waren bleiben liegen, weil sie keine Kunden finden. Diese Absatzschwierigkeiten kann es nur geben, wenn der absolut lebensnotwendige Bedarf an Nahrungsmitteln, Kleidung und Behausung gedeckt ist.

Natürlich gab es im 19. Jahrhundert immer noch große Armut, was gerade Marx und Engels eloquent angeprangert haben. Aber gleichzeitig konnten immer mehr Menschen wählen, ob sie konsumieren wollten. Dieser Wandel von einer Mangel- zu einer Überflussgesellschaft brachte daher ein Phänomen hervor, das in früheren Gesellschaften undenkbar gewesen wäre: Werbung. Solange Nahrung und Kleidung knapp waren, musste man sie nicht anpreisen, denn sie fanden von selbst ihre Käufer. Doch sobald die kapitalistische Fülle regierte, war der Kunde König und musste umschmeichelt werden. 1854 stellte Ernst Litfaß seine ersten Werbesäulen in Berlin auf, und 1855 wurde das erste »Vermittlungsbüro« für Anzeigen gegründet, die in Zeitungen erscheinen sollten.

Der Überfluss führte immer wieder zu Absatzkrisen, was sofort die Frage aufwarf, ob sich vielleicht Regelmäßigkeiten erkennen ließen. Der französische Arzt Clément Juglar stellte bereits 1860 die These auf, dass sich die Krisen in einem Rhythmus von sieben bis elf Jahren ereignen würden. Diese Theorie wurde später von anderen Ökonomen wie Joseph Schumpeter variiert und ergänzt, aber bis heute bleibt offenkundig, dass die moderne Wirtschaft zwischen Aufschwung und Abschwung oszilliert. Es scheint dem Kapitalismus nicht möglich zu sein, einfach nur linear zu wachsen oder auf einem hohen Plateau zu verharren. Stattdessen herrscht eine launische Dynamik, die zwischen Krise und Boom pendelt.

Diese Schwankungen dürften damit zu tun haben, dass der Mensch ein soziales Wesen ist und zum Herdenverhalten neigt. Bei einem Aufschwung herrscht allseits gute Laune, was die meisten Unternehmer animiert, zu investieren und neue Arbeitnehmer anzustellen. Die Löhne steigen, die Preise steigen, der Absatz steigt, die Gewinne steigen. Die Welt erscheint wunderbar. Doch irgendwann kippt die Freude in Angst um, und die ersten Unternehmer fürchten, dass sie ihre Güter künftig nicht mehr loswerden könnten. Also investieren sie nicht mehr und halten ihr Geld zusammen – der Abschwung beginnt, der sich dann meist selbst verstärkt. Firmen bleiben auf ihren Gütern sitzen und fangen an, Mitarbeiter zu entlassen. Dies wirkt auf alle Konsumenten zurück, selbst wenn sie ihren Arbeitsplatz noch haben. Jeder fängt an zu sparen, um für schlechte Zeiten vorzusorgen, und verfährt nach dem bewährten Motto: »Man weiß ja nie.«

Die Binnennachfrage bricht ein, noch mehr Firmen gehen pleite, noch mehr Mitarbeiter werden entlassen. Die Spirale dreht sich, und sie dreht sich immer schneller nach unten. Trotzdem endet jede Krise irgendwann, selbst wenn niemand eingreift. Das 19. Jahrhundert illustriert diese Kreisläufe bestens, weil die Regierungen damals noch nicht wussten, wie man Krisen steuert, und einfach abwarteten. Manchmal mussten sie mehr als ein Jahrzehnt warten, aber eines Tages setzte wieder ein Aufschwung ein, weil genügend Unternehmer bereit waren, neue Investitionen zu wagen.

Eine Konjunkturkrise kommt jedoch selten allein, sondern meist setzt sich eine Finanzkrise oben drauf, die das eigentliche Desaster auslöst. Einen normalen Abschwung könnten Banken noch verkraften, doch oft haben sie während eines Aufschwungs nicht nur echte Investitionen, sondern auch reine Spekulationen finanziert.

Die erste weltweite Finanzkrise ereignete sich im Jahr 1857. In Deutschland hatten sich die Aktienkurse seit 1850 verdoppelt, und auch weltweit wurden die Wertpapiere deutlich teurer. Zudem zeigte sich ein Muster, das bis heute gilt: Wenn eine Spekulationswelle einsetzt, flutet sie gleich alle Märkte. Es wurde nicht nur mit Aktien hantiert, sondern auch Rohstoffe wurden auf Kredit gekauft und zwischengelagert, weil man hoffte, dass die Preise weiter steigen würden. Die Blase platzte, als am 24. August 1857 die amerikanische »Ohio Life Insurance and Trust Company« ihre Zahlungen einstellen musste.

Die Krise sprang von Bank zu Bank, von Firma zu Firma: Am Ende waren in den USA mehr als 5 000 Unternehmen und Kreditinstitute pleite, obwohl viele dieser Firmen eigentlich gesund waren.[5] Doch eine Finanzkrise zeichnet sich dadurch aus, dass sie jeden mitreißt, weil »Solvenz« und »Liquidität« nicht mehr zu unterscheiden sind.

Diese Begriffe klingen sehr technisch, sind aber absolut zentral, um den Verlauf von Finanzkrisen zu verstehen. Bei einer Insolvenz ist eine Firma oder Bank objektiv pleite, weil die Verluste so groß sind, dass das Firmenvermögen nicht mehr ausreicht, um sie aufzufangen. Eine Liquiditätskrise hingegen bedeutet, dass eine Firma oder Bank ihre Zahlungsverpflichtungen mühelos erfüllen könnte – wenn nicht gerade das gesamte Geldsystem gelähmt wäre. Derartige Liquiditätsprobleme treten in einer Finanzkrise regelmäßig auf, weil niemand mehr seinen Geschäftspartnern vertraut. Zahlungen werden zurückgehalten, und das vorhandene Geld wird gehortet. Gleichzeitig stürmen die Kunden ihre Banken, weil sie Angst um ihr Vermögen haben. Der Geldkreislauf kollabiert.

Die USA hatten 1857 noch keine Zentralbank, so dass sich die Panik ungebremst ausbreiten konnte und die ganze Welt erfasste. Nach wenigen Monaten hatte sie London erreicht, wo die Bank von England außerordentlich professionell reagierte: Sie druckte einfach Geld und vergab Kredite an alle Firmen und Banken, die in Bedrängnis waren.[6] Die Aufregung legte sich sofort.

Der Trick ist schlicht und wird bis heute von den Zentralbanken genutzt, um Liquiditätskrisen zu bekämpfen: Wenn der Geldkreislauf stockt, werden die Banken mit Geld geflutet. Sobald sich die Panik beruhigt hat, wird dieses Geld wieder eingesammelt, indem die Notkredite auslaufen. Die Banken zahlen an die Zentralbank einfach zurück, was sie sich während der Panik geliehen haben. Das war's schon. Die Zentralbank agiert also als »lender of last resort«, als Kreditgeber der letzten Instanz.[7]

Diese Liquiditätshilfen können jedoch nur Banken und Firmen retten, die gesund sind. Überschuldete Institute sind trotzdem pleite und müssen abgewickelt werden, weil sie sich verspekuliert haben und ihre Verluste nicht mehr tragen können. Diese Unterscheidung in »good bank« und »bad bank« ist jedoch nur möglich, wenn die Zentralbank eingreift und die Anleger beruhigt. Solange sämtliche Investoren panisch ihre Gelder abziehen, scheint jede Bank vor dem Kollaps zu stehen.

Diese Erfahrung mussten auch die Hamburger 1857 machen. Während die Briten mit ihrer Bank von England gewappnet waren, ging es in der Hansestadt chaotisch zu. Hamburg war schon damals das »Tor zur Welt« und finanzierte große Teile des deutschen Außenhandels. Weltweit waren Hamburger Wechsel in einer Höhe von etwa 400 Millionen Mark im Umlauf, die auf Grund der Panik reihenweise »platzten«. Die Kaufleute im Ausland konnten nicht zahlen, weil ihre Kunden und Banken ebenfalls auf Zahlungen warteten – und so kamen die Wechsel nach Hamburg zurück. Innerhalb von Tagen waren die traditionsreichen Firmen Hamburgs allesamt zahlungsunfähig.[8]

Aber es gab noch eine Rettung: Die Patrizier wussten es zu nutzen, dass sie gleichzeitig den Senat der Hansestadt bemannten, denn Hamburg war damals noch keine Demokratie, sondern wurde von den alteingesessenen Familien regiert. Also verfielen die Handelsherren auf die naheliegende und doch moderne Idee, dass der Staat ihnen helfen und Geld bereitstellen sollte, bis sich die Panik wieder gelegt hatte. Da es in Hamburg weder eine Zentralbank noch modernes Buchgeld auf Girokonten gab, wurde improvisiert. Der Stadtstaat Hamburg legte einen Fonds von 15 Millionen Mark auf, der zu einem Drittel aus Hamburger Staatsanleihen und zu zwei Dritteln aus geliehenem Silber aus dem Ausland bestehen sollte. Doch zunächst zeigte niemand Interesse, den klammen Hanseaten zu helfen und Silber zu schicken: Ob in Paris, London, Amsterdam, Kopenhagen, Brüssel, Berlin, Dresden oder Hannover – aus allen Städten kamen nur Absagen. Allein die Wiener erbarmten sich und nutzten die neue Eisenbahn: Sie entsandten einen »Silberzug«, der Barren im Wert von zehn Millionen Mark geladen hatte, was umgerechnet etwa 1 800 Zentner Silber waren. Nach wenigen Tagen war die Panik auch in Hamburg vorbei.[9]

Für die Wiener war die Aktion »Silberzug« übrigens ein gutes Geschäft, denn sie kassierten sechs Prozent Zinsen.[10] Ein »Silberzug« mutet heute pittoresk und antiquiert an, aber man sollte sich nicht täuschen: Die Hamburger und Wiener agierten damals enorm professionell – und waren zum Teil weiter als die heutige Europäische Zentralbank, die in der Eurokrise sehr lange brauchte, bis sie endlich erkannte, dass sie Panikattacken auf den Finanzmärkten bekämpfen muss (siehe Kapitel 18).

Schon im 19. Jahrhundert zeigte sich, wie extrem störanfällig der Kapitalismus ist, denn 1873 folgte bereits die nächste weltweite Finanzkrise. Diesmal begann der Crash in Wien, wo die Aktien innerhalb kürzester Zeit mehr als 90 Prozent ihres Wertes verloren. Wieder griff der Staat ein: Die österreichische Nationalbank beteiligte sich an einem großen Hilfsfonds, der die angeschlagenen Banken retten sollte. Doch die Krise war nicht mehr aufzuhalten. Als nächstes knallte es in New York, wo man allzu großzügig mit Anleihen und Aktien von Eisenbahngesellschaften spekuliert hatte. Da vor allem Briten die amerikanischen Eisenbahnen finanziert hatten, erfasste die Krise ganz Europa.[11]

In Deutschland brach im Oktober 1873 die Quistorpsche Vereinsbank in Berlin zusammen, die wie viele Banken den damaligen Bauboom finanziert hatte. Noch heute stehen in allen deutschen Großstädten die sogenannten Gründerviertel, die daran erinnern, wie rasant die Städte kurz vor und nach der Gründung des deutschen Kaiserreichs gewachsen sind. Überall wurden Mietskasernen errichtet, deren Vorderhäuser routinierten Stuck erhielten, damit sie ein wenig wie Adelspaläste wirkten.

Die Spekulation mit Immobilien hat also lange Tradition und ist keineswegs eine Erfindung der heutigen US-Banken, die mit ihren Ramschhypotheken 2007 die Finanzkrise auslösten. Auch ist nicht neu, dass Banken miteinander verflochten sind und sich gegenseitig in den Abgrund ziehen. Die Quistorpsche Vereinsbank war mit 22 anderen Gesellschaften verschachtelt,[12] so dass weitere Konkurse folgten, die die gesamte deutsche Wirtschaft erfassten.

Der »Gründerkrach« fiel in Deutschland besonders heftig aus, weil zuvor eine geradezu unheimliche Euphorie geherrscht hatte. Allein zwischen 1871 und 1873 waren mehr als 900 neue Aktiengesellschaften gegründet worden, darunter mehr als 100 neue Banken. Sie hatten nicht nur den Bauboom finanziert, sondern auch die rasant wachsende Industrie. Viele dieser Gesellschaften überlebten die Krise nicht, der Rest machte enorme Verluste. Es tauchte eine naheliegende Frage auf, die erstmals auch teilweise beantwortet werden konnte: Wie groß war eigentlich der finanzielle Schaden?

Der berühmte Statistiker Ernst Engel, der das Königlich Preußische Statistische Büro leitete, machte sich an die Arbeit und berechnete, dass der Marktwert von 444 Aktiengesellschaften 1872 etwa 4,53 Milliarden Mark betragen hatte – Ende 1874 waren diese Aktien nur noch 2,44 Milliarden Mark wert. Knapp die Hälfte des Aktienvermögens war vernichtet.[13]

Selbst diese enormen Summen drücken den wahren Schaden nicht aus. Denn es sanken ja nicht nur die Aktienkurse, sondern die gesamte Realwirtschaft stürzte in eine Krise. Die Löhne halbierten sich, und die Preise fielen um 38 Prozent. Auch dieses Muster gilt bis heute: Die eigentlichen Verluste einer Finanzkrise laufen nicht bei den Banken auf, sondern entstehen durch den Einbruch der realen Wirtschaft, der Arbeitsplätze und Umsatz kostet.

Wann immer eine Kreditblase platzt, wird nach Schuldigen oder Verschwörern gesucht. Schnell keimt der Verdacht auf, dass die Spekulanten die Wirtschaft vorsätzlich in den Abgrund getrieben hätten, um sich selbst zu bereichern. Damit werden Banker und Anleger jedoch intellektuell überschätzt. Eine Verschwörung würde ja echte Raffinesse voraussetzen, doch leider reicht schon schlichte Dummheit, um eine Finanzkrise auszulösen. Der britische Wirtschaftsjournalist Walter Bagehot schrieb 1873 über die Bankenpleiten in seinem Land: »Echte Verbrechen werden immer selten sein. … Irrtümer sind jedoch viel folgenreicher als Betrug: Die Fehler eines hoffnungsfrohen Managers müssen weit mehr gefürchtet werden als der Diebstahl eines unehrlichen Managers. Gedankenlose Fehlurteile sind weitaus häufiger als langfristig angelegte Gaunereien. Und die Verluste, die ein risikofreudiger und überzeugter Manager bereitwillig und im besten Glauben seiner Bank aufbürdet, sind unvergleichlich größer als jene, die ein betrügerischer Manager jemals verbergen könnte, selbst wenn er mit maximaler Hinterlist vorginge.«[14]

Ein hoffnungsfroher Manager allein reicht natürlich nicht, um eine Spekulationsblase aufzupumpen und eine Finanzkrise auszulösen. Der Wahnsinn muss sehr viele Anleger und Banken erfassen, damit die Kurse steigen. Um diese kollektive Euphorie zu nähren, wird eine glaubhafte »Story« gebraucht, woher der angebliche Vermögenszuwachs kommen soll. Im 19. Jahrhundert waren es vor allem die Eisenbahn, die Stahlindustrie und der Städtebau, die die Phantasie beflügelten. Wie die Wirtschaft war auch der Wahnsinn bereits globalisiert: Die Finanzblasen traten in allen Ländern gleichzeitig auf, weswegen auch die Krisen überall zu spüren waren. Nach dem Crash von 1873 dauerte es bis 1910, bis die Aktien ihre damaligen Höchststände wieder erreicht hatten.[15]

Im Jahr 1914 brach bekanntlich der Erste Weltkrieg aus, der auch ökonomisch einen epochalen Einschnitt bedeutete. Denn hinterher stand fest, was sich vorher nur abgezeichnet hatte: Die wirtschaftliche Supermacht waren nicht mehr Großbritannien und sein Empire – sondern die USA. Daher war es nur konsequent, dass die nächste schwere Krise 1929 an der Wall Street begann.

15 Das Ende des Kapitalismus schien nah: die Weltwirtschaftskrise ab 1929

Die große Weltwirtschaftskrise, die 1929 ausbrach, beschäftigt die Theoretiker bis heute, weil damals das Ende des Kapitalismus gekommen schien. Zwar hat der Kapitalismus dann doch überlebt, aber der damalige Kollaps gilt noch immer als die »Mutter aller Krisen«, der exemplarisch vorführte, wie störanfällig die moderne Wirtschaft ist. Die Lektionen von 1929 prägen die Debatten bis heute. Dies gilt bereits für die Sprache, mit der sich Ökonomen verständigen: Damals wurde das technische Vokabular entwickelt, das noch immer benutzt wird, um Krisen zu beschreiben.

Die Weltwirtschaftskrise war ein so fundamentaler Einschnitt, dass sie – anders als alle Rezessionen zuvor – unmittelbar auf die Politik zurückwirkte und den Fluss der Geschichte in ein neues Bett umleitete. Der britische Historiker Eric Hobsbawm übertreibt nicht, wenn er schreibt: »Es hätte sicher keinen Hitler gegeben. Fast sicher hätte es keinen Roosevelt gegeben. Es ist extrem unwahrscheinlich, dass das Sowjetsystem als ein ernstzunehmender wirtschaftlicher Konkurrent und als eine Alternative zum weltweiten Kapitalismus erschienen wäre. ... Kurz, die Welt in der zweiten Hälfte des 20. Jahrhunderts lässt sich nicht begreifen, solange man die Auswirkungen dieses ökonomischen Zusammenbruchs nicht versteht.«[16]

Die Weltwirtschaftskrise erscheint bis heute als ein Rätsel, weil es nicht beim »Schwarzen Donnerstag« am 24. Oktober 1929 blieb,[17] sondern die Aktienkurse und die Wirtschaftsleistung drei Jahre lang sanken, in immer neuen Schüben. Das hatte man bis dahin noch nie erlebt. In allen vorherigen Krisen hatte es nur einen einzigen Absturz gegeben, und anschließend hatte sich die Konjunktur irgendwann wieder erholt. Aber dieses Mal schien die Weltwirtschaft in ein schwarzes Loch zu stürzen, das keinen Boden kannte. Als 1939 der Zweite Weltkrieg ausbrach, steckten viele Länder noch immer in der Krise, die zehn Jahre zuvor begonnen hatte. Was war geschehen?

Der Verlauf der Krise gibt zwar Rätsel auf, aber eine Ursache scheint hinreichend klar: Die Reichen waren in Amerika immer reicher geworden und wussten nicht mehr, wohin mit ihrem Geld. Ihren Konsum konnten sie kaum noch steigern, weil sie bereits alles besaßen, was die damalige Zeit zu bieten hatte: prächtige Villen, protzige Jachten, teure Autos und ein Heer an Dienern. Also spekulierten diese »Happy Few« an der Wall Street, um ihr Vermögen zu mehren. Wie der französische Ökonom Emmanuel Saez berechnet hat, verfügte 1927 das reichste Zehntel der Amerikaner über 46 Prozent des gesamten US-Volkseinkommens. Allein das oberste eine Prozent, also das reichste Hundertstel, monopolisierte bereits fast 24 Prozent der Wirtschaftsleistung.[18]

Die Reichen wurden reicher, weil die Firmengewinne explodierten, während die Reallöhne der Beschäftigten weitgehend stagnierten. Diese soziale Unwucht ist typisch für den Kapitalismus, solange man ihn nicht politisch steuert. Denn Wachstum kann es nur geben, wenn technischer Fortschritt die Produktivität steigert. Doch genau diese permanente Effizienzrevolution bringt das Gleichgewicht zwischen Löhnen und Gewinnen durcheinander, was dann in die Krise führt. Die technische Entwicklung ist die Triebkraft des Kapitalismus – und gleichzeitig seine größte inhärente Bedrohung.

Diese Ambivalenz zeigte sich nach dem Ersten Weltkrieg besonders deutlich. Die Produktivität in der Industrie legte in den USA zwischen 1919 und 1929 pro Arbeiter um 43 Prozent zu.[19] Jeder einzelne Beschäftigte produzierte also fast 1,5-mal so viele Waren wie noch ein Jahrzehnt zuvor. Um eine Überproduktion zu vermeiden, hätten auch die Löhne entsprechend steigen müssen, damit die Arbeiter diese Flut an neuen Gütern auch hätten kaufen können.

Doch wie dieser doppelte Konjunktiv schon sagt, passierte genau das Gegenteil: Die Unternehmer freuten sich, dass ihre Kosten sanken, und nahmen die Extragewinne gern mit, die ihnen die technische Revolution bescherte. Die Löhne hingegen stiegen kaum, so dass es schon bald zu einer Absatzkrise kam, weil die Fabrikbesitzer die vielen Waren nicht kaufen wollten – und die Arbeiter die neuen Konsumartikel zwar gern erworben hätten, ihnen dafür aber das Geld fehlte.[20]

Spätestens ab 1927 gab es aus diesem Paradox nur noch einen Ausweg: die hemmungslose Spekulation. Unternehmer und Kapitaleigner saßen auf riesigen Gewinnen, die sie aber nicht mehr in die reale Wirtschaft investieren wollten, weil die Nachfrage der Massen fehlte. Gleichzeitig schienen die enormen Profite zu signalisieren, dass bei den Aktien noch die berühmte »Luft nach oben« sei. Es wirkte so logisch: Wenn die Gewinne der Unternehmer steigen, dann müssen doch auch die Aktienkurse zulegen! Begeistert stürmte die Herde der Spekulanten los – geradewegs in den Abgrund.

Hinter allen Börseneuphorien verbirgt sich das gleiche Problem: Gewinne werden falsch gedeutet, weil Betriebs- und Volkswirtschaft verwechselt werden. Jeder einzelne Unternehmer strebt nach Profit, sonst würde er sein Geschäft nicht betreiben. Da ist die Freude natürlich groß, wenn die Rendite steigt. Dieses persönliche Glück sei den Firmeninhabern gegönnt, doch leider glauben Unternehmer und Aktionäre allzu oft, dass ihre betriebswirtschaftlichen Profite auch volkswirtschaftlich ein Segen sein müssten. Menschlich ist es naheliegend, von sich auf andere zu schließen. Trotzdem ist es falsch.

Hohe Gewinne sind stets gefährlich, weil die Reichen dazu neigen, ihr Geld zu sparen. Es fehlt also Nachfrage, so dass sich Investitionen in die Realwirtschaft nicht mehr lohnen. Nur die Spekulation kann noch suggerieren, dass die Vermögen trotzdem steigen. Es ist daher ein Alarmsignal, dass sich das Jahr 1927 zu wiederholen scheint. Wie damals verfügen die obersten zehn Prozent der Amerikaner wieder über fast die Hälfte des US-Volkseinkommens. Selbst die Finanzkrise 2008 hat bei diesen Superreichen keine Schäden hinterlassen.[21]

Sobald immer mehr Geld in die Finanzmärkte fließt, muss es zu einer »Rallye« kommen, bei der die Kurse nach oben schießen. So war es auch ab 1927, und damit setzte die zweite Phase des Spiels ein: Spekulanten nutzten erneut den beliebten Trick, Kredite aufzunehmen, um ihre Gewinne zu hebeln. Die Banken an der Wall Street hatten dafür zwei neue Instrumente entwickelt: den Investmentfonds und das Maklerdarlehen.

Beim Maklerdarlehen nahm der Spekulant einen Kredit auf, um damit Aktien zu kaufen, die er dann als Sicherheit bei der Bank hinterlegte. Eigenes Kapital wurde kaum benötigt, denn der Kunde musste nur eine kleine Anzahlung (margin) von etwa zehn Prozent leisten, die ebenfalls als Sicherheit diente. Allerdings konnten die Banken weiteres Geld nachfordern (margin call), falls der Aktienkurs sinken sollte und Verluste drohen würden. Aber mit diesem Katastrophenszenario rechnete niemand, denn alle setzten darauf, dass die Börse ewig boomen würde.[22]

Die Kurse entwickelten sich tatsächlich phantastisch: Der Aktienindex Dow Jones stieg von 64 Punkten im August 1921 auf einen Höchststand von 381,2 Punkten im September 1929. An diesem plötzlichen Reichtum wollten so viele Spekulanten teilhaben, dass die Aktien knapp wurden. Also wurden die Banken kreativ: Es wurden einfach Papiere zweiter oder gar dritter Ordnung erfunden, die mit der realen Wirtschaft überhaupt nichts mehr zu tun hatten.

Die neuen Investmentfonds kamen nun ins Spiel, die die spekulativen Papiere wundersam und unbegrenzt vermehren konnten. Auf den ersten Blick sah das Geschäft noch recht solide aus: Die Fonds gaben Anteilsscheine aus, die von Anlegern gezeichnet werden konnten – und mit diesem Geld wurden dann Aktien gekauft. Ein normaler Fonds investierte in etwa 500 bis 1 000 verschiedene Firmen, was zunächst so wirkte, als würde das Risiko breit gestreut. Doch tatsächlich glichen die Fonds einem wackeligen Hochhaus, das auf einem winzigen Fundament errichtet wurde. Denn die Fonds waren gleich dreifach gehebelt: Zum einen gaben sie einfach weit mehr Anteilsscheine aus, als sie selbst an Aktien kauften. Zum anderen wurden auch diese Investmentfonds auf Kredit finanziert. Und drittens lag es nahe, als Investmentfonds einfach bei anderen Investmentfonds einzusteigen.[23] Es war das klassische Schneeballsystem, das genau so lange funktionierte, wie sich immer neue Optimisten fanden, die ihr Geld an der Börse investieren wollten.

Von diesen Euphorikern gab es genug, denn in der letzten Phase des Booms stiegen auch die großen Unternehmen an der Börse ein. Während nämlich an den Aktienmärkten exorbitante Gewinne zu winken schienen, lief der Warenabsatz der Betriebe eher schleppend, so dass viele Firmen auf eine scheinbar naheliegende Strategie verfielen: Sie verliehen ihr Geld an der Wall Street, um ihre Profite zu maximieren. Die großen Konzerne mutierten damit zu Quasibanken und vergaben Anfang 1929 genauso viele Kredite wie die echten Banken.[24] Damit schloss sich der Zirkel des Wahnsinns: Aktiengesellschaften finanzierten Spekulanten, die letztlich darauf wetteten, dass die Gewinne dieser Aktiengesellschaften steigen würden, doch die (Schein-)Gewinne dieser Aktiengesellschaften stiegen nur, weil sie Spekulanten finanzierten.

Der Crash war unvermeidlich, und wie bei jeder Finanzkrise setzte er genau in jenem Moment ein, als die Konjunktur abkühlte und selbst der freudigste Spekulant nicht mehr übersehen konnte, dass an der Börse nur Scheingewinne verbucht wurden. In Deutschland begann die Rezession schon im April 1929, in den USA und in Großbritannien im Juli.[25] Wie immer wollten die Börsianer anfangs nicht glauben, dass die reale Wirtschaft ihre Luftschlösser nicht mehr tragen konnte, so dass es noch bis zum Oktober 1929 dauerte, bis die Panik ausbrach.

Zu den populären Mythen gehört, dass sich nach dem »Schwarzen Donnerstag« viele Aktienhändler verzweifelt aus den Fenstern gestürzt hätten, um auf den Pflastersteinen der Wall Street zu enden. So schlimm war es dann doch nicht. Der Harvard-Ökonom John Kenneth Galbraith hat extra die Sterbestatistiken der Stadt New York konsultiert, konnte aber im Herbst 1929 keine erhöhte Selbstmordrate feststellen.[26]

Auch ein zweiter Mythos muss beerdigt werden: Die Wall Street wurde damals nicht von Taxifahrern oder Hausmädchen überrannt, die allzu spät ihre winzigen Ersparnisse in eine Aktie investieren wollten. Selbst auf dem Höhepunkt der Euphorie waren nur etwa eine Million Spekulanten unterwegs – die USA zählten damals aber bereits 120 Millionen Bürger.[27]

Anders als bei früheren Krisen dauerte die Baisse an der Börse mehrere Jahre. Erst im April 1932 erreichte der Dow Jones seinen Tiefpunkt – bei nur noch 41,2 Punkten. 89 Prozent der Aktienwerte waren vernichtet und hatten sich in Luft aufgelöst. Doch dies war noch nicht einmal der größte Schaden, denn die Folgen für die Realwirtschaft waren weitaus dramatischer: Zwischen 1929 und 1933 schrumpfte die US-Wirtschaftsleistung um ein Drittel, der Welthandel sank gar um zwei Drittel, die Preise fielen um 25 Prozent, und 85 000 amerikanische Firmen gingen in den Konkurs. Mehr als ein Fünftel aller US-Banken mussten schließen, was wiederum dazu führte, dass acht Millionen Sparer Geld verloren. Vor allem aber stieg die Arbeitslosigkeit, bis schließlich jeder vierte Amerikaner keinen Job mehr hatte.[28]

Der Crash an der Wall Street ließ kein Land unberührt, aber besonders schlimm traf es Deutschland, das viele Milliarden Dollar an US-Auslandskrediten aufgenommen hatte. Als die amerikanischen Anleger und Banken ab 1929 in die Krise gerieten, zogen sie natürlich genau diese Darlehen wieder ab, um ihre eigenen Löcher zu stopfen, so dass nun auch die deutschen Firmen und Kreditinstitute in die Pleite schlitterten.

Zu diesem Kreditkarussell mit den USA war es vor allem durch die Reparationen gekommen, die Deutschland nach dem Ersten Weltkrieg zahlen musste. Insgesamt wurde eine Summe von 31,4 Milliarden Dollar oder 132 Milliarden Goldmark festgesetzt, wobei nicht klar ist, wie viel Deutschland am Ende tatsächlich gezahlt hat. Die Schätzungen schwanken zwischen 20,8 und 67,7 Milliarden Goldmark, je nachdem ob es sich um alliierte oder deutsche Quellen handelt.[29] Doch was immer das Deutsche Reich überwiesen hat: Faktisch besaß es dieses Geld nicht und lieh sich die nötigen Summen in Amerika.

Hätte Deutschland nämlich die Reparationen aus eigener Kraft zahlen sollen, hätte es ebenso hohe Exportüberschüsse benötigt. Dies war sowieso utopisch, wäre aber in jedem Fall auch daran gescheitert, dass weder Engländer noch Franzosen große Mengen an deutschen Waren in ihr Land und ihre Absatzgebiete lassen wollten, weil dies ja heimische Arbeitsplätze gekostet hätte. Die Alliierten verstrickten sich in einem Paradox: Die Deutschen sollten Milliarden zahlen, hatten aber gar nicht die Möglichkeit, diese Milliarden auf dem Weltmarkt zu verdienen. Auf diesen Widerspruch hatte der britische Ökonom John Maynard Keynes bereits 1919 in einer wütenden Streitschrift gegen die Reparationen hingewiesen, die prompt zu einem Bestseller wurde, aber keinen Einfluss auf die alliierte Politik hatte.[30] Wenn sich jedoch die Reparationen nicht durch Exporte verdienen ließen, dann blieb den Deutschen nur, dass sie Kredite bei den Alliierten aufnahmen, um anschließend genau dieses Geld wieder an die Alliierten zurückzuüberweisen. Letztlich bezahlten also die USA die deutschen Reparationen, wie sie verspätet in den 1930er Jahren selbst bemerkten.

Reparationen waren übrigens nicht neu, sondern hatten ungute Tradition. Nachdem das deutsche Kaiserreich 1871 gegen die Franzosen gesiegt hatte, sollten diese eine Entschädigung von fünf Milliarden Goldfrancs zahlen. Da die Franzosen dieses Geld natürlich nicht bar in der Kasse liegen hatten, erhöhten sie ihre Staatsverschuldung und legten eine Anleihe auf, die das Bankhaus Rothschild europaweit vertrieb. Die Hälfte des Geldes – also 2,5 Milliarden Franc – kam schließlich aus Deutschland, weil der französische Staat als sichere Adresse galt und die deutschen Anleger nur zu froh waren, ihr Geld dort zu deponieren.[31] Damals waren es also die Deutschen, die einen großen Teil der Reparationen an sich selbst bezahlten.

Aber dieser Kreisverkehr fiel ihnen nicht auf, sondern die Deutschen glaubten treuherzig, dass sie durch die französischen Reparationen reicher geworden seien. Also waren sie fest davon überzeugt, dass die Aktien steigen würden, was dann zum schon erwähnten »Gründerkrach« von 1873 führte. Immer wieder machen die Menschen den gleichen Fehler: Sie halten das Geld selbst für wertvoll und verstehen nicht, dass nur die reale Wirtschaftsleistung zählt.

Doch zurück zur Weltwirtschaftskrise ab 1929: Am Ende waren in Deutschland offiziell sechs Millionen Menschen arbeitslos, tatsächlich dürften es sogar weit mehr als acht Millionen gewesen sein – also jeder Dritte. Die Gewerkschaften führten damals ebenfalls eine Statistik, die sogar noch katastrophaler ausfiel. Von ihren

Mitgliedern waren nur noch 33 Prozent vollbeschäftigt, 46 Prozent arbeitslos und 21 Prozent als Kurzarbeiter tätig.[32] In Österreich sah es etwas besser aus, wenn man in dieser aussichtslosen Situation überhaupt noch von »besser« reden kann: Dort hatten 1933 etwa 27 Prozent keine Stelle.[33]

Die Menschen in den USA und in Europa konnten es nicht fassen, dass eine so unglaubliche Armut über sie hereinbrach. Denn eigentlich war doch alles vorhanden: Fabriken, Arbeiter und willige Konsumenten. Warum fanden sie nicht zueinander? Warum standen die Maschinen still, waren die Menschen arbeitslos und die Bürger ohne Geld? Statt Armut könnte doch eigentlich Überfluss herrschen, wie der neue US-Präsident Franklin Delano Roosevelt in seiner Antrittsrede 1933 herausstrich: »Wir wurden nicht von einer Pest oder Heuschrecken heimgesucht ... Der Reichtum liegt direkt vor unserer Haustür.«[34]

Doch dieser Reichtum versteckte sich geschickt. Nur zwei Tage nach seiner Amtseinführung musste Roosevelt erst einmal alle Banken seines Landes schließen, weil die Kunden ihre Konten räumten und die Institute pleite waren. Warum wurde die Krise immer schlimmer, die am »Schwarzen Donnerstag« 1929 begonnen hatte?

Um sich einer Antwort zu nähern, muss man zunächst einmal verstehen, wie ein Finanzcrash überhaupt auf die Realwirtschaft überspringen kann. Denn an der Börse werden ja eher virtuelle Werte gehandelt, wie wir täglich erleben: Der deutsche Aktienindex DAX ist allein im Jahr 2012 um 30 Prozent gestiegen, doch dieser Kaufrausch an der Börse hat nicht dazu geführt, dass die Konzerne deutlich mehr Waren abgesetzt hätten. Das Wachstum der deutschen Wirtschaft dümpelte 2012 bei einem Plus von 0,7 Prozent dahin. Im Normalbetrieb sind das Börsengeschehen und die Realwirtschaft also weitgehend entkoppelt. Wieso ist dies bei einem Kurssturz plötzlich anders?

Die Transmissionsriemen von der Börse zur Realwirtschaft waren 1929 die Kreditberge, die aufgetürmt wurden, um das Spekulationsfieber zu finanzieren. Die Anleger mussten damals, wie schon erwähnt, nur zehn Prozent der Kreditsumme als Sicherheit hinterlegen, um ein Maklerdarlehen zu erhalten. Dieser »Margin« konnte jedoch von den Banken erhöht werden, falls Kursverluste drohten. Nach dem Crash 1929 mussten die Spekulanten daher Bargeld nachschießen – Bargeld, das sie nicht hatten. Die Anleger sahen sich daher gezwungen, Aktien und Fondsanteile zu verkaufen. Einziges Problem: Genau diese Aktien und Fondsanteile wollte jetzt niemand mehr erwerben, weil das Verlustrisiko zu hoch erschien. Die Kurse kollabierten, wie es immer geschieht, wenn viele Verkäufer, aber keine Käufer unterwegs sind.

Aktien gelten als ein sehr liquides Investment, weil sie sich an der Börse jederzeit veräußern lassen, und werden daher von Bankberatern gern empfohlen. Doch bei einem Crash sind genau diese Aktien völlig illiquide und liegen wie ein Stein im Tresor. Das Vermögen ist plötzlich futsch, an dem man sich gestern noch erfreut hatte.

Schadenfreude wäre zwar verständlich, aber verfehlt. Denn der Crash 1929 hat gezeigt, dass es zu einer unkontrollierten Kettenreaktion kommen kann, die die Ökonomen seither fasziniert wie verstört studieren. Sobald nämlich panische Spekulanten ihr Vermögen veräußern, wird auch die Realwirtschaft erfasst. Denn die Anleger verramschten damals ja nicht nur ihre Aktien, sondern auch andere Sachwerte. Also ihre Autos, ihre Häuser oder ihr Gold. Auch Keynes gehörte zu den Spekulanten, die 1929 ihr gesamtes Geld verloren hatten und ad hoc Vermögen und Kunstwerke verkaufen mussten. Doch niemand wollte damals seine Gemälde von Henri Matisse und Georges Seurat erwerben – jedenfalls nicht zu einem akzeptablen Preis.[35]

Da alle Vermögenspreise sanken, stellte sich für jeden Unternehmer schnell die Frage, warum er überhaupt noch produzieren sollte. So war es schlicht sinnlos, Autos herzustellen, da der Gebrauchtwagenmarkt bereits verstopft war, weil die ehemaligen Könige der Wall Street ihren Besitz verschleudern mussten. Zudem hörten diese Stressverkäufe gar nicht wieder auf, denn die Schuldner steckten in einem Teufelskreis fest. Je mehr Sachwerte verkauft wurden, desto stärker fielen die Preise. Je mehr aber die Preise sanken, desto unmöglicher wurde es, die Schulden zurückzuzahlen, deren Nominalbetrag unverändert blieb. Diesen Mechanismus nennt man »Schuldendeflation«, und er ist absolut tödlich.

Beschrieben wurde die »Schuldendeflation« erstmals 1933 von dem Yale-Ökonomen Irving Fisher, der sich noch 1929 mit der Vorhersage lächerlich gemacht hatte, dass »die Aktienkurse ein – wie es scheint – dauerhaft hohes Niveau erreicht haben«. Wenig später folgte der Crash, und auch Fisher verlor sein Vermögen. Dennoch gehörte er zu den produktivsten und kreativsten Ökonomen seiner Zeit, der sehr verständlich schrieb, obwohl er Mathematiker war. Ohne eine einzige Formel erklärte er seinen Zeitgenossen, worin das Paradox der Schuldendeflation liegt: »Je mehr alle Schuldner zahlen, desto mehr schulden sie.«[36] Es war ein Karussell, das sich immer schneller in den Abgrund drehte: Wer seine Schulden bedienen wollte, musste seine Besitztümer verkaufen, die aber an Wert verloren, weil alle gleichzeitig ihr Hab und Gut veräußern wollten. Die Schulden hingegen blieben in ihrer Höhe unverändert – so dass sie real sogar stiegen.

Vielen Anlegern blieb nur die persönliche Insolvenz, und dieser Massenkonkurs traf wiederum die Banken, die ebenfalls pleite waren, weil allzu viele Kredite ausfielen. Die prekäre Lage der Institute blieb den Sparern natürlich nicht verborgen, die panisch ihre Konten räumten. Spätestens durch diesen »Bank Run« kollabierten viele Banken, zumal die US-Zentralbank Federal Reserve (kurz: Fed) damals nicht bereit war, als »lender of last resort« zu agieren und die Banken mit Krediten zu stützen.

Die Schuldendeflation war jedoch nicht nur gefährlich, weil sie zu spektakulären Konkursen von Fonds und Banken führte, sondern sie veränderte auch das Investitionsverhalten der eigentlich gesunden Firmen. Der japanische Ökonom Richard C. Koo hat diesen Effekt »Bilanzrezession« getauft, da damals in der Bilanz eines jeden Betriebes automatisch riesige Löcher klafften, weil die Vermögenspreise um 25 bis 50 Prozent fielen, während die Höhe der Kredite nominal gleich blieb.[37] Selbst vorsichtige Firmen waren plötzlich technisch überschuldet und kannten daher nur noch ein Ziel: Sie wollten ihre Kredite so schnell wie möglich abbauen. Also verzichteten die Betriebe auf alle Investitionen, die nicht unbedingt nötig waren, und verwendeten ihre laufenden Einnahmen lieber, um ihre Darlehen zu tilgen.

Für jeden einzelnen Betrieb war es absolut rational, seine Schulden zu reduzieren, doch für die Gesamtwirtschaft war es verheerend. Denn die Investitionen der einen Firma sind ja die Aufträge einer anderen Firma. Die Wirtschaftsleistung sank weiter, was das Wort »Bilanzrezession« ausdrücken soll: Der Schuldenabbau verschärfte die Krise.

Zudem fingen ja nicht nur die Firmen an, ihre Kosten zu reduzieren. Auch die Bürger begannen, zu sparen und auf Anschaffungen zu verzichten. Entweder wollten sie für die unsichere Zukunft vorsorgen, oder sie hatten ebenfalls Darlehen, die sie nur noch mit Mühe bedienen konnten. In den 1920er Jahren hatte man nämlich den Ratenkredit erfunden, damit sich auch die Mittelschicht mehr leisten konnte, obwohl ihre Reallöhne kaum stiegen. Diese Ratenkredite wurden zur Bürde, als die Arbeitslosigkeit zunahm.

Man kann es auch anders sagen: In den USA hatten nicht nur die Spekulanten ihre Gewinne »gehebelt«, indem sie Kredite aufnahmen, sondern die gesamte amerikanische Wirtschaft war künstlich aufgebläht. Kurz vor dem Crash 1929 betrug der Schuldenstand etwa 300 Prozent der US-Wirtschaftsleistung, und es ist beunruhigend, dass diese Quote in den USA heute sogar bei etwa 350 Prozent liegt.

Doch zurück zur Weltwirtschaftskrise: Wie in jeder schweren Depression kam es zu einem Phänomen, das Keynes »Liquiditätsfalle« genannt hat. Obwohl die Zinsen sehr niedrig lagen, nahm niemand mehr einen Kredit auf, weil jeder seine Darlehen zurückzahlen wollte. Zudem standen die Fabriken sowieso leer, und da der Umsatz fiel, waren Kredite real selbst dann zu teuer, wenn sie nominal umsonst gewesen wären.

In einer solchen »Liquiditätsfalle« muss die sogenannte Geldpolitik einer Zentralbank versagen, die darin besteht, die Zinsen nach unten zu drücken. Denn leider gibt es eine absolute Untergrenze: Die nominalen Zinsen können nicht unter null fallen, weil die Sparer ihr Geld sofort bei der Bank abheben und unter die Matratze stopfen würden. Doch oberhalb eines Nullzinses sind die Kredite in jedem Fall zu teuer, wenn die Wirtschaft schrumpft. Für diese Notlage der Zentralbank wurde der hübsche Ausdruck geprägt, dass sie versuchen würde, »mit einer Schnur zu drücken« (pushing on a string).

Ist aber selbst die Zentralbank machtlos, bleibt nur noch ein einziger Akteur: der Staat. Doch in der Weltwirtschaftskrise waren die Regierungen anfangs gelähmt, weil sie starr an der Idee festhielten, dass der Staatshaushalt ausgeglichen bleiben müsse. Da die Steuereinnahmen jedoch wegbrachen, wurden die Ausgaben ebenso radikal gestrichen. Renten wurden gekürzt, Beamtengehälter gesenkt, diverse Steuern erhöht.

Diese Radikalkur verschärfte die Krise, was viele konservative Politiker zunächst sogar begrüßten. Sie glaubten, dass die Depression einen »reinigenden Effekt« hätte. Sie stellten sich die Wirtschaft wie einen Dschungel vor, in dem der Stärkste überlebt. Zugleich wurde die Depression als eine Art Jüngstes Gericht betrachtet, das die moralische Verkommenheit der kapitalistischen Gesellschaft bestrafe. Vom damaligen US-Finanzminister Andrew W. Mellon ist der Spruch überliefert: »Liquidiere die Arbeit, liquidiere die Wertpapiere, liquidiere die Farmen, liquidiere den Grundbesitz. … Dies wird die Verrottung des Systems beseitigen. Die hohen Lebenshaltungskosten und der hohe Lebensstandard werden sinken. Die Leute werden härter arbeiten, ein moralischeres Leben führen. Werte werden wieder gelten, und tüchtige Unternehmer werden die Wracks der weniger Fähigen übernehmen.«

Diese Weltsicht wirkte jedoch zunehmend antiquiert, weil selbst Konservativen auffiel, dass auch die »tüchtigen Unternehmer« in den Strudel der Krise gerissen wurden und keineswegs nur die angeblichen »Wracks«. Zugleich war die Massenarmut unerträglich, da die meisten Länder noch keine Arbeitslosenversicherung hatten. Viele Ökonomen forderten spätestens ab dem Herbst 1931, dass der Staat eingreifen müsse, indem er Kredite aufnahm und seine Ausgaben steigerte. Heute nennt man diese Strategie »expansive Fiskalpolitik«.

Keynes war nicht der einzige Ökonom, der damals erkannte, dass der Staat eine antizyklische Konjunkturpolitik betreiben muss. Aber der Brite war eindeutig der bedeutendste Verfechter dieser neuen Strategie. Sein bahnbrechendes Werk über die *Allgemeine Theorie der Beschäftigung, des Zinses und des Geldes* erschien zwar erst 1936, aber schon vorher hatte er Regierungen und Zeitungen mit Stellungnahmen und Artikeln bombardiert. Keynes war ein pointierter und amüsanter Autor, und sein publizistischer Dauereinsatz überzeugte schließlich – sowohl in Deutschland wie in den USA.[38] Die politische Wende trat in beiden Ländern im Sommer 1932 ein, und es ist historisch nicht ganz richtig zu glauben, dass die Konjunkturprogramme erst 1933 mit dem »New Deal« von Roosevelt oder den Arbeitsbeschaffungsmaßnahmen von Hitler begonnen hätten.

Besonders tragisch war es in Deutschland, dass es so lange dauerte, bis die grausame Sparpolitik endlich aufgegeben wurde. Denn die Massenarmut trieb viele Wähler zur NSDAP und hat Hitlers Aufstieg erst ermöglicht. Nicht die Inflation von 1923 war schuld, dass das Dritte Reich tatsächlich heraufdämmerte – sondern die Deflation ab 1929.[39]

Dabei hatte es an sachkundigen Vorschlägen nicht gefehlt. Schon im Jahr 1931 hatte eine breite Phalanx von Unternehmern, Bankiers, Wissenschaftlern und Gewerkschaftlern den damaligen Reichskanzler Heinrich Brüning bestürmt, Darlehen aufzunehmen und die Wirtschaft anzukurbeln. Mehrfach rechneten sie ihm vor, dass eine konjunkturpolitische Staatsanleihe von zwei bis zweieinhalb Milliarden Mark bereits einen Nachfrageschub von etwa acht Milliarden Mark auslösen könnte.[40]

Doch Brüning beharrte auf seinem katastrophalen Sparkurs, und schon die Zeitgenossen rätselten, was wohl seine wahren Motive waren. Der Gewerkschaftsführer Wladimir Woytinski gehörte damals zu jenen, die Konzepte für eine kreditfinanzierte Konjunkturpolitik ausgearbeitet hatten, und er schrieb später über Brüning: »Seine selbstmörderische Politik entsprang seinen allgemeinen Anschauungen. Er fürchtete das Phantom einer nicht aufzuhaltenden Inflation; der Gedanke, den Arbeitslosen durch Arbeitsbeschaffung das Leben zu erleichtern, gefiel ihm nicht, und er meinte, dass ein Programm öffentlicher Arbeiten ein Luxus sei, den Deutschland sich nicht leisten könne.«[41] Darüber hinaus war Brüning von dem Gedanken besessen, dass er die gehassten Reparationen abschütteln könnte, wenn er Deutschland ins ökonomische Desaster führte.[42]

Im Mai 1932 wurde Brüning von Reichspräsident Hindenburg entlassen, und der nächste Kanzler, Franz von Papen, war zwar ein Herrenreiter mit autoritärem Adelsdünkel, aber immerhin pragmatisch genug, um zu erkennen, dass er die Wirtschaftskrise möglichst schnell beenden musste. In den nächsten Monaten wurden mehr als drei Milliarden Reichsmark ausgegeben, um öffentliche Arbeiten und Arbeitsbeschaffungsmaßnahmen zu finanzieren.[43] Aber es war zu spät. Am 30. Januar 1933 kam es zur »Machtergreifung« Hitlers.

In den USA hatte der republikanische Präsident Herbert Hoover ebenfalls im Sommer 1932 angefangen, den Sparkurs zu lockern und Defizite in Kauf zu nehmen. Allerdings war damit noch kein ausgereiftes Konzept verbunden, sondern Hoover reagierte nur auf den Druck der Abgeordneten im Kongress, die von ihren Wählern zu Hause bombardiert wurden, dass die Regierung endlich etwas tun müsse, um das Massenelend zu beenden. Die programmatische Wende vollzog erst Roosevelt, der in seinem Wahlkampf einen »New Deal« versprochen hatte.

Der »New Deal« war eines jener natürlichen Experimente, die die Wirtschaftsgeschichte gelegentlich bereithält, um ökonomische Theorien zu testen. Denn in den ersten Monaten nach Roosevelts Amtsantritt ereignete sich ein Wunder: Zwischen März und Juli 1933 verdoppelte sich die Industrieproduktion in den USA knapp, obwohl in dieser Zeit faktisch noch fast gar nichts passiert war.[44] Die meisten Konjunkturprogramme liefen erst später an, weil zunächst der Kongress zustimmen musste. Doch offenbar reichte schon die Hoffnung, dass demnächst die Nachfrage steigen würde, um die Unternehmer zu motivieren, ihre Produktion anzukurbeln und einen gewissen Aufschwung auszulösen.

Auch reine Erwartungen sind offenbar ein Produktionsfaktor, wie Keynes bereits im Vorwort zu seiner *Allgemeinen Theorie* betont: »Eine Geldökonomie ist, wie wir sehen werden, eine Wirtschaftsform, in der geänderte Ansichten über die Zukunft in der Lage sind, die Menge der Erwerbstätigkeit zu beeinflussen.«[45]

Dieser etwas sperrige Satz bedeutete eine Revolution in der Geschichte der Wirtschaftstheorie, denn die Neoklassik war davon ausgegangen, dass sich das Wirtschaftsgeschehen in Gleichgewichtsmodelle pressen ließe. Erwartungen lassen sich jedoch nicht mathematisch abbilden. Keynes selbst hielt daher nichts davon, die Ökonomie als eine Art mathematisierter Naturwissenschaft zu betreiben und in Formeln zu gießen, obwohl er selbst durchaus ein begabter Mathematiker war und in Mathematik promoviert hatte. Doch für Keynes war offensichtlich, dass die Ökonomie zu den Gesellschaftswissenschaften gehörte, und er nannte sie daher »a moral science«.[46]

Dennoch hätten freudige Erwartungen allein natürlich nie ausgereicht, um in den USA einen stabilen Aufschwung auszulösen. Die Hoffnungen der Unternehmer mussten sich auch erfüllen, indem der Staat für öffentliche Nachfrage sorgte. Und dies tat er: Durch die Programme des New Deal wurden 651 087 Straßenmeilen und 124 031 Brücken gebaut, 125 100 öffentliche Gebäude errichtet, 8 192 Parks und 853 Flughäfen angelegt. Es wurden mehr als drei Milliarden Bäume gepflanzt und 84,4 Millionen Morgen Land melioriert. Insgesamt, so wird geschätzt, wurden mit diesen Projekten direkt oder indirekt 25 Millionen Menschen beschäftigt.[47]

Der New Deal war jedoch nicht nur ein Konjunkturprogramm, sondern gleichzeitig stiegen auch die Steuern für die Reichen, um die neuen Aufgaben nicht nur über Schulden zu finanzieren. Bis zum Zweiten Weltkrieg erreichte der Spitzensteuersatz bei der Einkommensteuer 79 Prozent, und in den 1950ern lag er sogar bei 91 Prozent. Die Erbschaftsteuer kletterte auf 77 Prozent.[48] Diese drastische Steuerpolitik könnte auf den ersten Blick wie ein gnadenloser Klassenkampf wirken, doch bekanntlich dräute damals nicht das Ende des Kapitalismus, und es wurde auch kein Sozialismus eingeführt. Stattdessen begann die amerikanische Wirtschaft stürmisch zu wachsen, wovon auch die Unternehmer und Aktienbesitzer profitierten, obwohl sie hohe Steuern zahlen mussten.

Wie sehr der New Deal auch den Reichen nutzte, zeigt sich bestens bei Keynes: Im Crash von 1929 hatte er, wie schon erwähnt, sein Vermögen verloren und musste sogar seinen Matisse verkaufen. Doch schon 1936 hatte er sich finanziell wieder erholt und besaß mehr als 500 000 Pfund, was in heutigen Preisen etwa 16 Millionen Pfund entsprechen würde. Keynes hat sein Leben lang begeistert an der Börse spekuliert, und 1932 war er wieder an der Wall Street eingestiegen. Zu Tiefstpreisen hatte er damals Aktien gekauft, die dann dank des New Deals zum Höhenflug ansetzten.[49]

Doch obwohl Keynes ein reicher Mann war, ist der Mythos weit verbreitet, er sei »links« gewesen. Diese Einschätzung wird meist nicht weiter begründet, weil sie als selbstverständlich gilt. Wer für Steuererhöhungen plädiert, muss Sozialdemokrat sein. Aber so einfach ist die Einordnung nicht, weder soziologisch noch theoretisch oder politisch. Keynes musste nicht erst an der Börse spekulieren, um in die britische Elite aufzusteigen. Er war in die Oberschicht hineingeboren worden – wie übrigens auch Adam Smith, Karl Marx, Friedrich Engels und Joseph Schumpeter. Sie alle waren in einem privilegierten Milieu aufgewachsen und hatten engste Kontakte zum Adel.[50] Die Herkunft kann also nicht erklären, warum ihre Theorien so unterschiedlich ausfielen.

Keynes selbst hielt seinen Ansatz jedenfalls nicht für links, sondern für »moderat konservativ«.[51] Er wollte den Kapitalismus reparieren, nicht abschaffen. Er war zwar für die Besteuerung der Reichen, aber nicht aus hasserfüllter Ranküne, sondern um die Vermögenden vor sich selbst zu schützen. Er wollte die Reichen nicht schröpfen, sondern ihnen zu ihrem wohlverstandenen Eigeninteresse verhelfen.

Diese Erkenntnis hatte mit einem Phänomen zu tun, das als »Sparparadox« in die Wirtschaftstheorie eingegangen ist. Wie Keynes richtig beobachtet hatte, neigten die Vermögenden dazu, große Teile ihres Einkommens zu sparen. Doch Sparen ist gefährlich, weil es die Nachfrage und damit die Wirtschaft abwürgt. Am Ende machten die Unternehmer also weniger Gewinn, gerade weil jeder einzelne möglichst viel Gewinn abzweigen wollte. Was betriebswirtschaftlich sinnvoll war, war volkswirtschaftlich schädlich.

Aus diesem Paradox konnte sich der einzelne Unternehmer nicht allein befreien – dafür benötigte er den Staat. Die Regierung musste einen Teil dieser unheilvollen Ersparnisse absaugen, indem die Reichen besteuert wurden. Der Staat hatte, so sah es Keynes, einen Vorteil, der viel zu selten gewürdigt wird: Er spart garantiert nicht. Was an Steuern einläuft, wird umgehend ausgegeben und stimuliert die Wirtschaft.

Für Keynes gab es also keinen Klassenkampf, keinen notwendigen Gegensatz von Arm und Reich. Natürlich wusste er nur zu gut, dass Ausbeutung weit verbreitet war und dass sich Einkommen und Vermögen sehr ungleich verteilten. Aber dies waren für ihn keine systemimmanenten Eigenschaften des Kapitalismus. Im Gegenteil: Konzentrierter Reichtum war schädlich und verhinderte, dass sich der Kapitalismus in seiner ganzen Pracht entfalten konnte. Keynes hoffte daher auf den »Tod des Rentiers«.[52] Obwohl er selbst mit Aktien spekulierte, erkannte er als Volkswirt sehr genau, dass es makroökonomisch hinderlich war, wenn das Finanzkapital allzu große Macht erhielt.

Damit ist das entscheidende Wort gefallen: »makroökonomisch«. Keynes war der erste Ökonom, der sich von der Mikroebene der Preise und Kosten einzelner Unternehmen löste und die Volkswirtschaft als Ganzes sah, als ein Gesamtgefüge von Produktion und Nachfrage.[53] Erst seit Keynes sind die Betriebswirtschaftslehre und die Volkswirtschaftslehre zwei wirklich getrennte Fächer. Bis dahin wurde die Gesamtwirtschaft nur als die Summe ihrer Betriebe betrachtet. Fraglos wurde angenommen, dass für die Volkswirtschaft gut sein müsse, was für das einzelne Unternehmen gut ist. Keynes hingegen hat gezeigt, dass die Ökonomie als Ganzes nach anderen Regeln funktioniert als eine Firma. Diese Entdeckung der »Makroökonomie« ist das bleibende Erbe, das Keynes hinterlassen hat.

In seiner *Allgemeinen Theorie* setzte sich Keynes ausführlich mit den Meinungen anderer Ökonomen auseinander, aber nur selten nannte er sie beim Namen. Zu den wenigen Ausnahmen gehörte Silvio Gesell, der von Keynes geradezu liebevoll dargestellt wurde, obwohl er dessen Analyse nur bedingt teilte. Später haben sich viele Ökonomen gefragt, warum Keynes ausgerechnet einem Laien wie Gesell mehrere Seiten seiner *Allgemeinen Theorie* gewidmet hat – aber Keynes war eben kein Snob und wusste eigenständige Ansätze zu würdigen.

Silvio Gesell war ein deutsch-wallonischer Kaufmann, der ab 1887 in Argentinien gelebt und dort eine schwere Wirtschaftskrise miterlebt hatte, bei der die Preise und Umsätze ständig fielen. Diese Deflation ließ auch Gesell nicht unberührt, der in Buenos Aires gerade ein Geschäft eröffnet hatte, um zahnärztliche und andere medizinische Artikel zu vertreiben. Gesell erdachte daher eine Geldreform, die er selbst für eine »welterschütternde Entdeckung« hielt und die die Gefahr einer Deflation für immer bannen sollte. Die Lösung hieß »Schwundgeld« oder auch »rostende Banknoten«. Das Geld sollte regelmäßig leicht entwertet werden, etwa durch Abstempeln, so dass es ein Verlustgeschäft war, die Scheine nicht sofort auszugeben. Dieser erzwungene Konsum sollte die Wirtschaft ankurbeln und stabilisieren. Mit seinem Schwundgeld wollte Gesell also eine künstliche Inflation erzeugen, indem das Geld permanent ein wenig an Wert verlor.[54]

Von Anfang an hatte Gesell eine große Fangemeinde, wie auch Keynes erleben musste: »Nach dem Ersten Weltkrieg bombardierten mich seine Verehrer mit seinen Werken.«[55] An diesem Zulauf hat sich nichts geändert. Noch immer ist Silvio Gesell sehr beliebt bei allen Bewegungen, die über alternative Geldsysteme nachdenken.

Er fasziniert bis heute, weil es eine Stadt zu geben scheint, die schon einmal – in höchster Not – erfolgreich Schwundgeld eingeführt hat: Wörgl in Tirol. Mitten in der Weltwirtschaftskrise wurde dort 1931 der Sozialdemokrat Michael Unterguggenberger zum neuen Bürgermeister bestellt. Der Lokführer und Autodidakt hatte Gesell schon im Ersten Weltkrieg gelesen, und die Spardiktate der Wiener Zentralregierung erschienen ihm völlig falsch. Spöttisch schrieb er: »Das Sinnvolle dieser Maßnahmen liegt auf der Hand und sieht etwa so aus: Ich schränke mich ein und gehe barfuß (hilft das dem Schuster?). Ich schränke mich ein und reise nicht (hilft das der Bundesbahn?). Ich schränke mich ein und esse keine Butter (hilft das den Bauern?).«

In Wörgl war fast jeder vierte Mann arbeitslos, und diese Erwerbslosen wollte Unterguggenberger beschäftigen, indem er eine Brücke und eine Skischanze bauen ließ sowie die Kanalisation erweiterte. Als Lohn gab er »Arbeitswertbestätigungen« aus, die mit einem Nennwert von ein, fünf oder zehn Schilling bedruckt waren und die immer vom gleichen Spruch geziert wurden: »Lindert die Not, schafft Arbeit und Brot.« Außerdem, ganz Gesell, wurde das

Geld regelmäßig entwertet, indem man Marken kaufen und aufkleben musste. Zunächst waren nur vier Geschäfte in Wörgl bereit, dieses Gemeindegeld zu akzeptieren, doch schon bald zirkulierte es in allen Wirtshäusern und Läden. Die Arbeitslosigkeit ging zurück, während die Steuereinnahmen in Wörgl stiegen. Das Experiment war so erfolgreich, dass auch die Nachbardörfer anfingen, eigenes Geld zu drucken. Dieses »Wunder von Wörgl« endete erst, als der österreichische Verwaltungsgerichtshof im November 1933 entschied, dass das »Schwundgeld« das Geldmonopol der Nationalbank verletzen würde.[56]

Das »Wunder von Wörgl« war eine beispiellose Erfolgsgeschichte, aber hatte es wirklich mit dem Schwundgeld zu tun? Entscheidend war doch nicht, dass die neuen Scheine gelegentlich mit einer Marke beklebt wurden. Entscheidend war, dass die Gemeinde Wörgl nicht mehr sparte, sondern Arbeitslose anstellte, um eine Brücke zu bauen und Kanalrohre zu verlegen. Also hatten diese Arbeiter Einkommen, das sie dann ins Wirtshaus oder ins Schuhgeschäft tragen konnten. Diesen Effekt hätte die Gemeinde Wörgl auch erzielt, wenn sie ganz normale Kredite in österreichischen Schillingen aufgenommen hätte, um Arbeitslose zu beschäftigen. Wichtig war der Nachfrageschub, nicht die Marke auf dem Geld.

Wörgl musste seine »Arbeitswertbestätigungen« nur einführen, weil die Zentralregierung in Wien den gleichen desaströsen Sparkurs verfolgte, der auch in Brünings Deutschland galt. Hätten die Österreicher schon 1932 eine staatliche Nachfragepolitik betrieben, wie sie später in den USA mit dem New Deal einsetzte, wäre das Währungsexperiment in Wörgl überflüssig gewesen.

Bei Silvio Gesell verwickeln sich richtige und falsche Einsichten in ein Theorieknäuel, das nur schwer zu entwirren ist. Richtig ist seine Erkenntnis, dass der permanente Preisverfall in einer schweren Wirtschaftskrise desaströs ist. Einen Grund nennt Gesell selbst: Wenn die Waren immer billiger werden, dann horten die Sparer ihr Geld und hoffen darauf, dass die Preise noch weiter fallen. Die Nachfrage kollabiert. Gesell hat also intuitiv verstanden, was das Problem bei einer Deflation ist: Wenn die Wirtschaft schrumpft, müssten die Zinsen eigentlich negativ sein, doch bekanntlich können sie höchstens auf null sinken. Also kam Gesell auf die Idee, diesen Negativzins künstlich herzustellen, indem auf die Banknoten regelmäßig eine Stempelgebühr zu entrichten war.

Diese Idee stößt allerdings auf ein praktisches Problem, auf das schon Keynes hinwies: Nicht nur Banknoten sind Geld, sondern stattdessen kann fast alles als Geld dienen – etwa das Buchgeld auf den Girokonten, Währungen anderer Länder, Edelmetalle oder Schmuck. Sollten also die Banknoten mit einer Zwangsabgabe versehen werden, würden sich die Menschen ein Ersatzgeld schaffen.[57]

Zudem verabsolutierte Gesell das Geld: Er glaubte, das Geldsystem an sich sei das Problem, nicht die gestörten Nachfrageketten. Doch wie der New Deal später gezeigt hat, lässt sich eine Deflation überwinden, indem der Staat als Auftraggeber und Investor agiert. Man muss kein neues Geld erfinden; es reicht völlig, Fiskalpolitik zu betreiben. Gesell machte den Fehler, den Sonderfall einer Deflation zu einer allgemeinen Theorie zu erheben. Ganz generell misstraute er dem Zins, und wie viele Zinskritiker glaubte er fälschlich, dass der Zins die Wirtschaft ruiniere.[58]

Die Weltwirtschaftskrise war aber nicht nur ein Lehrstück, wie eine Depression verlaufen kann, sie bietet auch Lektionen, wie sich Finanzkrisen vermeiden lassen. Der Crash hatte sich angebahnt, weil Anleger auf Kredit spekuliert hatten. Also musste genau dieser Kreditstrom unterbrochen werden, um neue Vermögensblasen zu verhindern. 1933 beschloss der US-Kongress einschneidende Maßnahmen: Normale Geschäftsbanken durften keine Kredite mehr vergeben, die mit Aktien oder Anleihen besichert waren. Zudem wurde ihnen untersagt, Darlehen an Börsenmakler zu gewähren. Stattdessen sollten die Banken nur noch biederes Sparkassengeschäft vor Ort betreiben und ansässige Firmen und Häuslebauer mit den nötigen Krediten versorgen. Dafür genossen die Geschäftsbanken aber auch ein Privileg: Sie durften dem neuen staatlichen Einlagensicherungsfonds angehören, der die Sparer auszahlte, falls eine Bank doch noch pleite gehen sollte. Dieser Fonds sollte verhindern, dass es im Falle einer Krise erneut zu desaströsen Bank Runs kommen würde.

Die Kreditvergabe wurde zu einem langweiligen, aber sicheren Geschäft. Investmentbanking gab es zwar weiterhin, aber nur noch in sehr bescheidenem Umfang. Viele Finanzprodukte wie Derivate waren fast komplett verboten, und auch mit Devisen ließ sich nicht spekulieren, weil seit 1944 das Abkommen von Bretton Woods galt: Alle Währungen waren an den Dollar gekoppelt, der wiederum ans Gold gebunden war, und zwar zu einem Festkurs von 35 Dollar die Feinunze. Der Wall Street blieb nicht viel mehr, als neue Aktien und Anleihen zu platzieren, falls Firmen expandieren wollten. Dieses Emissionsgeschäft war jedoch eine reine Dienstleistung, die nicht besonders gut bezahlt wurde. Zwar konnten die Investmentbanken mit diesen Aktien und Anleihen auch noch handeln, aber viel war an der Börse nicht los. »Im ganzen Jahr 1949 wurden nur 272 Millionen Aktien gehandelt, das würde heute noch nicht einmal für einen Vormittag reichen«, erinnert sich der Milliardär Henry Kaufman an seine frühe Zeit an der Wall Street.[59]

Investmentbanker glauben zwar gern, dass ihre »Finanzindustrie« das Wachstum ankurbeln würde, doch die Geschichte beweist das Gegenteil. Die Realwirtschaft boomte in der Nachkriegszeit, und alle westlichen Länder erlebten ein »Wirtschaftswunder«, obwohl die Kreditvergabe stark reguliert war. Das Sozialprestige der Banker litt natürlich, nun da aller Glamour verschwunden war. Es wurde zum Standardwitz, Banker als den »3-6-3-Club« zu titulieren. Übersetzt bedeutete dies: »Man lieh für drei Prozent, verlieh für sechs Prozent und erschien um drei Uhr mittags auf dem Golfplatz.«[60]

Auch die einst exorbitanten Gehälter waren verschwunden. Der französische Ökonom Thomas Philippon hat genau nachgezeichnet, wie sich die Entlohnung der US-Banker im vergangenen Jahrhundert entwickelt hat: Zwischen 1910 und 1930 lebte es sich an der Wall Street fürstlich, und die Banker verdienten fast doppelt so viel wie ähnlich gut ausgebildete Beschäftigte in normalen Unternehmen. Mit diesem Bonus war es nach der Weltwirtschaftskrise abrupt vorbei. Zwischen 1930 und 1980 erhielten Bankangestellte nur genauso viel Geld wie der Rest.[61] Daher gab es kaum noch Akademiker oder gar Absolventen von Elitehochschulen, die sich an der Wall Street verdingen wollten. Eine Ausnahme war Henry Kaufman, der promoviert hatte und 1962 bei der Investmentbank Salomon Brothers einstieg: »Ich war wahrscheinlich der erste an der Wall Street, der einen Doktortitel hatte.«[62]

Doch die idyllische Zeit des gezähmten Finanzkapitalismus ist längst vorbei, wie erneut ein Blick auf die Gehaltslisten zeigt: Seit 1980 verdienen Bankangestellte wieder doppelt so viel wie Normalbeschäftigte, und im reinen Investmentbanking beträgt der Abstand sogar vier zu eins.[63] Die Wall Street ist wieder zum Traumziel aller Jungmanager aufgestiegen, wie die Statistiken der Harvard Business School belegen. 2012 gingen 35 Prozent der Absolventen in die Finanzbranche, weitere 25 Prozent wählten Beratungsfirmen, während nur ganze zwölf Prozent in das Management normaler Firmen wechselten.[64] Es ist eben unvergleichlich lukrativ, bei Banken oder Hedgefonds anzuheuern. Einstiegsgehälter von 170 000 Dollar gelten dort als normal – womit Harvard wiederum in Hochglanzbroschüren wirbt.[65] Diese Invasion der angeblichen Elite macht die Wall Street aber nicht klüger, wie die Pleitebank Lehman Brothers beweist: Vor dem Zusammenbruch arbeiteten dort 120 Harvard-Absolventen.[66]

Die Harvard-Absolventen stimmen mit den Füßen ab. Jeder einzelne folgt nur seinem Wunsch, eine möglichst lukrative Karriere hinzulegen. Aber ihr gemeinsamer Drang zur Wall Street zeigt, dass es erneut die Bankzentralen sind, die die USA und die Welt regieren. Was konnte es geschehen, dass sich die Geschichte wiederholt – und Banken wieder so mächtig sind?

16 Der Scheinsieg der Neoliberalen: Was ist ab 1973 passiert?

Die neue Ära begann mit einem Knall: dem »Nixon-Schock«. Am 15. August 1971 kündigte US-Präsident Richard Nixon einseitig an, dass sich sein Land nicht mehr an die internationale Vereinbarung halten würde, den Dollar jederzeit in eine Feinunze Gold umzutauschen. Damit war die Währungsordnung von Bretton Woods obsolet, wie sie seit dem Zweiten Weltkrieg gegolten hatte.

Der Auslöser war ein neuer Krieg: der Vietnam-Krieg, in den die USA ab 1965 massiv militärisch eingestiegen waren. Um die Kosten zu decken, hatte die US-Regierung ihre Schulden erhöht – hatte also Dollar gedruckt. Schon bald wurde deutlich, dass die Golddeckung des Dollars faktisch nicht mehr existierte.[67]

Ohne die Fiktion der Golddeckung wurde es aber zunehmend schwieriger, die Wechselkurse zu stabilisieren. Ständig mussten die europäischen Notenbanken intervenieren und Dollar aufkaufen, um zu verhindern, dass dieser abwertete. Die US-Notenbank Fed hingegen blieb passiv und tat wenig, um die eigene Währung zu stützen. Eigentlich hätte die Fed die Zinsen erhöhen müssen, doch stattdessen wälzte sie die Kosten der Kurspflege auf die europäischen Zentralbanken ab. Dieser amerikanische Egoismus war durch das Abkommen von Bretton Woods gedeckt: Als der Währungspakt 1944 vereinbart wurde, waren die USA die unbestrittene Supermacht und konnten daher durchsetzen, dass der Dollar zur Leitwährung wurde, nach der sich die anderen Notenbanken zu richten hatten.

Vor allem die Bundesbank musste ständig intervenieren und Dollar aufkaufen, weil die D-Mark zunehmend zur Fluchtwährung wurde. Investoren und Spekulanten war völlig klar, dass das Währungsregime von Bretton Woods irgendwann kollabieren und der Dollar dramatisch abwerten würde. Also wollten sie ihr Geld noch schnell in Sicherheit bringen – und tauschten ihre Dollars in D-Mark um. Die D-Mark wertete daher permanent auf, was dann wiederum die Bundesbank zwang, Dollar zu erwerben, um den Kurs der D-Mark nach unten zu drücken. Am 12. Februar 1973 hatte die Bundesbank keine Lust mehr und weigerte sich, weiter Dollar aufzukaufen. Dies war das Fanal. Der Dollar rauschte in die Tiefe und verlor bis 1979 die Hälfte seines Werts gegenüber der D-Mark.

Dieser Absturz wurde zunächst achselzuckend zur Kenntnis genommen. Fast niemand sah die Gefahren, die ein freier Währungsmarkt bedeuten würde. Stattdessen waren die meisten europäischen Politiker froh, endlich der Zwangsjacke von Bretton Woods zu entkommen. Naiv dachte man, dass sich die Devisenkurse auf einem stabilen Niveau einpendeln würden, sobald der Dollarkurs einmal korrigiert wäre. Neoliberale Vordenker wie Milton Friedman gingen sogar noch weiter und versprachen ein immenses Wachstum: »Eine freie Marktwirtschaft für Wechselkurse wird auch ein ›Wirtschaftswunder‹ hervorbringen.«[68]

Was für ein Irrtum: Kaum wurden die Devisenkurse freigegeben, stürzten die Industrieländer in eine tiefe Rezession, die der Wirtschaftshistoriker Werner Abelshauser eine »kleine Weltwirtschaftskrise« genannt hat.[69] Der Kollaps von Bretton Woods löste eine Kettenreaktion aus, deren Folgen wir bis heute spüren.

Die erste Konsequenz war die »Ölkrise« von 1973, da die Scheichs nicht bereit waren, tatenlos zuzusehen, wie sie durch den fallenden Dollarkurs faktisch enteignet wurden. 1971 kostete das Barrel Öl – also 159 Liter – nur knapp zwei Dollar. Wenn der Dollar auch noch an Wert verlor, war das Öl fast umsonst. Also setzten die Ölstaaten ihre gesamte Kartellmacht ein, um den Barrelpreis nach oben zu treiben – bis er 1980 ein Rekordhoch von über 35 Dollar erreichte.[70]

Diese Preisexplosion traf die Industrieländer völlig unvorbereitet, die sich auf das billige Öl verlassen hatten, weil sie in kolonialer Attitüde davon ausgegangen waren, dass die Entwicklungsländer machtlose Rohstofflieferanten bleiben würden. Das Wirtschaftswunder der Nachkriegszeit endete abrupt: In der Bundesrepublik waren 1975 plötzlich mehr als eine Million Menschen arbeitslos, und seither wurde nie wieder Vollbeschäftigung erreicht.

Trotzdem fiel die Krise in Westdeutschland noch moderat aus, weil die D-Mark gegenüber dem Dollar aufwertete – was die Preisschübe beim Öl zum Teil kompensierte. Viel härter wurden die USA und Großbritannien getroffen, deren Währungen stark an Wert verloren, so dass sich nicht nur das Öl, sondern sämtliche Importe verteuerten. Es ist kein Zufall, dass der Neoliberalismus ausgerechnet dort seine größten Siege feierte und fast zeitgleich an die Macht gelangte: 1979 wurde Margaret Thatcher zur britischen Premierministerin gewählt, 1980 Ronald Reagan zum US-Präsidenten. Denn beide Länder steckten in einer Lohn-Preis-Spirale fest, weil die Gewerkschaften eine falsche Politik verfolgten. Sie sahen nicht, dass es sich bei der Inflation um einen »Angebotsschock« handelte, gegen den sich nichts unternehmen ließ, weil die Ölstaaten ihren knappen Rohstoff verteuerten. Stattdessen schalteten die Gewerkschaften auf Klassenkampf und wollten den Preisauftrieb kompensieren, indem sie hohe Lohnabschlüsse durchsetzten. In Großbritannien stiegen die Lohnstückkosten zum Teil um mehr als 30 Prozent pro Jahr, in den USA immerhin noch um zehn Prozent.[71]

Das Ergebnis waren extreme Inflationsraten, die zum Teil mehrere Jahre anhielten. In den USA stiegen die Preise 1974 um rund 12,3 Prozent und nach dem zweiten Ölpreisschock 1979 noch einmal um 13,3 Prozent. In Großbritannien war es sogar noch schlimmer, wo die Inflationsrate 1975 sensationelle 25 Prozent erreichte.

Im Rückblick ist es tragisch, dass die Gewerkschaften auf hohen Löhnen beharrten, denn es kam zur »Stagflation« – also zu einer Inflation mitten in der Rezession. Damit gerieten die Beschäftigten in die Defensive, sowohl programmatisch wie ökonomisch. Um zunächst beim Wettstreit der Theorien zu bleiben: Die »Stagflation« schien zu zeigen, dass sich eine Wirtschaft makroökonomisch nicht steuern lässt und Keynes sich offenbar geirrt hatte. Für die Mehrheit der Wähler war es daher naheliegend, auf die neoliberale Alternative zu setzen – und mit Reagan und Thatcher auf den freien Markt zu hoffen. Dabei hatte die Krise mit den Lehren von Keynes überhaupt nichts zu tun. Er hatte immer davor gewarnt, dass eine Inflation droht, wenn die Gehälter stärker steigen als die Produktivität der Wirtschaft.

Zugleich fehlte den Gewerkschaften eine ökonomische Exit-Strategie: Eine Inflation lässt sich nicht ignorieren, wenn sie zweistellige Prozentzahlen erreicht. Es war abzusehen, dass die Notenbanken die Zinsen energisch nach oben treiben würden. Die Folgen waren ebenso klar. Die Wirtschaft würde schrumpfen, die Arbeitslosigkeit stark steigen – und die Macht der Gewerkschaften schwinden. Die Gewerkschaften riskierten ihren eigenen Untergang, indem sie eine Geldpolitik provozierten, die ihnen nur schaden konnte.[72]

In Washington war es am 6. Oktober 1979 so weit: Der neu ernannte Fed-Chef Paul Volcker beschränkte die Geldmenge, so dass die Leitzinsen auf fast 20 Prozent stiegen. Die Inflation ging wie gewünscht zurück, doch die USA erlebten ihre schwerste Wirtschaftskrise nach dem Zweiten Weltkrieg. Es gehört zu den Treppenwitzen der Geschichte, dass Ronald Reagan recht ideologiefrei reagierte und eine Art »Keynesianismus für die Reichen« praktizierte: Er senkte die Steuern für die Spitzenverdiener, kurbelte die Militärausgaben an und produzierte ein riesiges Haushaltsdefizit. Neoliberal war an diesem Programm nur noch, dass einseitig die Vermögenden begünstigt wurden, aber ansonsten handelte es sich um klassische Konjunkturpolitik.

Doch obwohl Reagan die realökonomischen Folgen abfederte, war Volckers Intervention ein Wendepunkt in der weltweiten Finanzgeschichte: Seither ist es profitabler zu spekulieren, als in ein normales Unternehmen zu investieren.[73] Seit 1980 pumpt sich eine »Superblase« auf, wie es der berühmte Hedgefonds-Manager George Soros einmal genannt hat.[74] Diese Superblase ist übrigens noch immer nicht geplatzt, sondern hat in der Finanzkrise ab 2008 nur ein bisschen Luft abgelassen (siehe nächstes Kapitel).

Was genau war geschehen? Um Volckers Intervention zu verstehen, muss man wissen, dass er Monetarist war und an die heilsame Wirkung der Geldmenge glaubte. Er formulierte daher kein eindeutiges Zinsziel, wie es seine Vorgänger getan hatten, sondern gab stattdessen die Geldmenge vor – und ließ die Zinsen frei schwanken. Der Effekt schien zunächst der gleiche zu sein, denn natürlich stiegen die Zinsen sofort, da bei einer galoppierenden Inflation plötzlich die Geldmenge stagnierte.[75]

Doch für die Finanzbranche war es ein zentraler Unterschied, ob die Zinsen vorgegeben wurden – oder die Geldmenge, wie Volcker es tat. Der Finanzjournalist Michael Lewis hat von 1985 bis 1988 als Investmentbanker gearbeitet und die wunderbaren Zeiten an der Wall Street miterlebt, die auf den »Volcker-Schock« folgten: »Damit begann das goldene Zeitalter der Anleihespekulanten … Denn der Wechsel in der Geldpolitik bedeutete, dass ab jetzt die Zinsen wild schwanken würden. … Vor der Rede Volckers waren Anleihen konservative Anlagen, wo Investoren ihre Ersparnisse parkten, wenn sie nicht an den Aktienmärkten spekulieren wollten. Nach der Rede Volckers wurden die Anleihen zu Spekulationsobjekten.«[76]

Um den Mechanismus kurz zu erklären: Anleihen von Unternehmen oder Staaten haben eine bestimmte Laufzeit und einen festen Zinssatz. Wenn der Marktzins steigt, dann fällt der Kurs dieser Anleihen, weil sie ja nun ein vergleichsweise schlechtes Geschäft sind. Umgekehrt steigt der Kurs der Anleihen, wenn der Marktzins fällt. Wer also auf eine Zinsentwicklung spekulieren will, muss mit Anleihen handeln.

Für die Wall Street kam es aber noch viel besser: Die steigenden Zinsen sorgten dafür, dass alle Sparkassen in den USA faktisch konkursreif waren. Denn diese »Savings and Loan Associations« hatten langfristige Hypotheken zu festen Zinssätzen vergeben, die relativ niedrig lagen. Die Sparkassen hatten ja nicht ahnen können, dass die Leitzinsen plötzlich nach oben schießen würden. Nun jedoch liefen enorme Verluste auf, weil die »Savings and Loan Associations« ihre niedrigen Kreditzinsen nicht anpassen konnten, aber ihren Sparern hohe Marktzinsen bieten mussten, damit diese blieben und nicht einfach ihre Konten räumten.

Jeder Sparer kennt das: Das Geld auf einem Sparbuch lässt sich kurzfristig kündigen und dann abheben. Die amerikanischen Banken hatten also »Fristentransformation« betrieben, wie dies auf Bankdeutsch heißt. Kurzfristige Kundeneinlagen wurden als langfristige Hypothekarkredite weitergereicht. Dies ist übrigens kein Verbrechen, sondern die Aufgabe von Banken. Sie vereinen damit, was sonst unvereinbar wäre: Die Sparer wollen immer über ihr Geld verfügen können, während die Kreditnehmer langfristig planen möchten. Wenn jedoch plötzlich die Zinsen steigen, wird diese Fristentransformation zum Problem, weil die Sparer auf Wanderschaft gehen. Sie legen ihr Geld dort an, wo sie die besten Konditionen erhalten. Die »Savings and Loan Associations« mussten ihren Sparer daher attraktive Zinsen bieten, die deutlich höher lagen als die Kreditzinsen, die sie für die ausgereichten Hypotheken erhielten. Dies war der sichere Weg in die Pleite.

Genauso sicher war, dass am Ende die Steuerzahler für diese milliardenschweren Verluste aufkommen würden, weil alle Sparkassen dem staatlichen Einlagensicherungsfonds angehörten. Die Abgeordneten im US-Kongress wurden daher sofort kreativ: Um einen Massenkonkurs zu verhindern, erlaubten sie den Sparkassen, hemmungslos zu spekulieren, damit sie aus den Zinsverlusten irgendwie »herauswachsen« würden. Für diese neuartigen Aktivitäten benötigten die Sparkassen dringend die Investmentbanken an der Wall Street, denn sie selbst hatten noch nie mit raffinierten Finanzanlagen zu tun gehabt. Jede Sparkasse war auf ihren Bundesstaat beschränkt und hatte nur die örtlichen Häuslebauer mit Krediten beliefert.

Über Nacht eroberten die Investmentbanken damit einen gigantischen Markt, der ihnen bis dahin verschlossen gewesen war und der sogar den Aktienmarkt noch übertraf: Im Jahr 1980 summierten sich alle US-Hypotheken auf etwa 1,2 Billionen Dollar, und dieses enorme Vermögen der Sparkassen wurde nun der Wall Street ausgeliefert.

Hypotheken sind eigentlich höchst unattraktiv für Investmentbanken, da jeder einzelne Hauskredit viel Arbeit macht. Man muss den Wert der Immobilie und die Zahlungsfähigkeit des Kreditnehmers abschätzen. Mit diesem aufwendigen Kleinkram wollte sich die Wall Street nicht befassen, denn die Banker hatten keine Lust, durch die amerikanischen Vororte zu reisen, um Häuser zu begutachten. Sie suchten daher nach einem Trick, wie aus Tausenden von individuellen Kreditverträgen eine handelbare Ware werden konnte. Die Lösung hieß: Verbriefung.[77]

Die Hypotheken wurden gebündelt und dienten dann als Sicherheit für ein neues Papier, eine verbriefte Anleihe, die sich mühelos an Investoren veräußern ließ. Immobilien sind – wie der Name schon sagt – immobil. Doch dank dieser Verbriefungen wurde aus einer immobilen Anlage ein höchst mobiles Wertpapier, das weltweit gestreut werden konnte.

Verbriefungen an sich waren nicht neu; auch der deutsche Pfandbrief – der Name verrät es – ist eine Verbriefung. Neu war in den USA nur, dass keinerlei Sicherheitsstandards verlangt wurden. Wenn eine Bank in Deutschland einen Pfandbrief ausstellt, dann haftet sie weiterhin für dieses Papier. Zudem muss sie jeden Pfandbrief »überdecken«, muss also weit mehr Sicherheiten stellen, als der Pfandbrief wert ist.[78] In den USA hingegen waren die Banken ihre Verantwortung los, sobald sie die Anleihe platziert hatten. Auch die Hypotheken, die als Sicherheiten dienen sollten, waren oft dubios, weil die Häuslebauer kaum Eigenkapital mitbringen mussten. Falls es aber zu Ausfällen kam, gab es kein Sicherheitspolster, denn die Darlehen wurden stets zum Nennwert verbrieft.

Es setzte ein Karussell des Irrsinns ein. Erste Station: Die amerikanischen Sparkassen verkauften ihre Darlehen billigst an die Wall Street, weil sie diese niedrigverzinsten Hypotheken unbedingt loswerden wollten, die mitten in einer Hochzinsphase Verlustbringer waren. Zweite Station: Die Wall Street verbriefte diese Hypotheken und machte Anleihen daraus. Dritte Station: Die Wall Street verkaufte diese Anleihen, und zwar – das war der Clou – meist wieder an Sparkassen. Am Ende besaßen die Sparkassen also erneut jene Hypotheken, die sie früher auch schon besessen hatten, nur dass diese jetzt als Anleihen verpackt waren. Dieser abstruse Kreisverkehr hatte allein den Sinn, den Sparkassen zu ermöglichen, ihre Verluste zu verbergen.[79]

Aber es kam noch besser. Die Verluste der Sparkassen sollten nicht nur verschleiert werden, sondern die Abgeordneten in Washington wollten auch langfristig vermeiden, dass die Steuerzahler für die Pleitekassen einspringen mussten. Also wurde den Kassen erlaubt, in fast jedes Geschäft einzusteigen, damit sie Spekulationsgewinne einfuhren – selbst »Junk Bonds« durften sie kaufen.

Viele Instrumente auf den Finanzmärkten sind uralt, aber die Junk Bonds waren tatsächlich eine neue Entwicklung. Erfunden hatte sie Michael Milken, der es damit zum Milliardär brachte und selbst heute noch Milliardär ist, obwohl er 1989 wegen Finanzbetrugs angeklagt wurde. »Junk Bonds« sind, wie der Name schon sagt, Ramschanleihen von Firmen, die ursprünglich niemand haben wollte, weil sie von den Ratingagenturen schlechte Noten bekommen hatten und daher als zu riskant galten. Erst Milken entdeckte, dass Junk Bonds weitaus profitabler sein können als die sicheren Anleihen von Topunternehmen.

Milkens Milliardencoup basierte auf einer schlichten Beobachtung, die trotzdem bis dahin noch niemandem aufgefallen war: Es konnte sich gar nicht lohnen, »sichere« Anleihen von Topunternehmen zu kaufen, weil der Ertrag nicht zum Risiko passte. Ausgerechnet die »Sicherheit« war nämlich das Problem. Sie musste mit niedrigen Zinsen erkauft werden, obwohl sich die Bonität dieser Anleihen nur in eine Richtung entwickeln konnte – nach unten. Spitzenunternehmen konnten nicht mehr besser werden, weil Spitze eben Spitze ist, aber es bestand immer die Gefahr, dass diese Firmen in Schwierigkeiten gerieten und zu einem »fallen angel« würden. Es handelte sich also um ein Geschäftsmodell für Dummköpfe, wie Milken fand: Ein relativ hohes Abwärtsrisiko wurde nur mit niedrigen Zinsen vergütet.

Viel lukrativer waren hingegen die Junk Bonds: Dort mussten die Firmen hohe Zinsen zahlen, um überhaupt Kreditgeber zu finden. Hinzu kam die reale Chance, dass die Betriebe besser waren als ihr Ruf – und die Anleihen im Wert steigen würden. Zwar bestand das Risiko, dass die Firmen ihre Schulden nicht bedienen könnten. Aber dieses Szenario war weitaus weniger bedrohlich, als viele dachten. Sobald ein Unternehmen seine Zinsen nicht mehr zahlte, erhielten die Gläubiger das Recht, eine Zwangsvollstreckung anzusetzen und die Firma zu liquidieren. Oft waren die Unternehmen mehr wert, als sie Schulden hatten, so dass selbst der Konkurs noch zum Gewinn für die Junk-Anleger werden konnte.

Der Plan war so genial, dass Milken wenig Mühe hatte, geneigte Spekulanten zu finden. Der Markt für Junk Bonds explodierte. Zwischen 1980 und 1987 wurden Ramschanleihen im Wert von 53 Milliarden Dollar emittiert, aber selbst dies reichte nicht, denn nun wollte jede Sparkasse Junk Bonds haben, so dass künstlich neue Schrottpapiere geschaffen werden mussten.

Um das Angebot an Junk Bonds zu erhöhen, entwickelte Milken eine Strategie, die die Welt der Unternehmen bis heute verändert hat: Er organisierte feindliche Übernahmen, die er mit Krediten finanzierte. Am liebsten attackierte er solide Firmen, die an der Börse unterbewertet waren. Profitable Geschäftsteile wurden verkauft, und der Torso des Unternehmens wurde mit genau jenen Krediten belastet, die den Kauf ermöglicht hatten. Diese Kredite waren jetzt tatsächlich nur noch Junk Bonds, denn aus erstklassigen Firmen hatte Milken gezielt »fallen angels« gemacht.[80]

Milken blieb natürlich nicht allein, sondern wurde vielfach von anderen Investmentbankern kopiert. Der Typus des »Corporate Raider« war geboren, wofür es keine gute deutsche Übersetzung gibt. Wörtlich wäre es »Unternehmensräuber«, doch stattdessen hat sich in Deutschland der unpräzise Totschlagbegriff »Heuschrecke« eingebürgert.

Im Rückblick ist es noch immer erstaunlich, wie schnell eine neue Kultur der Gier entstand. Die Finanzmärkte wurden in den USA erst ab 1980 dereguliert – und schon wenige Jahre später war der Wandel an der Wall Street derart offensichtlich, dass erste Bücher und Filme entstanden, um die Machenschaften zu beschreiben. Am berühmtesten wurde der Film *Wall Street* (1987), aber das Thema drang bis in die Romanzen vor: In *Pretty Woman* (1990) verliebten sich eine Prostituierte und ein Corporate Raider mit dem tröstlichen Nebeneffekt, dass ein traditionsreiches Familienunternehmen doch nicht zerschlagen wird.[81]

Aber nicht nur die Anleihen – ob Junk Bonds oder verbriefte Hypotheken – wurden zu neuen Spekulationsobjekten, mit denen sich die Investmentbanker bereichern konnten. Mindestens genauso wichtig war die wilde Welt der Derivate, die zeitgleich entstand. Derivate gab es schon in der Antike, wie in Kapitel 13 geschildert, aber bisher wurden sie vor allem von Bauern genutzt, um sich gegen Preisschwankungen abzusichern. Dafür war 1874 die erste Warenterminbörse in Chicago gegründet worden, von der sich 1898 vorübergehend ein »Butter and Egg Board« abgespalten hatte. Dieser Name sagte schon alles: Es ging um Terminkontrakte für Butter, Eier und Schweinebäuche. So langweilig können Futures sein.

Die große Zeit der Derivate kam erst, nachdem 1973 das Währungssystem von Bretton Woods zusammengebrochen war. Plötzlich schwankten die Zinsen, Ölpreise und Devisenkurse. Dagegen mussten sich viele Firmen absichern: Exportunternehmen in Deutschland wollten wissen, was der Dollar in drei Monaten wert sein würde, wenn ihr amerikanischer Kunde zahlte. Fluglinien benötigten eine Kalkulationsbasis für das Öl, das sie verbrauchten. Betriebe, die Zahlungsziele vereinbarten, wollten einen stabilen Zins. Terminkontrakte wurden jetzt nicht nur für Getreide benötigt, sondern auch für Rohstoffe, Währungen und Kredite. Kaum fingen die Behörden an, Derivate zuzulassen, erlaubten sie schließlich alles: Seit 1982 durften auch Terminkontrakte auf Aktien abgeschlossen werden, obwohl dies keinen volkswirtschaftlichen Sinn hatte und allein der Spekulation diente. Aber dies störte nicht in einer Zeit, als man an die höhere Weisheit der Finanzmärkte glaubte.

Der Umsatz mit Derivaten explodierte, wobei selbst »explodiert« ein zu schwaches Wort ist, um das Wachstum dieses Marktes zu beschreiben. Um kurz in die Gegenwart zu springen: Im Juni 2014 betrug der Nominalwert der außerbörslich gehandelten Derivate 691,5 Billionen Dollar, deren Marktwert bei 17,4 Billionen Dollar lag.[82] Zur Erklärung: Der Nominalwert beschreibt das Grundgeschäft, auf das sich das Derivat bezieht – während der Marktwert den Preis bezeichnet, zu denen die Derivate gekauft oder veräußert werden. Die Derivate haben sich von der realen Produktion längst entkoppelt, denn die weltweite Wirtschaftsleistung betrug 2014 nur rund 77 Billionen Dollar.

Derivate sind für Spekulanten so attraktiv, weil sich mit geringem Kapitaleinsatz extrem hohe Gewinne einfahren lassen – wenn man Glück hat. Haben die Spekulanten Pech, laufen leider ebenso enorme Verluste auf. Der Finanzjournalist Michael Lewis verglich die Derivate daher mit »einem Superchip in einem Kasino, der 1 000 Dollar wert ist, aber nur drei Dollar kostet. Allerdings gibt es in einem Kasino keine Superchips; für Optionen und Futures existiert keine Entsprechung in der Welt des professionellen Glücksspiels, weil echte Kasinos das Risiko als zu hoch einschätzen würden.«[83]

Wie alle Wetten sind Derivate zunächst einmal Null-Summen-Spiele. Was der eine Partner gewinnt, verliert der andere. Trotzdem sind die Derivatgeschäfte leider nicht so folgenlos wie ein Pokerspiel in der Kneipe, das am nächsten Morgen oft vergessen ist. Denn anders als sonstige Null-Summen-Spiele wirkt das Derivatgeschäft auf die Realwirtschaft zurück. Die Wetten verzerren die Kurse und lassen sie wild pendeln. Ob Rohstoffe, Währungen oder Zinsen – alle Preise sind permanent in Bewegung, obwohl sich in der echten Welt meist nichts geändert hat. Im Bankendeutsch: Die Derivate erhöhen die Volatilität der Kurse.

Diese Kursausschläge sind völlig irrational und für niemanden zu kalkulieren, weswegen die normalen Unternehmen gezwungen sind, sich gegen die Schwankungen abzusichern. Sie erwerben daher Derivate, was Provisionen kostet, die wiederum den Banken zufließen. Die Investmentbanken betreiben also nicht nur Wettgeschäfte auf eigene Rechnung, sondern kassieren auch noch eine Art Sondersteuer von der Realwirtschaft, die sich gegen die Finanzturbulenzen schützen muss, die die Banken selbst erzeugen.

Allein mit dem Derivatehandel haben die US-Investmentbanken im Jahr 2014 rund 50 Milliarden Dollar verdient, wobei sich 93 Prozent dieses Geschäfts auf nur vier Großbanken konzentrieren.[84] Aber natürlich kassieren die Banken nicht nur bei den Derivaten. Der französische Ökonom Thomas Philippon hat kürzlich zu berechnen versucht, wie hoch die Erträge insgesamt sind, die die Banken für sich abzweigen, indem sie ihre Dienste dem Rest der Wirtschaft aufnötigen. Ergebnis: 1980 betrug das Einkommen der »Finanzindustrie« etwa fünf Prozent der US-Wirtschaftsleistung. 2010 waren es mehr als acht Prozent.[85] Dieses Plus von drei Prozent ist derzeit etwa 525 Milliarden Dollar wert – jährlich.[86] Die Investmentbanken sind die einzige Branche auf dieser Welt, die ihren Markt so manipulieren kann, dass Gewinne garantiert sind. Schon dies zeigt, dass die »Finanzmärkte« keine wirklichen Märkte sind.

Die meisten Investmentbanker neigen dazu, sich selbst für Genies zu halten, weil sie so viel Geld verdienen. Dies ist jedoch ein Irrtum. Die Gewinne entstehen nicht, weil die Bonusjäger allesamt so raffiniert und kundig wären, sondern ein großer Teil dieser Profite sprudelt von selbst, zumal wenn sich eine Spekulationsblase aufbaut. Kurse und Umsätze steigen, weil Geld ins System gepumpt wird – in Form von Krediten. Dieser Finanzstrom fließt als erstes bei den Investmentbankern vorbei, die davon Millionen und Milliarden zu sich selbst umlenken.

Dass Investmentbanker nicht viel wissen müssen, zeigte sich schon zu Beginn des Finanzbooms ab 1980. »Niemals zuvor haben so viele unerfahrene 24-Jährige so viel Geld in so kurzer Zeit gemacht«, schrieb Michael Lewis später über diese Zeit. Er selbst war auch 24 Jahre alt, als er bei der Investmentbank Salomon Brothers anfing, und hatte vorher ganze zwei Jahre Wirtschaft an der London School of Economics studiert. »Ich wusste nichts. Ich hatte noch nie Geld verwaltet. Ich hatte noch nie richtiges Geld verdient. Ich kannte auch niemanden, der jemals echtes Geld verdient hätte, nur einige Erben. Trotzdem gab ich mich selbst als einen großen Finanzexperten aus. Ich erzählte Kunden, was sie mit Millionen von Dollar tun sollten, obwohl die größte finanzielle Komplikation, die ich je erlebt hatte, eine Kontoüberziehung von 325 Dollar bei der Chase Manhattan Bank gewesen war. Das einzige, was mich damals in der Anfangszeit bei Salomon gerettet hat, war die Tatsache, dass die Leute, mit denen ich zu tun hatte, sogar noch weniger wussten als ich.«[87]

Anleihen und Derivate waren damals der heiße Tipp an der Wall Street, aber natürlich wurde auch mit Aktien spekuliert. Allein zwischen 1982 und 1987 legte der amerikanische Aktienindex Dow Jones von 776,92 auf 2 722,42 Punkte zu. Dieser kollektive Goldrausch war einigen Beobachtern von Anfang an unheimlich, und zu den Warnern gehörte der Investmentbanker Henry Kaufman, der bald den Spitznamen »Dr. Doom« (Dr. Untergang) erhielt, weil er ständig einen Crash prophezeite und vor den Kreditbergen warnte, die die Wall Street aufgehäuft hatte. Solche Mahner gibt es vor jeder Krise: 20 Jahre später war es der Ökonom Nouriel Roubini, der »Dr. Doom« getauft wurde, weil er die Subprime-Pleite von 2008 kommen sah. In der Wirtschaft wiederholt sich Geschichte nicht als Farce, wie Marx behauptet hatte, sondern als banale Kopie.

Im übrigen musste man kein Experte sein, um einen Crash vorherzusehen. Selbst die linksalternative tageszeitung (taz) – wahrlich kein Zentralorgan für Investoren – schrieb im Januar 1987 spöttisch, dass man sich »an das jeglichen Realitätssinn entbehrende Spekulationsfieber der späten 20er Jahre erinnert« fühle.[88] Am »schwarzen Montag«, am 19. Oktober 1987, war es schließlich so weit: Der Dow Jones verlor an einem einzigen Tag 22,6 Prozent seines Wertes, was bis heute ein einsamer Rekord ist. Allerdings blieb dieser Einbruch weitgehend folgenlos – zumindest an der Börse. Die Kurse erholten sich recht schnell, und bereits 1990 hatte der Dow Jones wieder seinen alten Höchststand erreicht.

Abseits der Börsen begann jedoch das große Gemetzel, denn es war nicht mehr zu übersehen, dass viele amerikanische Sparkassen abgewickelt werden mussten. Der Plan, dass sie sich aus ihren Zinsverlusten »herausspekulieren« sollten, war nicht aufgegangen – stattdessen hatten sie weitere Verluste aufgehäuft. Mit ihren verbrieften Hypotheken hatten sie einen Immobilienboom angefacht, der nun überall Ruinen hinterließ, weil viele dieser neugebauten Häuser und Einkaufszentren leer standen. Zudem zeigte sich, dass der Name »Junk Bond« allzu passend war: Es handelte sich tatsächlich um Ramschanleihen. Die Hälfte aller Firmen, die Junk Bonds ausgegeben hatten, ging pleite und riss die Sparkassen mit in ihren Untergang.[89] Der Massenkonkurs der Saving and Loans Associations kostete am Ende 153 Milliarden Dollar, wovon die amerikanischen Steuerzahler 124 Milliarden tragen mussten.[90] Dies entsprach etwa zwei Prozent der damaligen US-Wirtschaftsleistung, was heute umgerechnet 350 Milliarden Dollar wären.

Der eigentliche Schaden taucht in dieser Rechnung jedoch nicht auf: Mit den verlorenen Milliarden sind die Investmentbanken an der Wall Street zu neuer Macht herangezüchtet worden. Seither sind sie die »Global Players«, die weltweit die Regeln diktieren. Als

»Amerikanisierung der globalen Finanzmärkte« hat dies der Investmentbanker Henry Kaufman kritisiert, obwohl er selbst davon profitierte.[91]

Unter der Ägide der USA setzte sich ab 1980 eine neue Spielanordnung durch. Seither ist es rentabler, im Finanzkasino zu spekulieren, als bieder Waren herzustellen und zu verkaufen. Die Investmentbanken wurden zu den profitabelsten Unternehmen der Welt, während die Gewinne in der Realwirtschaft im Vergleich abnahmen. Die großen Firmen zogen daraus eine naheliegende Konsequenz: Auch sie wurden zu Finanzkonzernen. So hat sich General Electric inzwischen eine eigene Bank namens »GE Capital« zugelegt, die auch in Deutschland aktiv ist und die 2013 etwa 40 Prozent des Konzernumsatzes erwirtschaftete.[92]

Die Investmentbanken betreiben ein eigenartiges Geschäft: Sie verwandeln Geld in Geld, das nur die Form wechselt. Bankguthaben werden in Devisen werden in Aktien werden in Anleihen werden in Rohstoffderivate getauscht.[93] Eigentlich kann bei diesem Ringelpiez weder Wert noch Gewinn entstehen, weil es sich um Null-Summen-Spiele handelt. Wenn dennoch exorbitante Vermögenszuwächse und Profite anfallen, dann muss dieses Geld entweder als Sondersteuer bei der Realwirtschaft abgeschöpft – oder aber künstlich erzeugt werden. Nur ein permanenter Strom von neuen Krediten kann die Illusion erzeugen, dass es zu ebenso permanenten »Wertsteigerungen« kommt.

Dieser Reichtum existiert jedoch nur auf dem Papier oder – genauer – als Bytes in irgendeinem Computer. Denn der reale Reichtum einer Gesellschaft besteht in den Waren und Dienstleistungen, die sie jährlich erzeugt. Doch diese Wirtschaftsleistung legte nur langsam zu, während sich die auf Kredit finanzierte »Superblase« (Soros) beim Vermögen rasant aufpumpte.

Ganz störungsfrei funktionierte diese Kreditmaschine zwar nicht, denn für die Jahre 1970 bis 2011 zählt der Internationale Währungsfonds (IWF) 147 Bankenkrisen, 218 Währungskrisen und 66 Staatsschuldenkrisen.[94] Aber die Turbulenzen ereigneten sich meist in der Peripherie – in Lateinamerika, in Asien oder in Russland –, während es der Wall Street blendend ging. Den absoluten Wendepunkt markierte erst das Jahr 2000. Seither ist die »Superblase« so stark aufgepumpt, dass sie sich kaum noch ausdehnen lässt und jederzeit platzen kann. Viele Investmentbanker wollen es zwar nicht wahrhaben, aber ihre Epoche geht zu Ende.

Wie sehr das Finanzgebäude schwankt, das die Investmentbanker errichtet haben, zeigt ein Vergleich mit dem Jahr 1929. Damals entsprach der Wert aller amerikanischen Aktien etwa der jährlichen US-Wirtschaftsleistung. Ganz genau betrug der Faktor 1,1 – und dies war schon viel zu viel, sonst wäre die Börse damals nicht kollabiert. Im Frühjahr 2000 hingegen war der Wert aller US-Aktien noch stärker angeschwollen und war 1,7-mal so hoch wie die jährliche Wirtschaftsleistung des Landes.[95] Ein riesiger Finanzberg virtueller Werte hatte sich aufgetürmt, und seit dem Jahr 2000 sind Regierungen und Notenbanken nur noch damit beschäftigt, diesen Berg zu stabilisieren, damit er nicht wie eine Lawine niedergeht und die reale Wirtschaft unter sich begräbt.

17 Die Finanzkrise ab 2007: Die Pleite einer Bank war keine gute Idee

Das neue Jahrtausend begann mit einem ungewöhnlichen Phänomen: Innerhalb von nur sieben Jahren kam es gleich zwei Mal zum Crash. Beide Krisen gingen von den USA aus und erfassten dann die ganze westliche Welt: Anfang 2000 platzte die »Dotcom-Blase«, und ab 2007 brach die »Subprime-Krise« aus. Noch nie war eine Finanzkrise so schnell auf die nächste gefolgt – wie ist dieser Negativrekord zu erklären?

Der Crash im Jahr 2000 verlief noch nach bekannten Mustern: Viel zu spät bemerkten die Anleger, dass sie das angebliche Wunder namens Internet überschätzt hatten und dass es keine »New Economy« geben würde. Es kam zur üblichen Panik, als jeder Investor versuchte, seine Aktien möglichst schnell zu veräußern. Die Kurse verfielen rasant; der deutsche Aktienindex DAX rutschte von 8070 Punkten im März 2000 auf nur noch 2204 Punkte im März 2003. In den USA war es nicht besser, dort wurde an den Börsen ein Aktienvermögen von mehr als fünf Billionen Dollar vernichtet.[96]

Die US-Notenbank Fed reagierte sofort und senkte die Leitzinsen kontinuierlich, bis diese nur noch ein Prozent betrugen. Zunächst schien die Geldpolitik sogar zu funktionieren, denn trotz der immensen Aktienverluste fiel die Rezession in den USA mild aus. Diese Pause war jedoch nur kurz, und ab Februar 2007 knallte es erneut: Dieses Mal platzte eine Immobilienblase.

Die Finanzkrise, die 2007 begann, war nicht nur ungewöhnlich, weil sie so schnell auf den Crash von 2000 folgte. Genauso erstaunlich war, dass sich erstmals eine Blase aufgepumpt hatte, ohne dass es eine scheinbar plausible »Story« gab. Bei den Krisen von 1873 und 1929 hatte man auf die Eisenbahn oder auf das Radio und das

Flugzeug gesetzt. Bei den »Junk Bonds« in den 1980ern war immerhin der neoliberale Glaube an den freien Markt neu gewesen, und vor dem Crash 2000 hatte man wenigstens noch vom Internet und einer »New Economy« geträumt. Diese Stories waren zwar allesamt unrealistisch, aber sie hatten für Euphorie bei den Anlegern und Investmentbankern gesorgt. Diesmal jedoch wussten die eingeweihten Investmentbanker fast von Anfang an, dass eine neue Blase entstand. Optimismus kam gar nicht erst auf, sondern es regierte gleich der Zynismus.

Blasen können sich nur bilden, wenn Kredite fließen. Diesmal waren Darlehen so billig wie noch nie und faktisch umsonst – zumindest für die Banken. Denn der Leitzins von nur einem Prozent lag unter der Inflation in den USA, so dass der Realzins negativ war. Bankkunden mussten zwar deutlich mehr zahlen, aber auch für sie sanken die Zinsen, so dass es sich zu lohnen schien, neue Hypotheken aufzunehmen oder aber alte Kredite neu zu finanzieren.

Die Kreditvergabe explodierte und erreichte ein nie gekanntes Ausmaß. 2001 hatte das Volumen aller Hypotheken in den USA bei 5,3 Billionen Dollar gelegen; 2007 waren es 10,5 Billionen. Schon als nackte Zahlen sind diese Summen eindrucksvoll, aber im historischen Vergleich werden sie noch sensationeller: »In nur sechs Jahren stiegen die Hypothekenschulden der amerikanischen Haushalte fast so stark wie im Laufe der mehr als 200-jährigen Geschichte unseres Landes«, stellte die Untersuchungskommission des US-Repräsentantenhauses später schockiert fest.[97]

Doch nicht nur das Kreditvolumen verdoppelte sich – auch die Immobilienpreise wuchsen zwischen 1996 und 2006 knapp um das Zweifache. Ein derartiger Preisanstieg ist immer ein Alarmsignal, denn im Normalfall schwanken Immobilienpreise kaum, wenn man die Inflation herausrechnet. Der Wert von Häusern bleibt stabil, weil sich Angebot und Nachfrage mittelfristig ausgleichen: Wenn der Bedarf an Wohnraum steigt, werden neue Häuser gebaut. Einzelne Lagen, wie etwa in einer Innenstadt, können natürlich dauerhaft teurer werden, weil sich diese Grundstücke nicht beliebig vermehren lassen. Aber insgesamt, über ein ganzes Land gerechnet, pendeln sich die Immobilienpreise normalerweise ein. Auch in den

USA waren die Häuser in dem Jahrhundert von 1891 bis 1996 nur um 27 Prozent teurer geworden, wenn man die Inflation berücksichtigt.[98] Daher hätte die Aufsicht sofort einschreiten müssen, als es ab 2003 plötzlich zu einer Explosion der Immobilienpreise kam. Für die Investmentbanken war vor allem die Fed in New York zuständig, die damals von Timothy Geithner geleitet wurde. Ihm schadete es übrigens nicht, dass er die Finanzkrise nicht hatte kommen sehen: Der neugewählte US-Präsident Obama ernannte ihn 2008 zu seinem Finanzminister.

Warnzeichen gab es jedenfalls genug, so dass selbst Laien ein mulmiges Gefühl hatten. Viele Amerikaner ahnten, dass der Häuserboom höchst eigenartig war. Bereits zwischen Januar 2004 und Sommer 2005 verzehnfachten sich bei Google die Suchanfragen zum Begriff »Immobilienblase«, und auch die US-Medien entdeckten das Phänomen und erwähnten es im Jahr 2005 bereits 3447-mal.[99] Selbst jenseits des Atlantiks erkannte man früh, dass sich in den USA die nächste Krise anbahnte. Ab 2005 diskutierten auch deutsche Medien, ob sich eine Immobilienblase in den USA aufpumpte.

Ebenso warnten offizielle Stellen. Dazu gehörten der Internationale Währungsfonds und das FBI, das schon 2004 darauf hinwies, dass es bei den Hypotheken gehäuft zum »Betrug« käme. Trotzdem unterschätzten Amerikaner und Europäer die Gefahr, weil die Banken erneut Verbriefungen nutzten, um das Risiko zu kaschieren.

Verbriefungen hatten bereits in den 1980er Jahren bei den amerikanischen Sparkassen enorme Schäden verursacht, woran sich aber offenbar niemand erinnern wollte. Bis heute wird oft der Eindruck vermittelt, als sei die Finanzkrise eine völlig neuartige Erscheinung gewesen, die durch ebenso neuartige Finanzinstrumente ausgelöst worden sei. Dies ist falsch. Die Finanzkrise ab 2007 war meist ein Déjà-vu. Diese Kontinuität hatte ihre eigene biographische Ironie: An der Wall Street waren 20 Jahre später immer noch die gleichen Personen tätig, die ihre alten Ideen aus der Sparkassenkrise nur neu verpackten.

Die Verbriefung, wie schon in Kapitel 16 erklärt, bündelt viele Einzelkredite und macht daraus neue Wertpapiere, die sich weltweit verhökern lassen. Dieses Instrument allein hätte jedoch nicht ausgereicht, um diesmal einen Kreditboom auszulösen. Damit Investoren bereit waren, diese Ramschpapiere zu kaufen, musste ein Mechanismus hinzukommen, der aus objektiv riskanten Darlehen scheinbar sichere Anlagen machte. Der Trick bestand darin, die Anleihen nach Bonitätskriterien zu »strukturieren«. Man bildete drei Tranchen: Die unterste Tranche war die sogenannte Equity-Tranche, auf die alles Risiko abgewälzt wurde. Sollten Hypotheken ausfallen, die sich in dem Sammelsurium einer Verbriefung befanden, würden diese Verluste als erstes von der Equity-Tranche getragen. Als nächstes kam die »Mezzanine«-Tranche und zuletzt die »Senior«-Tranche. Nach dieser Logik waren die Senior-Tranchen bombensichere Anlagen, die von den Ratingagenturen prompt die Bestnote AAA erhielten.

Diese erste Stufe der Verbriefungen hieß »Mortgage Backed Securities« (MBS), zu deutsch »Durch Hypotheken besicherte Anleihen«. Blieb nur das Problem, dass die Mezzanine-Tranchen so schlechte Ratings hatten, dass viele Anleger davor zurückschreckten, sie zu kaufen. Also mussten diese Ramschpapiere nochmals gebündelt, verbrieft und in Tranchen geteilt werden. Diese Papiere höherer Ordnung nannten sich dann »Collateralized Debt Obligations« (CDO), zu deutsch »besicherte Schuldverschreibung«. Auch bei diesen Papieren gab es drei Bonitätstranchen, was den wundersamen Effekt hatte, dass die Mezzanine-Tranche eines MBS-Papieres plötzlich zur Senior-Tranche einer CDO-Anleihe aufsteigen konnte, die dann ebenfalls ein AAA-Rating erhielt. Durch immer neue Verbriefungen verschwand das Risiko unauffällig ins Nichts, und aus Ramschanlagen wurden scheinbar erstklassige Vermögenstitel gebastelt.[100]

Die Untersuchungskommission des US-Repräsentantenhauses hat später versucht, die Karriere einzelner CDOs nachzuvollziehen. »Kleros III«, zum Beispiel, wurde von der Citigroup strukturiert. Bei diesen neuen Papieren wurden Hypothekenverbriefungen im Wert von 975 Milliarden Dollar gebündelt, wovon 45 Prozent minderwertige Tranchen waren und ein niedriges Rating hatten. 16 Prozent besaßen ein mittleres Rating und nur 39 Prozent ein gutes Rating. Doch nachdem diese Papiere nochmals durch den Fleischwolf gedreht und in neue CDO-Tranchen verpackt worden waren, verfügten plötzlich 88 Prozent der »Kleros-III«-Papiere über die Bestnote AAA.[101]

Auch die »Strukturierung« von Krediten in unterschiedliche Risikotranchen war übrigens keine neue Erfindung, sondern bereits von Michael Milken 1987 genutzt worden, um seine »Junk Bonds« zu basteln.[102] Neu war diesmal nur, dass dieser Müll versichert werden konnte: durch Kreditausfallversicherungen namens »Credit Default Swaps« (CDS).

Die Kreditversicherung als solche ist ebenfalls keine moderne Idee, sondern wurde bereits im 17. Jahrhundert von europäischen Fernhändlern verwendet.[103] Anders war diesmal jedoch, dass es sich bei den CDS nicht um klassische Versicherungen handelte, sondern um Derivate. Erfunden wurden die CDS in den 1990er Jahren und hatten aus der Sicht der Investmentbanken zwei Vorteile, die eine normale Versicherung nicht bieten konnte. Erstens: Die CDS unterlagen nicht der Versicherungsaufsicht, und es war daher auch nicht erforderlich, Reserven zu bilden für den Fall, dass ein Schaden eintrat. Zweitens: CDS eigneten sich bestens zur Spekulation, denn diese Derivate ließen sich auch dann in Umlauf bringen, wenn man die Papiere gar nicht besaß, die mit diesen CDS angeblich versichert werden sollten. Später wurde der Vergleich berühmt, dass die CDS so funktionierten, als würde man eine Feuerversicherung auf das Haus des Nachbarn abschließen.

Zu Beginn der Hypothekenblase wurden die CDS jedoch noch nicht zur reinen Spekulation verwendet, sondern dienten tatsächlich dazu, die Ramschpapiere zu versichern. Die Ratingagenturen waren begeistert, denn nun schienen die diversen MBS- und CDO-Papiere gleich dreifach geschützt: Durch das Prinzip der Verbriefung wirkte das Risiko breit gestreut, zudem schien es durch die verschiedenen Tranchen gestaffelt – und außerdem waren viele dieser Papiere durch CDS-Kontrakte abgesichert.

Die Ratingagenturen vergaben daher ihre Bestnote sehr großzügig. In den Jahren 2000 bis 2007 klebte die Agentur Moody's ihr wertvolles AAA auf fast 45 000 Hypothekarverbriefungen der MBS- und CDO-Variante, obwohl die Bestnote eigentlich sehr selten ist und nur wenigen Weltkonzernen gewährt wird. Selbst die hochprofitable Computerfirma Apple hat derzeit kein Toprating. Aber bei den Schachtelpapieren kannte Moody's keine Hemmungen mehr; im Jahr 2006 wurden an jedem einzelnen Arbeitstag 30 Verbriefungen mit der Bestnote ausgestattet.[104] Dies war reine Fließbandarbeit, aber hochbezahlt.

Aufseher, Ratingagenturen und Investmentbanker unterlagen dem Irrtum, dass sich Risiko »diversifizieren« ließe. Doch das Risiko nimmt nicht ab, sondern bleibt im System und verteilt sich nur anders. Wieder einmal wurde Betriebswirtschaft mit Volkswirtschaft verwechselt. Der einzelne kann sein Risiko natürlich verringern, indem er sich versichert. Aber die Gesamtwahrscheinlichkeit eines Schadens verändert sich dadurch nicht, sondern wird nur von einer Bank zur nächsten verschoben.

Die Kreditverwurstungsmaschine konnte nur auf Hochtouren laufen, solange sie ständig mit neuen Krediten gefüttert wurde. Anfangs war es kein Problem, Darlehen zu vertreiben, weil sich bei vielen Amerikanern ein enormer Finanzbedarf aufgestaut hatte. Die mittleren Realeinkommen in den USA waren seit 1970 kaum noch gestiegen – während das reichste eine Prozent der Bevölkerung sein Einkommen vervierfacht hatte und Millionen verdiente.[105] Die amerikanische Mittelschicht hingegen hatte oft Mühe, die Universitätsausbildung ihrer Kinder zu finanzieren oder Arztrechnungen zu begleichen. Da kamen die billigen Kredite sehr gelegen, die zudem risikolos erschienen, weil zugleich die Hauspreise stiegen.

Der Zustrom an seriösen Kunden reichte dennoch nicht aus, um genügend Kredite zu erzeugen, die sich anschließend verbriefen ließen. Die Investmentbanken übertrugen daher die Idee der »Junk Bonds« auf den Hypothekenmarkt und warben aggressiv um Kunden, die eigentlich als »subprime« abgestempelt waren, also als zweitklassig, weil ihr Verdienst zu kümmerlich war, um ein Haus zu kaufen oder ein Darlehen abzuzahlen. Im nachhinein ist das Label »Ninja« weltberühmt geworden, das für »no income, no job, no assets« steht – also für »kein Einkommen, keine Stelle und kein Vermögen«.

Diese Subprime-Kredite trieben die Investmentbanken nicht selbst ein, sondern überließen dies gern selbständigen Hypothekenmaklern. Der plötzlich boomende Berufszweig zog auch Kriminelle an, wie die Untersuchungskommission später akribisch festhielt: »Mehr als 200 000 neue Hypothekenmakler nahmen ihre Tätigkeit auf ... Allein in Florida waren darunter mindestens 10 500 Personen, die eine Vorstrafe aufwiesen. Davon waren 4 065 wegen solcher Delikte wie Betrug, Bankraub, organisiertem Verbrechen und Erpressung verurteilt worden.«[106]

Trotz aller Tricks trocknete die Kreditzufuhr im Jahr 2005 schon wieder aus. Der US-Notenbank war die Schuldenexplosion unheimlich geworden, so dass sie die Leitzinsen langsam wieder anhob. Für die meisten Amerikaner wurde es somit teurer, Kredite aufzunehmen, was wiederum dazu führte, dass die Immobilienpreise kaum noch stiegen. Das große Spekulationsrad drehte sich langsamer und schien beinahe schon stillzustehen.

Die Investmentbanken ließen sich jedoch nicht schrecken. Wenn es zu wenig echte Kredite gab, musste man sie eben imitieren. Sie erfanden ein neues Produkt: den »synthetischen CDO«. Diese Papiere bestanden nicht mehr aus verbrieften Hypotheken wie die echten CDOs, sondern nur noch aus Kreditausfallversicherungen, und diese CDS-Derivate wurden so gebündelt, dass sie die Zahlungsströme von CDOs abbilden sollten.[107] Es handelte sich also um komplex konstruierte Wetten.

Für die Investmentbanken brach eine wunderbare Zeit an. Endlich waren sie der realen Welt entkommen und mussten sich nicht mehr der lästigen Aufgabe widmen, einzelne Hypotheken anzukaufen, zu bündeln und zu tranchieren, was meist Monate beanspruchte. Stattdessen konnten sie in einer fiktiven Realität echte Gewinne erzeugen. Denn die Gewinne waren echt – weil die Verluste später von den Steuerzahlern getragen werden mussten.

Dass Verluste auflaufen würden, war spätestens Anfang 2007 offensichtlich, als bereits 14 Prozent der Subprime-Kredite nicht mehr bedient wurden. Das Schicksal der arbeitslosen Gabelstaplerfahrerin Diane Brimmings war typisch: 1998 hatte sie ein kleines Haus in Alton, Illinois, auf Kredit gekauft und sich 2003 von einem Hypothekenmakler überreden lassen, dieses Darlehen umzuschichten und mit einem variablen Zinssatz zu versehen. Dank des neuen Kredits war Brimmings in der Lage, ihr Auto reparieren zu lassen und Arztrechnungen zu bezahlen. Wenige Jahre später wurde der variable Zins jedoch zum Verhängnis, denn er stieg von ehemals 6,3 auf 11,25 Prozent, was die monatlichen Raten wiederum von 414 auf 691 Dollar trieb. Dieses Geld hatte Brimmings nicht, obwohl sich der Gesamtkredit auf magere 65 000 Dollar belief.[108]

Im Laufe des Jahres 2007 wurden die Ausfälle im Subprime-Sektor immer größer, doch noch machten sich die meisten Ökonomen keine Sorgen. Der heutige Chefvolkswirt des Internationalen Währungsfonds, Olivier Blanchard, arbeitete damals an der fünften Auflage seines Standardlehrbuchs zur Makroökonomie und diskutierte dort nonchalant, welche ökonomischen Szenarien sich demnächst ergeben könnten. Das Wort Finanzkrise kam nirgends vor. Stattdessen beschrieb Blanchard eine pessimistische und eine optimistische Variante für die Zukunft, die beide erstaunlich harmlos waren: »Wer eine Rezession erwartet, dürfte auf die Bauindustrie hinweisen: Bis 2006 entwickelte sie sich sehr robust, doch jetzt ist sie eingebrochen. ... Andere sind optimistischer. ... Selbst wenn die sinkenden Hauspreise zu einem Einbruch bei der Bauindustrie und verringertem Konsum führen sollten, könnte die Fed die Leitzinsen senken, um die Nachfrage zu stimulieren und eine Rezession zu vermeiden.«[109]

Diese Analyse war bekanntlich völlig falsch, und zwar in beiden Versionen. Es kam nicht zu einer kleinen Rezession, sondern zeitweise brach die gesamte Weltwirtschaft zusammen. Warum haben selbst berühmte Ökonomen die Gefahren unterschätzt?

Ein Grund: Die Schäden bei den Banken waren gar nicht besonders groß. Der Internationale Währungsfonds schätzte, dass die Verluste bei den Hypothekarverbriefungen etwa 500 Milliarden Dollar betragen würden. Diese Summe klingt enorm, ist in Wahrheit aber eher unbedeutend, denn bei den Banken ist weltweit ein Finanzvermögen von etwa 80 Billionen Dollar geparkt.[110] Viele Ökonomen dachten daher lange, dass die Zusammenbrüche einzelner Banken und Fonds singuläre Ereignisse seien. Sie erkannten nicht, dass es sich um eine Systemkrise handelte.

Zu dieser Fehleinschätzung trug bei, dass die eigentlichen Opfer bei einem Crash nie die Banken sind – sondern immer ihre Kunden.

Auch diesmal wurden die Kosten der Krise vor allem auf die Hausbesitzer abgewälzt. Ein Vergleich macht dies deutlich: Durch die Finanzkrise wurde in den USA ein Vermögen von fast elf Billionen Dollar vernichtet[111] – doch von diesen Verlusten kamen bei den Banken nur ganze 500 Milliarden an.

Zum Teil waren diese Billionenverluste fiktiv und bestanden nur auf dem Papier. Wer sein Haus schon abbezahlt hatte und keine neuen Kredite aufnahm, der konnte sich bis 2006 über einen wundersamen Wertzuwachs seiner Immobilie freuen – doch als dieser vermeintliche Wert in der Finanzkrise wieder verschwand, hatte er eigentlich nichts verloren.

Trotzdem gab es viele Hausbesitzer, die wirklich geschädigt wurden. Auf Kredit hatten sie während des Booms überteuerte Immobilien gekauft, die inzwischen bis zu 30 Prozent ihres Wertes verloren haben. Die Darlehen hingegen blieben unverändert und müssen in voller Höhe abgestottert werden. Technisch sind diese Haushalte überschuldet, doch die meisten halten durch und zahlen ihre Kredite brav zurück. Die Profiteure sind die Banken, die nur einen minimalen Teil der realen Verluste abschreiben mussten. Aber selbst dieser Restposten von 500 Milliarden Dollar hat viele Institute überfordert und eine weltweite Finanzkrise ausgelöst. Wie konnte das passieren?

Eine Erklärung ist erschütternd simpel: Die Banken hatten viel zu wenig Eigenkapital, um Verluste aufzufangen. Eigenkapital besteht aus ausgegebenen Aktien und einbehaltenen Gewinnen, doch von beidem hatten die meisten Banken fast nichts zu bieten. Oft betrug das Eigenkapital nur etwa zwei Prozent der Bilanzsumme. Der Rest waren Verbindlichkeiten wie Spareinlagen von Kunden oder Kredite von anderen Banken und Geldmarktfonds. Die Banken selbst waren also extrem »gehebelt« und verhielten sich wie Spekulanten, indem sie mit minimalem Kapitaleinsatz maximale Gewinne einfahren wollten.

Selbst dieses minimale Eigenkapital in der Bilanz war meist noch geschönt, weil viele Banken nebenher »Schattenbanken« betrieben. Der Begriff »Schattenbanken« klingt überaus geheimnisvoll, aber diese Konstrukte sind nicht geheim. Die Bankenaufsicht wusste von diesen Zweckgesellschaften, die eigens gegründet worden waren, um in Verbriefungen zu investieren. Aber die Behörden schritten nicht ein und duldeten diese »Conduits«, die die Banken außerhalb ihrer Bilanzen laufen ließen.

Die Banken und Geldmarktfonds wussten natürlich genau, dass kein einziges Finanzinstitut genügend Eigenkapital besaß, um eventuelle Verluste aufzufangen. Also gerieten sie in Panik, als die ersten Ausfälle bei den Subprime-Krediten bekannt wurden, denn sie alle hatten sich gegenseitig Geld geliehen. Die Panik wurde noch verschärft, weil niemand einen Überblick hatte, welche Bank auf welchen Schrottpapieren saß. Genauso wenig war es möglich zu bestimmen, wie viel die Papiere eigentlich wert waren. Denn in die MBS- und CDO-Verbriefungen waren Tausende von Hypotheken gebündelt, und es war schlicht unbekannt, ob und welche Kredite von den Hausbesitzern noch bedient wurden. Zudem waren diese Verbriefungen und die CDS-Kreditderivate weltweit gehandelt worden, so dass die Finanzkrise sofort auf Europa übersprang.

Trotzdem wären die Schäden der Finanzkrise wohl überschaubar geblieben, wenn es nicht am 15. September 2008 zu einer katastrophalen Fehlentscheidung gekommen wäre: Die überschuldete US-Investmentbank Lehman Brothers wurde in die ungeordnete Insolvenz geschickt. Die Schockwelle versenkte nicht nur viele weitere Finanzinstitute, sondern erfasste auch die Realwirtschaft. Erstmals seit dem Zweiten Weltkrieg fiel die globale Wirtschaftsleistung.

Der politisch gewollte Konkurs von Lehman stellt den interessanten Fall dar, bei dem sich die Eliten selbst geschadet haben, obwohl sie vollen Zugriff auf die Staatskassen hatten. Man muss sich das Szenario noch einmal vor Augen führen: Die Republikaner befanden sich mitten im Wahlkampf gegen Barack Obama, und der damalige US-Präsident George W. Bush musste wissen, dass eine Rezession die Demokraten an die Regierung hieven würde. Gleichzeitig amtierte als Finanzminister Hank Paulson, der vorher die Investmentbank Goldman Sachs geleitet hatte. Noch enger konnten die Verbindungen zwischen Weißem Haus und Wall Street nicht sein.

Um es zynisch zu formulieren: Mit Steuergeldern hätte man die Verluste dezent sozialisieren können, um die Gewinne weiterhin privat abzuschöpfen und den Schaden unauffällig zu begrenzen. Aber in gemeinsamer Blindheit beschloss man, Lehman Brothers zu opfern. Der Rest ist bekannt: Obama siegte, weltweit setzte eine schwere Depression ein, und die Banken verloren ihren Nimbus, Masters of the Universe zu sein.

Selbst ein Investmentbanker wie Hank Paulson hatte offenbar nicht verstanden, wie gefährlich die Subprime-Krise war. Stattdessen galt Lehman als der ideale Testfall, um einmal auszuprobieren, was passiert, wenn eine Bank in die ungeordnete Insolvenz entlassen wird. Lehman war ein eher kleines Institut, das nur eine Bilanzsumme von 691 Milliarden Dollar aufwies. Zudem war es eine reine Investmentbank, die keine Einlagen von normalen Sparern hatte. In Washington glaubte man, dass niemand Lehman vermissen würde, und vergaß deswegen auch, die europäischen Regierungen zu informieren.

Es kam bekanntlich anders als gedacht. Lehman Brothers löste ein globales Finanzbeben aus, denn nun begann der »Bank Run«. Diesmal rannten nicht die kleinen Sparer zur Bank, um ihr Geld zu retten, wie es in der Weltwirtschaftskrise ab 1929 massenhaft geschehen war. Diesmal belagerten sich die Banken und Fonds gegenseitig, weil sie sich alle im Kreisverkehr Geld geliehen hatten. Jeder wollte dieses Geld nun sichern, während niemand mehr Kredite vergab. Der Geldmarkt brach zusammen, und jede Bank schien pleite zu sein. Es wiederholte sich die alte Erfahrung aus anderen Krisen, dass bei einer Panik die »Solvenz« und »Liquidität« von Banken nicht mehr zu unterscheiden sind.

Um das Chaos zu stoppen, blieb den Regierungen keine Wahl: Sie mussten alle Bankguthaben garantieren. Auch Kanzlerin Merkel stellte sich publikumswirksam vor die Kamera, um den »Sparern und Sparerinnen« zu versprechen, »dass ihre Einlagen sicher sind«. Mit der Lehman-Pleite sollten die Banken eigentlich verwarnt werden, doch stattdessen erhielten sie nun eine Vollkaskoversicherung. Ein einziger ungeordneter Konkurs hatte gereicht, um Regierungen weltweit zu überzeugen, dass man sich weitere Bankenpleiten nicht leisten konnte.

Der Schaden war jedoch geschehen. Mit der Lehman-Pleite sprang die Finanzkrise auf die Realwirtschaft über, weil nun eine Deflationsspirale einsetzte, wie man sie schon aus der Weltwirtschaftskrise ab 1929 kannte: Die Aktienkurse brachen ein, Investitionen wurden aufgeschoben, der Konsum lahmte, die Kreditvergabe stockte, die Arbeitslosigkeit stieg. Die deutsche Wirtschaftsleistung schrumpfte im Jahr 2009 um minus 5,1 Prozent, was einen einsamen Negativrekord in der Geschichte der Bundesrepublik darstellt.[112]

Dieser Wirtschaftseinbruch verursachte enorme Kosten. Allein beim deutschen Staat lief in den Jahren 2009 und 2010 ein Fehlbetrag von insgesamt 187 Milliarden Euro auf, doch diese Summen flossen nicht etwa vornehmlich an Pleitebanken – wie viele Bundesbürger glauben –, sondern mussten vor allem aufgebracht werden, um die Realwirtschaft zu stützen. Die Konjunkturpakete kosteten bereits knapp 50 Milliarden. Hinzu kamen die steigenden Ausgaben für die Arbeitslosen sowie die sinkenden Steuereinnahmen.[113] In Wahrheit lagen die Schäden sogar weit höher, weil in dieser Rechnung zum Beispiel nicht enthalten ist, dass 1,5 Millionen Kurzarbeiter auf einen Teil ihrer Löhne verzichten mussten.

Die Lehman-Pleite war ein teurer Irrtum, aber dies ist vielen Deutschen bis heute offenbar nicht bewusst. In der jetzigen Eurokrise ist es erneut sehr populär zu fordern, dass Banken doch ruhig Konkurs anmelden sollen, wenn sie ihre Verluste nicht tragen können. Dabei kommt es oft zu einer seltsamen Allianz zwischen konservativen Ordoliberalen und linken Kapitalismuskritikern: Die Konservativen haben nie verstanden, dass »Finanzmärkte« keine Märkte sind, und verlangen daher, dass Banken wie jedes normale Unternehmen für ihre Verluste haften sollen. Die Kapitalismuskritiker wiederum sehen nicht ein, warum man kapitalistische »Zockerbuden« retten soll.

Die Wut darüber, dass die Bankverluste am Ende bei den Steuerzahlern hängenbleiben, ist verständlich. Aber der richtige Weg wäre, die Banken zu retten, sie zu verstaatlichen – und dann die Profiteure zur Kasse zu bitten, indem man die Steuern für die Vermögenden erhöht. Auf keinen Fall darf man die historischen Erfahrungen ignorieren, die in der Weltwirtschaftskrise ab 1929 und nach der Lehman-Pleite gesammelt wurden: Ein »Bank Run« ist gefährlich, weil anschließend die Realwirtschaft kollabiert. Nicht nur die Geldbesitzer verlieren, sondern auch die Arbeitnehmer. Statt die Banken in die Pleite zu schicken, ist es für die Gesellschaft weitaus billiger, sie zu retten. Wohlgemerkt: billiger – nicht billig.

Dass es kein Spaß ist, Banken zu retten, hat Deutschland ab 2007 zur Genüge erfahren. Denn zu den Eigentümlichkeiten der Subprime-Krise gehört, dass viele Ramschpapiere ausgerechnet bei deutschen Instituten gelandet waren. Dies war umso bemerkenswerter, als die Immobilienpreise in der Bundesrepublik vorher nicht gestiegen waren. Andere europäische Staaten wie Irland, Island, Großbritannien, Lettland, Österreich[114] oder Ungarn hatten eigene, heimische Immobilienblasen produziert, die nun ebenfalls platzten. Aber Deutschland war der seltene Fall, wo sämtliche Schrottpapiere aus dem Ausland stammten. Die deutschen Banken hatten ihre Krise importiert – und dies mit deutscher Gründlichkeit.

Wie sich ab Sommer 2007 sukzessive herausstellte, war fast der gesamte deutsche Bankensektor marode. Als erstes kollabierte im Juli die kleine Industriebank IKB in Düsseldorf, die eine Bilanzsumme von nur 64 Milliarden Euro aufwies, aber einen immensen Schaden verursachte. Die Sanierung kostete die Steuerzahler bisher rund zehn Milliarden Euro; weitere 1,4 Milliarden brachten die Bankverbände auf. Wie am Verhältnis zwischen Kosten und Bilanzsumme unmittelbar zu erkennen ist, bestand die IKB faktisch nur aus Schrottpapieren.

Diesen Ramsch hatte die Bank, das war das Pikante, unter staatlicher Aufsicht erworben. Denn die IKB gehörte zu 38 Prozent der öffentlichen Förderbank KfW, weswegen im IKB-Aufsichtsrat auch ein Vertreter des Bundesfinanzministeriums saß. Damals war dies Jörg Asmussen, der später noch eine steile Karriere machte und dem Direktorium der Europäischen Zentralbank angehörte.

Asmussen und das Finanzministerium hätten wissen können, was sich bei der IKB abspielte: Es stand nämlich stolz in jedem Geschäftsbericht. Die Bank prahlte mit ihrer »internationalen Ausrichtung« und stellte ihre »Verbriefungsaktivitäten« sowie »Investments in internationale Kreditportfolios« ausführlich dar.[115]

Die IKB-Pleite war allerdings nur der Anfang, denn auch viele andere deutsche Banken hatten sich großzügig mit wertlosen Verbriefungen eingedeckt. Noch im Sommer 2007 war auch die sächsische Landesbank (SachsenLB) insolvent; 2008 folgten die nordrhein-westfälische WestLB, die BayernLB, die baden-württembergische Landesbank (LBBW) sowie die HSH-Nordbank. Doch nicht nur der öffentliche Sektor wurde getroffen; die Privatbanken standen genauso schlecht da. Die Hypo Real Estate (HRE) brach zusammen, und auch die Commerzbank musste gestützt werden, die kurz zuvor mit der Dresdner Bank fusioniert hatte. Die Deutsche Bank überlebte nur, weil sie Rettungsmilliarden aus den USA erhielt.[116]

Wie teuer die Rettung der Banken insgesamt wird, kann bisher niemand sagen, weil viele Ramschpapiere in »Bad Banks« ausgelagert wurden. Der Finanzökonom Martin Hellwig schätzt, dass allein die Sanierung der deutschen Landesbanken am Ende mehr als 50 Milliarden Euro kosten könnte.[117]

Übrigens ist es kein Zufall, dass ausgerechnet deutsche Banken so viele toxische Papiere importiert hatten: Dies ist die Kehrseite des deutschen Exportüberschusses. Jahr für Jahr liefern deutsche Unternehmen weitaus mehr Waren ins Ausland, als umkehrt eingeführt werden. Durch diesen Geldüberhang bilden sich Ersparnisse, die irgendwo angelegt werden müssen. Die Deutschen sind daher weltweit als Kreditgeber unterwegs – was unweigerlich dazu führt, dass sie bei Finanzkrisen besonders hart getroffen werden.[118] Schon drohen die nächsten Verluste: Auch in der Eurokrise ist vor allem deutsches Finanzvermögen gefährdet (siehe nächstes Kapitel).

Um künftige Finanzkrisen zu vermeiden, prägten die wichtigsten Industrieländer 2008 die griffige Formel, dass »kein Finanzplatz, kein Finanzakteur und kein Finanzprodukt« unreguliert bleiben sollten. Dieses Projekt ist komplett gescheitert. Die USA preschten 2010 mit einer Regulierung namens »Dodd-Frank Act« vor, die so chaotisch ist, dass die Wall Street weiterhin ungehemmt spekulieren kann.[119] Aber auch die internationalen Vereinbarungen fielen allzu harmlos aus, wobei besonders fatal ist, dass den Banken kein deutlich höheres Eigenkapital vorgeschrieben wurde. Auf nur drei Prozent der Bilanzsumme muss es bis 2018 steigen, so sieht es das Abkommen »Basel III« vor.[120] Dies ist lächerlich wenig. Sobald eine neue Finanzkrise anrollt, wären die Banken wieder pleite und müssten vom Staat gerettet werden, weil ihr Verlustpuffer nicht ausreicht.

Der Begriff »Eigenkapital« mag sterbenslangweilig klingen, aber es ist kein Zufall, dass die Banken ihre Lobbymacht vor allem auf dieses Thema konzentrieren. Für die Institute ist es extrem lukrativ, nur mit Fremdkapital zu operieren, weil dieses für sie fast umsonst ist. Sparer und andere Anleger geben sich mit mickrigen Zinsen zufrieden, weil sie wissen, dass sie keinerlei Risiko eingehen, da bei einer Bankpleite eigentlich immer der Staat einspringt und die Bankgläubiger rettet. Wären Banken normale Unternehmen, die nicht mit der öffentlichen Schatulle rechnen können, müssten sie weitaus höhere Zinsen bieten. Banken erhalten also eine indirekte Subvention, deren Wert 2009 weltweit rund 2,3 Billionen Dollar betrug.[121]

Diese indirekte Subvention erklärt auch, warum Banken so viel höhere Gehälter und Boni zahlen können als normale Unternehmen. Die Lobbyisten kämpfen daher leidenschaftlich dagegen, dass mehr Eigenkapital verlangt wird. Dieses wäre teurer, weil Aktionäre bei Bankpleiten – anders als Sparer – nicht fliehen können. Sie müssen sich an den Verlusten beteiligen und werden vom Staat auch nicht entschädigt.[122] Für dieses Risiko wollen die Aktionäre Dividenden sehen, die höher liegen als die Zinsen für ein Sparbuch.

Die Banker sehen also eine Kausalkette des Grauens vor sich: Wenn mehr Eigenkapital verlangt wird, müssen mehr Aktien ausgegeben werden. Mehr Aktien bedeuten, dass das Volumen der ausgeschütteten Dividenden steigt. Also müssen die Boni sinken, weil man den Bankgewinn ja nur einmal verteilen kann: Was an die Aktionäre geht, muss bei den Bankmanagern gestrichen werden.

Banklobbyisten behaupten daher gern, dass es unmöglich sei, das Eigenkapital deutlich zu erhöhen. Diese Aussage ist bereits historisch falsch. In den 1990er Jahren hatten die Banken im Schnitt noch ein Eigenkapital von zehn Prozent der Bilanzsumme, und im 19. Jahrhundert waren es gar 40 bis 50 Prozent.[123] Der Finanzökonom Martin Hellwig schlägt daher vor, die Eigenkapitalquote auf 30 Prozent anzuheben, damit die Banken ihre Verluste künftig selbst tragen können und der Staat nicht ständig einspringen muss.[124] Um es noch einmal zu sagen: Es gibt keinen Grund, warum die Banken indirekte Subventionen in Höhe von 2,3 Billionen Dollar erhalten.

Allerdings dürften höhere Kapitalquoten allein nicht ausreichen, um die Banken davon abzuhalten, zu spekulieren und Blasen zu produzieren. Sie würden weiterhin Finanzprodukte erfinden, die keiner versteht. Banken können ungemein kreativ sein, wie sich etwa bei den Derivaten zeigt: Das erste kommentierte Lexikon für Derivate erschien 1989 und umfasste bereits 700 Seiten. Der Nachfolger, der 2006 kurz vor der Finanzkrise erschien, hatte fast 5 000 Seiten.[125]

Diese Unübersichtlichkeit dient allein den Banken und hat sonst keinen Nutzen. Standardformulare würden völlig ausreichen, damit sich Bauern und Firmen gegen Preisschwankungen bei Ernten, Rohstoffen, Zinsen oder Währungen absichern könnten. Übrigens wäre es gar nicht schwierig, die Banken zur Transparenz zu zwingen: Es müsste nur vorgeschrieben werden, dass jedes Derivat über Börsen vertrieben wird. Damit würden sich die Standardvarianten automatisch durchsetzen, weil nur sie massentauglich sind. Bisher dominiert bei den Derivaten jedoch das bilaterale Geschäft – »over the counter« –, bei dem zwei Banken direkt miteinander handeln und sich ungestört komplexe Produkte ausdenken können.

Die Derivate sind komplex, weil sich nur mit komplexen Produkten Geld verdienen lässt. Mit Standardprodukten hingegen lässt sich kaum Gewinn machen, weil sie leicht vergleichbar sind und die Kunden zu jener Bank abwandern würden, die am billigsten ist. Nur zur Erinnerung: Allein im Jahr 2014 haben die US-Banken bei den Derivaten einen Gesamtgewinn von rund 50 Milliarden Dollar eingefahren. Dieses einträgliche Geschäft wollten die Lobbyisten unbedingt retten, was ihnen auch gelungen ist. Im Dodd-Frank Act wurden fast alle Derivate vom Börsenhandel befreit.[126] In der EU gibt es ähnliche Regeln, die ähnlich harmlos ausfallen.[127]

Es ist extrem gefährlich, dass die Derivate unreguliert bleiben. Sie fachen nicht nur Finanzkrisen an, indem sie als »Hebelinstrumente« dazu dienen, mit minimalem Kapitaleinsatz maximal zu spekulieren. Sie sorgen zudem dafür, dass sich jede Finanzkrise weltweit fortpflanzt, weil alle Banken direkt oder indirekt durch die bilateralen Over-the-Counter-Geschäfte miteinander verflochten sind. Im Jahr 2014 wurden, wie schon erwähnt, außerbörsliche Derivatgeschäfte mit einem Nominalwert von 691,5 Billionen Dollar abgeschlossen, und momentan weiß niemand, welche Banken an diesen Kontrakten beteiligt sind. Daher können selbst kleine Banken ein Finanzbeben auslösen, so dass am Ende jede Bank als »systemrelevant« gilt und gerettet werden muss. Die außerbörslichen Derivate sind daher nicht nur Hebel-, sondern auch Knebelinstrumente: Sie steigern das Erpressungspotential, das die Banken gegenüber der Gesellschaft haben.

Derivate sind jedoch nicht nur Brandbeschleuniger, die Finanzkrisen auslösen und anheizen können. So seltsam es klingen mag: Es würde die Derivate verharmlosen, sie nur als Gefahrenquelle für einen Crash zu sehen. Die unkontrollierte Spekulation mit Derivaten ist prinzipiell problematisch, selbst wenn sich gerade keine Finanzkrise am Horizont abzeichnet. Die Derivate verstärken die Kursturbulenzen, wie in Kapitel 16 geschildert. Dies erlaubt den Banken, eine Art Sondersteuer von der Realwirtschaft zu kassieren: Bauern und Unternehmen müssen sich mit Derivaten gegen die Preisschwankungen absichern, die die Banken mit ihren Spekulationsgeschäften erst erzeugt haben. Dieses parasitäre Geschäftsmodell ist generell ärgerlich und teuer – ob bei Öl oder Währungen –, aber bei Nahrungsmitteln ist es lebensgefährlich. Millionen Menschen müssen hungern, weil Spekulanten die Preise für Weizen oder Mais periodisch nach oben treiben. Es ist nicht übertrieben zu behaupten, dass Derivate zu Mordinstrumenten werden können.[128]

Die exzessive Nahrungsmittelspekulation ist noch jung und erst seit etwa zehn Jahren zu beobachten. Bis dahin waren an den Terminbörsen vor allem Bauern und Agrarhändler zu finden, die sich gegen Ernterisiken absichern wollten. Doch inzwischen sind echte Erzeuger in der Minderheit, während etwa 80 Prozent der Termingeschäfte von Spekulanten abgeschlossen werden.

Wie dominant Banken und Hedgefonds geworden sind, zeigt sich an einem Phänomen, das nur auf den ersten Blick erstaunlich ist: Die Future-Preise für lebende Rinder bewegen sich neuerdings genau synchron mit den Aktienkursen.[129] Gleiches gilt für Zucker oder Weizen. Im normalen Leben haben das Angebot an Rindfleisch und die Dividendenrendite von Großkonzernen nichts miteinander zu tun, doch diese »Fundamentaldaten« spielen an den Börsen keine Rolle mehr. Entscheidend ist dort allein das Herdenverhalten der Spekulanten. Ist die Stimmung gut, steigen die Preise in allen Finanzsegmenten – dann werden Aktien sowie die Terminkontrakte auf Öl, Weizen, Zucker oder Rinder gleichzeitig teurer.

Bisher ist es nicht gelungen, die Spekulation mit Nahrungsmitteln einzudämmen.[130] Dies zeigt nicht nur, wie mächtig die Banken sind – sondern auch wie gefährdet. Sie wollen auf kein Geschäftsfeld verzichten, weil die Finanzblase bereits zum Äußersten angespannt ist. Expansion ist nicht mehr möglich und daher muss jede Renditequelle eisern verteidigt werden, selbst wenn sie moralisch nicht zu vertreten ist.

Die Banken sind in Bedrängnis, weil Vermögen letztlich fiktiv ist. Auf dem Papier stehen zwar enorme Finanzwerte, aber sie sind durch die Erträge aus der Realwirtschaft nicht mehr gedeckt. Die »Superblase« steht kurz vor der Explosion – und es könnte ausgerechnet die Eurokrise sein, die erneut eine »Kernschmelze« des Finanzsystems auslöst.

Die Eurokrise ist eine Krise ohne Vorbild, denn noch nie haben sich 19 souveräne Staaten zu einer Währungsunion zusammengeschlossen. Trotzdem sind nicht alle Phänomene neu, sondern vieles erinnert an frühere Krisen. Daher müsste die Eurozone eigentlich fähig sein, sich aus dem Instrumentenkasten der Geschichte zu bedienen, um Lösungen zu finden, doch stattdessen werden vor allem die Fehler der Vergangenheit wiederholt.

18 Eine Krise ohne Vorbild: die Eurokrise

Die Europäer erleben Weltgeschichte. Wie immer die Eurokrise endet – ob die Währungsunion auseinander bricht oder überlebt –, das Ergebnis wird die Zukunft prägen. Allerdings führt der Begriff »Eurokrise« in die Irre, solange er im Singular benutzt wird. Europa hat nämlich nicht mit nur *einer* Eurokrise zu kämpfen, sondern mit vier Verwerfungen gleichzeitig. Diese vier Eurokrisen müssen analytisch auseinander gehalten werden, will man die rasante Dynamik verstehen, mit der sich die Währungsunion derzeit auseinander entwickelt.

Eurokrise I ist offensichtlich: In Griechenland, Portugal, Irland, Spanien, Zypern und Slowenien haben sich hohe Schuldenberge aufgetürmt, die mit ausländischem Geld finanziert wurden. Diese Eurokrise hat mit der US-Finanzkrise ab 2007 nicht unmittelbar zu tun, folgt aber dem gleichen Muster: Es handelt sich um Kreditblasen, die durch eine neue »Story« möglich wurden. Diesmal war es die Einführung des Euro.

Als es noch die griechische Drachme oder das irische Pfund gab, mussten die europäischen Randstaaten für jedes Darlehen hohe Risikoaufschläge zahlen. Diese Kreditkosten sanken rapide, als der Euro gegründet wurde. Die Investoren glaubten, dass die gleiche Währung bedeuten würde, dass nun auch alle Kredite gleich sicher wären. Plötzlich konnten sich die europäischen Randstaaten billig Geld leihen, und diese Kredite waren für die Griechen und Iren sogar noch günstiger als für die Deutschen. Denn während das Zinsniveau europaweit ähnlich niedrig lag, war die Inflation in den Randstaaten deutlich höher als etwa in der Bundesrepublik, was die Realzinsen an der Peripherie nach unten drückte. Da es die Kredite fast umsonst gab, war es nicht erstaunlich, dass Spanier, Portugiesen, Griechen und Iren freudig zugriffen.[131]

Wie bei jeder Kreditblase kam es zu Korruption und Betrug; in den Chefetagen der Banken herrschten Zynismus und Arroganz. Aus dem Pleiteinstitut *Anglo Irish Bank* sind Telefonmitschnitte erhalten, die belegen, dass die obersten Manager den irischen Staat und deutsche Anleger wissentlich hintergangen haben.[132] Dennoch wäre es zu schlicht, nur die Gier der Banken zu beklagen. Die Krise hat System und lässt sich nicht allein durch die Kriminalität einzelner erklären.

Die Kreditblase wurde lange nicht erkannt, weil sie für Wachstum sorgte. Die Bauindustrie boomte, die Arbeitslosigkeit ging zurück und die Löhne stiegen, was wiederum den Konsum ankurbelte. Über Nacht schien sich in den armen Randstaaten ein Wirtschaftswunder zu ereignen. Sie stiegen zu europaweiten Vorbildern auf, deren Wachstumsraten Ehrfurcht hervorriefen. So wurde Irland gern als »keltischer Tiger« bezeichnet, und über Spanien schrieb die Deutsche Bank, dass es bis zum Jahr 2020 Deutschland überholen und eine höhere Wirtschaftsleistung pro Kopf aufweisen würde.[133] Ein äußerst peinliches Fehlurteil, wie man im Rückblick weiß.

Auch die Aufsicht versagte: Es störte weder die EZB noch die nationalen Notenbanken, dass die Immobilienkredite in Spanien oder Irland jährlich um mehr als 20 Prozent expandierten.[134] Besonders Deutsche tun sich heute dabei hervor, den Krisenländern die Schuld zuzuweisen. Doch diese Selbstgerechtigkeit ist nicht angebracht: Auch die Bundesbank übersah die drohende Überschuldung in den Randstaaten.

Die Überschuldung fiel auch deswegen nicht auf, weil sie in jedem Land ein wenig anders aussah. In Griechenland verschuldete sich vor allem der Staat, während es in Spanien und Irland zunächst die privaten Haushalte und Banken waren. Dort kam der Staat erst in Bedrängnis, als die Institute ihre faulen Kredite auf öffentliche Bad Banks abwälzten.

Die Kreditblasen in den Randstaaten wären in jedem Fall geplatzt, aber die Finanzkrise in den USA hat den Crash in Europa beschleunigt. Sukzessive wurde klar, dass die überschuldeten Euroländer nicht in der Lage sein würden, ihre Kredite zurückzuzahlen. Das erste Pleiteland war Griechenland, das im Frühjahr 2010 europäische Rettungskredite erhielt, damit es nicht in eine Insolvenz schlitterte. Wenig später folgten Irland und Portugal.

Natürlich ist es unschön, wenn Kredite nicht zurückgezahlt werden – aber eigentlich hätte es die Eurozone mühelos verkraften können, die Randstaaten zu sanieren und ihre Schulden zu übernehmen. Denn es handelt sich um kleine Länder, deren Wirtschaftsleistung eher marginal ausfällt. Griechenland, zum Beispiel, ist ökonomisch so bedeutsam wie Hessen – und es würde doch niemand im Ernst erwarten, dass die Eurozone an Hessen scheitern könnte.

Daher wirkt es zunächst seltsam, dass aus einer eher lokalen Krise am Rande Europas ein Finanzbeben werden konnte, das inzwischen fast alle Eurostaaten erfasst hat. Die Eurozone wirkt wie eine Schulklasse, in der ein Grippevirus von einem Kind zum nächsten springt. Aber wie ist diese »Ansteckungsgefahr« zu erklären?

Die Antwort liefert Krise II: Die Eurozone ist falsch konstruiert. Es funktioniert einfach nicht, eine gemeinsame Währung zu haben, aber 19 verschiedene Staatsanleihen. Das gab es noch nie in der langen Geschichte des Geldes und erweist sich nun als fatal.

Die verheerende Wirkungskette lässt sich sehr gut am Beispiel Italiens studieren, das ab Juli 2011 von panischen Investoren in Richtung Pleite getrieben wurde, obwohl es eigentlich ein wirtschaftlich gesundes Land ist. Diese Beschreibung mag manchen Deutschen wundern, der weder die Mafia noch den einstigen Regierungschef Silvio Berlusconi goutiert. Doch Fakt ist: Italiens Banken sind stabil und hatten – anders als die deutschen Institute – auch keine Subprime-Schrottpapiere aufgekauft. Zudem sind Italiens Staatsschulden zwar hoch, aber nicht neu, sondern werden seit mehr als 20 Jahren mitgeschleppt und verlässlich bedient.

Aber diese objektiven Daten interessierten die Investoren nicht mehr. Als für Griechenland ein erster Schuldenschnitt diskutiert wurde, fürchteten sie, dass auch andere Euroländer konkursreif seien. Also verkauften sie hektisch ihre italienischen Staatsanleihen und erwarben dafür deutsche Papiere, die ihnen sicherer erschienen. Das Gesetz von Angebot und Nachfrage begann zu wirken: Ab 2011 stiegen die Zinsen für italienische Staatsanleihen auf über sieben Prozent, weil kaum noch jemand die italienischen Papiere erwerben wollte, während die deutsche Regierung mit Geld überschwemmt wurde und für einen zehnjährigen Kredit nur noch 1,4 Prozent bieten musste.

Die hohen Zinsen waren für Italien jedoch tödlich, weil der Staatshaushalt gekürzt werden musste, was dann die Wirtschaft schrumpfen ließ, was wiederum die Staatsverschuldung erhöhte, die doch eigentlich gesenkt werden sollte. Italien geriet in einen Teufelskreis, der die Panik der Investoren erst recht schürte.

Italien steckte in einer klassischen »Liquiditätskrise«: Eigentlich hatte es keine großen ökonomischen Probleme, aber der Geldfluss stockte trotzdem, weil ein »Run« der Investoren eingesetzt hatte. Derartige Liquiditätskrisen sind in der Geschichte immer wieder aufgetreten, wie schon beschrieben – aber der Run trifft normalerweise Banken und kein reiches Industrieland.

Diese bizarre Konstellation war nur möglich, weil die Investoren zwischen 19 Staatsanleihen wählen können, die alle auf Euro lauten. Also konnten sich die Anleger von ihren italienischen Papieren trennen und dafür deutsche Anleihen kaufen, ohne dass sie einen Währungsverlust erlitten. Sie erhielten immer Euro.

Diese Konstruktion der Währungsunion fördert Panikattacken, wie ein Vergleich mit Großbritannien zeigt, das bekanntlich noch sein Pfund besitzt. Stellen wir uns einmal vor, dass viele Investoren plötzlich die Sorge hätten, dass die britische Wirtschaft kollabieren könnte. Also würden sie versuchen, ihre britischen Staatsanleihen schnellstmöglich abzustoßen, was natürlich Kursverluste bei diesen Papieren bedeuten würde. Doch was sollten die Anleger mit den Pfund machen, die sie beim Verkauf der Anleihen erhalten? Sie könnten das Geld zwar in Euro oder Dollar tauschen, doch würde das Pfund sofort abstürzen, wenn viele Anleger gleichzeitig von der Insel fliehen wollten. Die Investoren hätten also einen doppelten Kursverlust zu verkraften: erst bei den britischen Staatsanleihen und dann beim Pfund. Die Panikattacke würde zu teuer – und daher automatisch enden. In der Eurozone hingegen fehlt die Bremse namens Währungsrisiko, weil die Anleger von einem Euroland zum nächsten springen können.[135]

Noch wichtiger: Anders als Italien besitzt Großbritannien eine eigene Notenbank, die als »lender of last resort« agiert und bei Liquiditätskrisen eingreift. Die Investoren können sich darauf verlassen, dass die Bank von England sofort britische Staatsanleihen aufkaufen würde, falls eine Panik ausbricht. Die Anleger wissen, dass sie ihr Geld garantiert zurückbekommen – weswegen sie gar nicht erst panisch werden.

Die Europäische Zentralbank hingegen hat sich lange gesträubt, Staatsanleihen aufzukaufen, weil vor allem die Deutschen fürchteten, dass es eine Inflation auslösen könnte, wenn die Notenbank Geld »druckt«. Diese Angst ist völlig abwegig. Wie schon erklärt, wird das Geld vor allem von den Privatbanken geschöpft, wenn sie Kredite vergeben. Zudem stagniert die Geldmenge in der Eurozone momentan, weil fast überall Krise herrscht und kaum noch Darlehen nachgefragt werden. Europa steuert nicht auf eine Inflation zu – sondern auf eine Deflation.

Trotzdem zögerte die Europäische Zentralbank viel zu lange und griff erst im Juli 2012 entschieden ein. Damals kündigte EZB-Chef Mario Draghi in einer Rede an, dass man »alles« tun würde, um den Euro zu retten. Die Investoren wussten sofort, was mit diesem kurzen Satz gemeint war: Ab jetzt würde die Notenbank unbegrenzt[136] Staatsanleihen aufkaufen, um die Zinsen für Italien und Spanien nach unten zu drücken. Die Panik verebbte sofort, so dass die EZB keine einzige Staatsanleihe erwerben musste. Reine Psychologie hatte ausgereicht, um die Anleger zu beruhigen.[137]

Erneut bestätigte sich die historische Lektion, dass Liquiditätskrisen mühelos zu überwinden sind, indem ein »lender of last resort« eingreift. Die Engländer wussten dies schon 1797, die Hamburger mit ihrem »Silberzug« bereits 1857, und die Europäische Zentralbank hat es 2012 endlich auch gemerkt. Nur einige deutsche Ökonomieprofessoren begreifen es noch immer nicht und klagten vor dem Bundesverfassungsgericht.

Diese konservativen Irrläufer sind allerdings nicht allein, sondern befinden sich erneut in einer seltsamen Allianz mit den Kapitalismuskritikern. Auch die Blockupy-Bewegung glaubte, sie müsse ausgerechnet die Europäische Zentralbank in Frankfurt attackieren. Dabei ist die Notenbank die einzige Institution, die in der Eurokrise – wenn auch verspätet – richtig handelt.

Viel sinnvoller wäre es, wenn Blockupy vor dem Kanzleramt in Berlin demonstrieren würde, denn die Bundesregierung ist eine echte Gefahr für den Euro. Von Deutschland geht nämlich Krise III aus, die man als »Wettbewerbskrise« bezeichnen könnte: Die meisten Euroländer können nicht mehr mit der Bundesrepublik konkurrieren. Während Deutschland Exportüberschüsse anhäuft, fahren fast alle anderen Staaten Defizite ein.

Viele Deutsche sind sehr stolz auf die jährlichen Exportüberschüsse, die sie für ein Zeichen der Stärke halten: Wer auf dem Weltmarkt bestehen kann, so die Idee, muss einfach gut sein. Doch hat es nicht allein mit der Qualität der deutschen Produkte zu tun, dass sie so wettbewerbsstark sind. Deutschland betreibt Lohndumping und hat die Arbeitskosten gezielt gesenkt.

Ein paar Beispiele: Die Hartz-Gesetze haben die meisten Beschränkungen bei der Leiharbeit aufgehoben und zwingen Arbeitslose, fast jede Stelle anzunehmen. Gleichzeitig fehlte zehn Jahre lang ein gesetzlicher Mindestlohn, so dass ein riesiger Niedriglohnsektor entstand, der auch auf die normalen Gehälter drückt. Wie schon erwähnt: Zwischen 2000 und 2010 fielen die deutschen Reallöhne im Mittel um 4,2 Prozent. Zudem wurden die Arbeitgeber bei den Sozialleistungen entlastet.[138]

Übrigens ist es kein Zufall, dass Deutschland mit dem Lohndumping erst begonnen hat, nachdem der Euro eingeführt wurde. Vorher hätte es nämlich nicht funktioniert. Die D-Mark wäre einfach im Kurs gestiegen, wenn Deutschland exorbitante Exportüberschüsse aufgehäuft hätte, so dass die Lohnvorteile wieder verschwunden wären. Doch im Euro ist Deutschland geschützt und kann ungestört eine Lohnpolitik betreiben, die seinen Nachbarn schadet. Um es technisch auszudrücken: Die Deutschen haben im Euro abgewertet.

Die deutsche Regierung weist gern darauf hin, dass sie doch nichts dafür könne, dass Griechenland oder Spanien so hohe Löhne zahlen, dass sie nicht mehr wettbewerbsfähig sind. In der Tat: Die Gehälter sind in den Randstaaten exorbitant gestiegen, als sich dort die Kreditblase aufpumpte und die Wirtschaft boomte. Zwischen

1999 und 2007 legten die irischen und spanischen Lohnstückkosten um jeweils 36 und 28 Prozent zu.[139] Das war natürlich völlig übertrieben, weswegen Iren und Spaniern nun gezwungen sind, auf einen Teil ihrer Gehälter wieder zu verzichten.

Trotzdem sind die Deutschen realitätsblind, wenn sie die »Agenda 2010« als Vorbild für ganz Europa preisen. Das deutsche Lohndumping drängt selbst gesunde Staaten aus dem Euro – vorneweg Frankreich.

Der Fall Frankreich ist besonders tragisch, weil sich das Land mustergültig verhalten hat. Die französischen Reallöhne stiegen seit 1999 um 20 Prozent – und entsprachen damit genau dem Zugewinn an Produktivität. Frankreich hat sich also an die Spielregeln gehalten, die alle Eurostaaten befolgen müssten, wenn es nicht zu Wettbewerbsverzerrungen zwischen den einzelnen Mitgliedsländern kommen soll.[140] Doch nun müssen die Franzosen erleben, dass sie gegen die Deutschen nicht mehr wettbewerbsfähig sind, die ihre Löhne systematisch nach unten drücken. Auch Frankreich wird daher versuchen, seine Arbeitskosten zu senken.

Auf den ersten Blick erscheint diese Idee naheliegend: Wer nicht konkurrieren kann, muss Kosten und Preise reduzieren. So macht es schließlich jedes Unternehmen. Nur leider wird dabei übersehen, dass ein Staat keine Firma ist. Wieder wird Volkswirtschaft mit Betriebswirtschaft verwechselt.

Europa wird ärmer, nicht reicher, wenn alle Länder ihre Löhne senken. Jetzt setzt wieder jene Deflationsspirale ein, die in den Krisen ab 1873 und ab 1929 so fatal war. Wenn der Staat spart und die Gehälter fallen, reduziert sich die Nachfrage. Die Firmen bleiben auf ihren Produkten sitzen und senken die Preise. Im Januar 2015 lag die Deflation in der Eurozone bei minus 0,6 Prozent. Die sinkenden Preise lassen sich zum Teil durch die fallenden Ölpreise erklären, die seit Juni 2014 nachgeben. Allerdings drohte unabhängig von den Energiekosten längst eine Deflation, wie sich daran erkennen lässt, dass im Mai 2014 die Inflationsrate in der Eurozone auch nur noch bei 0,5 Prozent lag, als das Öl noch sehr teuer war. Wenn die Umsätze fallen, lohnen sich Investitionen nicht mehr, zudem werden die Kredite real zu teuer, also schrumpft die Wirtschaft weiter. Die Abwärtsspirale ist nicht mehr aufzuhalten. Die EZB ist inzwischen so besorgt, dass sie bis September 2016 rund eine Billion Euro in die Banken pumpen will, um die Wirtschaft anzukurbeln. Diese Maßnahme ist richtig und wird dennoch wenig bringen. Denn das Geld wird bei den Banken hängen bleiben, weil niemand einen Kredit will, solange die Umsätze stagnieren oder sogar schrumpfen. Wie schon in der Weltwirtschaftskrise 1933 müsste man direkt bei der Nachfrage ansetzen und Konjunkturprogramme auflegen, die der Staat finanziert (siehe nächstes Kapitel). Doch die deutsche Bundesregierung beharrt weiter darauf, dass die anderen Euroländer sparen.

Offenbar ist es schwer, aus der Geschichte und den vergangenen Krisen zu lernen, weil die Gegenwart stets neu und anders wirkt. Es reicht aber auch reine Logik, um zu erkennen, dass es unmöglich ist, dass alle Eurostaaten Deutschland kopieren, Lohndumping betreiben und zu aggressiven Exportnationen mutieren. Ungelöst bleibt nämlich die Frage, wer die vielen Güter kaufen soll. Die europäischen Arbeitnehmer sind offenbar nicht gemeint, denn sie sollen ja auf einen Teil ihrer Gehälter verzichten. Aber wer dann? Die Chinesen? Die Absatzkrise ist gewiss.

Die Deutschen halten an einem Missverständnis fest, das bei Neoliberalen weit verbreitet ist: Sie glauben, dass das Problem dort entsteht, wo es sichtbar wird. Wenn also Frankreich Marktanteile verliert, müssen die Franzosen selbst schuld sein. Diese Diagnose ähnelt einem Arzt, der nur die Symptome kuriert, statt die Ursachen zu behandeln. Denn tatsächlich ist es die deutsche Agenda 2010, die den Euro auseinander treibt.

Die Lösung wäre einfach: Die Deutschen müssten ihre Gehälter kräftig erhöhen, um die Fehler der Vergangenheit zu korrigieren. Ein erster Schritt wäre ein gesetzlicher Mindestlohn, der mindestens zehn Euro beträgt und nicht nur 8,50 Euro, wie jetzt beschlossen. Darüber hinaus müssten die normalen Gehälter jährlich um fünf Prozent steigen, bis Deutschland die Wettbewerbslücke schließt, die es durch sein Lohndumping aufgerissen hat.

Was theoretisch einfach klingt, ist praktisch jedoch schwierig. So erstaunlich es klingen mag: Viele Deutsche wollen keine höheren Löhne. Selbst Gewerkschafter haben Angst, dass Arbeitsplätze in der Exportindustrie verlorengingen. Diese Sorge ist nicht völlig unbegründet. Tatsächlich könnten die Ausfuhren etwas sinken. Aber stattdessen würde die Binnennachfrage anziehen, die seit einem Jahrzehnt dümpelt, weil die Reallöhne stagnieren.

Aber viele Deutsche zieren sich. Sie glauben noch immer, Deutschland hätte die Wahl, wie es mit seinen Exportüberschüssen umgeht und ob es seine Löhne erhöht. Dies ist ein Irrtum. Wenn die Deutschen ihren Nachbarn nicht bald entgegenkommen, wird die Anpassung erzwungen – indem der Euro auseinander bricht. Binnen einer Nacht würde die neue D-Mark oder der neue »Nord-Euro« so stark aufwerten, dass das gesamte Lohndumping der vergangenen zehn Jahre aufgezehrt wäre. Diesen Schock würde die deutsche Exportindustrie garantiert nicht verkraften. Daher wäre es viel geschickter, die Gehälter schrittweise zu erhöhen und die Unternehmen daran zu gewöhnen, dass das Lohndumping ein Ende hat.

Übrigens wäre es kein Verlustgeschäft, die Exportüberschüsse wieder abzubauen – weil diese Überschüsse sowieso weitgehend fiktiv sind. Auf dem Papier sieht es zwar großartig aus, dass Deutschlands Nettovermögen im Ausland von sieben Milliarden Euro im Jahr 1999 auf sagenhafte 1 013 Milliarden im Jahr 2012 gestiegen ist.[141] Aber diese enorme Summe erzählt nur einen Teil der Wahrheit, denn gleichzeitig kam es bereits zu sehr hohen Verlusten. Allein zwischen 2006 bis 2012 haben deutsche Investoren im Ausland rund 600 Milliarden Euro eingebüßt, wie das Deutsche Institut für Wirtschaftsforschung berechnet hat.[142] Vor allem die Finanzkrise hat riesige Löcher gerissen, aber auch die Eurokrise schlägt schon zu Buche. Und wenn die Eurokrise nicht bald endet, dann ist auch das restliche deutsche Auslandsvermögen verloren.

Es lohnt sich einfach nicht, Exportüberschüsse anzuhäufen, denn die ökonomische Logik ist stärker: Wenn Deutschland darauf beharrt, stets mehr zu exportieren, als es importiert, dann können die anderen Länder die deutschen Waren nur kaufen, indem sie Kredite aufnehmen – bei Deutschland. Es ist eine reine Frage der Zeit, bis einige Importländer überschuldet sind und sich das deutsche Auslandsvermögen in nichts auflöst.

Deutsche fühlen sich sicher, wenn sie Exportüberschüsse produzieren und das Vermögen auf ihren Konten steigt. Aber faktisch haben sie ihre Waren ins Ausland verschenkt und dafür wertlose Schuldtitel erhalten. Es wäre deutlich intelligenter gewesen, die Löhne in Deutschland anzuheben und selbst zu konsumieren – statt den Konsum der anderen zu finanzieren.

Letztlich wiederholt sich die Geschichte in leicht veränderter Gestalt: Die Deutschen begehen den gleichen Fehler, an dem schon die Alliierten nach dem Ersten Weltkrieg gescheitert sind. Damals sollte das Deutsche Reich Reparationen zahlen – durfte aber keine zusätzlichen Waren nach England oder Frankreich liefern. Also begann ein Kreisverkehr der Schulden: Deutschland nahm bei den Alliierten Kredite auf, um die Reparationen an die Alliierten zu finanzieren. Es war ein Null-Summen-Spiel, bei dem die Alliierten am Ende auf allen Kosten sitzen blieben, wie Keynes sofort vorhergesehen hatte. Genau der gleiche absurde Kreisverkehr ist heute zu beobachten: Die europäischen Krisenländer sollen ihre Auslandsverschuldung abbauen, aber dies wäre nur möglich, wenn sie ihre Ausfuhren steigern könnten. Da Deutschland jedoch darauf besteht, europäischer Exportmeister zu bleiben, wird es die Kredite nie wiedersehen, die es den anderen Euroländern gewährt hat, damit sie deutsche Waren kaufen können.

Die drei beschriebenen Eurokrisen sind bereits verwirrend genug, aber inzwischen hat sich noch Krise IV eingestellt, die sich »Managementkrise« nennen ließe. Die Politiker der Eurozone haben dramatische Fehlentscheidungen getroffen, so dass die Eurozone nun am Abgrund taumelt, und leider stammen die falschen Ideen meist aus Deutschland.

Der schlimmste Fehler ist, prinzipiell und überall zu sparen, sobald sich ein Krisensymptom zeigt. Inzwischen spart fast jedes Land in Europa: Den überschuldeten Krisenstaaten wurde ein Sparkurs verordnet, damit sie ihre Schulden wieder abbauen. Und eigentlich gesunde Länder wie Italien oder Frankreich müssen jetzt sparen, weil die Investoren panisch sind oder weil sie nicht mehr mit Deutschland konkurrieren können.

Dieser Sparkurs hat jedoch nirgends Probleme gelöst, sondern stattdessen steigen die Defizite sogar, weil Nachfrage fehlt und die Wirtschaft einbricht. Im Süden Europas ist inzwischen mehr als die Hälfte aller Jugendlichen arbeitslos. Das Ergebnis erinnert fatal an die Depression ab 1929, als genau der gleiche Kurs verfolgt wurde. Fabriken stehen leer, obwohl Arbeitslose gern arbeiten und Kunden gern konsumieren würden. Alle werden ärmer, obwohl die Kapazitäten vorhanden wären, Wohlstand zu produzieren.

Der desaströse Sparkurs entspringt erneut einem Denken, das Volkswirtschaft und Betriebswirtschaft verwechselt. Der Staat wird behandelt, als wäre er ein normales Unternehmen. Verschuldete Firmen müssen schließlich auch sparen – und wenn sie überschuldet sind, werden sie in die Pleite geschickt.

Dieser betriebswirtschaftliche Ansatz führte zu einem weiteren schweren Managementfehler: Wie ein konkursreifes Unternehmen musste der griechische Staat Insolvenz anmelden, und es kam 2012 zu einem »Schuldenschnitt«, bei dem die Besitzer von griechischen Staatsanleihen einen großen Teil ihres Vermögens verloren. Es wurde nach dem beliebten Motto verfahren: Strafe muss sein. Wenn Banken und Versicherungen so dumm waren, Griechenland allzu viel Geld zu leihen, dann sollen sie dafür büßen.

Menschlich ist es zu verstehen, dass Rache an den Banken beliebt ist. Jedes Mal wieder ist es ärgerlich, wenn man diese Institute und ihr unfähiges Management retten muss. Trotzdem war der Schuldenschnitt in Griechenland falsch, denn es wiederholte sich die Erfahrung aus der Lehman-Pleite: Kurzfristig lassen sich ein paar Milliarden sparen, aber langfristig ist der Schaden immens.

Diesmal wurde das Vertrauen in den Euro zerstört. Seit dem griechischen Schuldenschnitt gilt es als denkbar, dass weitere Eurostaaten oder Banken Konkurs anmelden. Geld aber basiert auf Vertrauen, sonst verliert es seinen Wert. Daher gibt es jetzt nicht mehr einen Euro, sondern 19 verschiedene Euros: Ein griechischer oder italienischer Euro ist nicht mehr so viel wert wie ein deutscher Euro. Die Währungsunion wird von innen gesprengt, noch während sie existiert.

Dieses seltsame Phänomen spielt sich nicht etwa im Geheimen ab, sondern bewegt fast jeden Europäer, der über sein Vermögen nachdenkt. Ob Griechen, Spanier oder Italiener – sie alle glauben, dass das Geld in Deutschland besonders sicher sei, während es in ihren Heimatländern gefährdet sein könnte. Also transferieren sie ihr Finanzvermögen zumindest teilweise nach Deutschland, damit es seinen Wert behält, falls es in der Eurozone zu Turbulenzen kommt. Aus einem griechischen, italienischen oder spanischen Euro wird also ein deutscher Euro gemacht. Umgekehrt ziehen Deutsche ihr Geld aus dem Ausland ab, weil ihnen Deutschland natürlich ebenfalls am sichersten erscheint. Diese gemeinsame Kapitalflucht kann gigantische Ausmaße erreichen: 2012 wurden in Deutschland zeitweise rund 750 Milliarden Euro geparkt.

Diese Panik flammt immer wieder auf. Als Anfang 2015 in Griechenland eine linke Regierung an die Macht kam, flossen sofort wieder Gelder ab: Seit Januar 2015 verloren die griechischen Banken etwa 40 Milliarden Euro an Einlagen – und mussten Notkredite bei der EZB beantragen. Diese Wanderschaft der Finanzvermögen hat leider Folgen: Ein italienisches Unternehmen muss für einen Kredit weit mehr Zinsen zahlen als eine deutsche Firma, selbst wenn beide Betriebe gleich erfolgreich sind. Die Wettbewerbsbedingungen in der Eurozone werden also erneut verzerrt – und zwar wieder zugunsten von Deutschland. Dies ist kein Grund zur Freude, auch nicht für Deutsche, denn eine Währungsunion kann nicht überleben, wenn sie nicht allen Ländern die gleichen Chancen bietet.

Aber was wäre die Alternative gewesen? Denn es ist ja unbestritten, dass Griechenland entschuldet werden musste – und einen weiteren Schuldenerlass benötigt. Das Land kann den Kreditberg niemals zurückzahlen, den es aufgetürmt hat. Wie man es richtig macht, führt Irland vor, das ebenfalls überschuldet ist, nachdem es seine maroden Banken retten musste. Aber Irland hat einen Teil seiner Schulden einfach vom Staat zur irischen Notenbank verschoben. Die meisten Europäer haben von dieser Aktion noch nie gehört, weil sie so geräuschlos vonstatten ging. Trotzdem ist Irland einen Teil seiner Schulden los.[143]

Es ist eine überaus elegante Lösung, Schuldenkrisen zu lösen, indem die Zentralbank einspringt. Doch die Deutschen blockieren diesen Weg meistens, weil sie fürchten, dass hemmungslos Geld »gedruckt« würde. Dies ist jedoch erneut ein Missverständnis: Es wird überhaupt kein neues Geld geschaffen, sondern bereits existierende Schulden werden nur verlagert. Das Geld ist längst im Umlauf.

Viele Deutsche halten es für einen Sündenfall, wenn eine Notenbank Staatsanleihen aufkauft oder Staatsschulden prolongiert. Diese Abscheu wird jedoch von niemandem sonst geteilt: Die US-Notenbank Fed, die Bank von England und die japanische Zentralbank springen in einer Krise immer ein. Die Briten kannten diesen Trick übrigens schon im 19. Jahrhundert.

Die vier verschiedenen Eurokrisen sind so unübersichtlich, dass viele Deutsche glauben, dass es unendlich teuer würde, die Eurozone zu retten. Tatsächlich wäre eine Lösung jedoch sehr billig. Die Eurozone hat keine großen ökonomischen Probleme, sondern ist ein sehr reicher und sehr leistungsfähiger Kontinent, der nur katastrophal gesteuert wird.

Genau genommen gäbe es nur einen einzigen Kostenpunkt: Man muss ein Konjunkturpaket für den Süden auflegen. Vor allem Griechenland, aber auch Portugal und Spanien benötigen Hilfe, um Arbeitslosigkeit, Armut und Hoffnungslosigkeit zu bekämpfen. Diese Unterstützung könnte sich die Eurozone mühelos leisten.

Der Rest der Rettung wäre umsonst zu haben. Vor allem müsste Italien gestattet werden, seinen Sparkurs wieder aufzugeben, der die Wirtschaft ins Minus reißt. Vielleicht würden die Anleger etwas nervös reagieren und zunächst keine italienischen Staatsanleihen kaufen, wenn die Regierung in Rom ihre Ausgaben ausweitet. Doch diese Panik wäre leicht zu überwinden, wenn die Europäische Zentralbank wie eine normale Notenbank handeln dürfte: Sie müsste nur ankündigen, dass sie alle italienischen Staatsanleihen erwirbt, die keinen Abnehmer finden. Sofort wären die Investoren zur Stelle, um die italienischen Papiere selbst zu kaufen.

Denn wer sind eigentlich die Investoren? In der Eurokrise werden sie meist summarisch als »Spekulanten« tituliert, doch tatsächlich werden Staatsanleihen vor allem von Versicherungen gekauft, die gesetzlich verpflichtet sind, die Prämien ihrer Kunden möglichst risikofrei anzulegen. Die Eurokrise ist daher ein GAU für die Assekuranz: Die Versicherungen wissen nicht mehr, wo sie das Ersparte investieren sollen, da neuerdings fast jedes Euroland als unsicher erscheint. Anders formuliert: Die »Finanzmärkte« warten nur darauf, dass die Finanzmärkte endlich entmachtet werden und die europäische Zentralbank die Führung übernimmt.

Die Notenbank ginge übrigens kein Risiko ein, falls sie italienische Staatsanleihen kaufen müsste. Das Land kann seine Schulden mühelos bedienen. In der Eurokrise wird oft der Eindruck erzeugt, als wäre Italien ein armes Entwicklungsland, das demnächst auf die Pleite zusteuert. Tatsächlich handelt es sich um einen der reichsten Industriestaaten dieser Erde – der sich absurderweise in die Krise spart.

Bleibt nur noch eine harte Nuss zu knacken: die Deutschen. Ihre Löhne müssen unbedingt steigen, wenn die Eurozone nicht kollabieren soll. Diese Rettungsmaßnahme wäre nicht nur kostenlos, sondern sogar der seltene Fall einer echten »Win-win-Situation«. Jeder in Europa würde profitieren – vorneweg die deutschen Arbeitnehmer selbst.

Aber bisher sind die meisten Deutschen nicht zu überzeugen, dass sie sich ruhig mehr gönnen sollten. Die Bundesbürger werden gern als »schwäbische Hausfrauen« karikiert, die immer nur ans Sparen und ans »Schaffe, schaffe, Häusle baue« denken würden. Tatsächlich ist es noch schlimmer: Selbst eine schwäbische Hausfrau wüsste, dass ihr Projekt »Häusle baue« schneller vorankäme, wenn das Familieneinkommen stiege.

Die Deutschen sind schuld, wenn der Euro auseinander bricht. Ihre Agenda 2010 ist weitaus gefährlicher, als es die Überschuldung Griechenlands jemals sein könnte. Deutschland ist die größte Volkswirtschaft Europas, und wenn die Deutschen ihre Reallöhne senken, dann müssen die anderen Länder folgen, so dass sich am Ende die gesamte Eurozone in die Armut spart.

Dieser Kurs ist nicht nur widersinnig, weil er niemandem nützt. Die deutsche Politik ist vor allem erstaunlich, weil die Gefahren für Deutschland selbst so extrem sind. Falls der Euro auseinander fliegt, wären die Deutschen die größten Verlierer: Die neue D-Mark würde rasant aufwerten, so dass das Auslandsvermögen vernichtet und die Exportindustrie schwer geschädigt würde.

Die Eurokrise ist eine Krise ohne Vorbild. Sie ist nicht nur einzigartig, weil sich 19 Staaten in einer Währungsunion vereinigt haben – neu ist auch, dass eine eigentlich kleine Krise so katastrophal gemanagt wird, dass sie als größte Depression aller Zeiten enden könnte.

19 Geld kann man nicht essen: Wie die Deutschen ihr Vermögen retten können

Die Finanz- und Eurokrise macht jedem Deutschen zu schaffen, der Vermögen hat. Ratlos fragen sich die Anleger, wo sie ihr Geld investieren sollen, damit es wenigstens seinen Wert behält. Denn inzwischen sind die Zinsen unter die Inflationsrate gesunken – nicht weil die Inflation so hoch wäre, sondern weil die Zinsen so mickrig sind.

Die Literatur, die sich mit dem Thema Geldanlage befasst, boomt. Mal werden Aktien empfohlen, dann wieder Gold, Immobilien, Ackerland, Rohstoffe, Unternehmensanleihen oder auch einige Fonds. Schon die Vielzahl der Ratschläge sollte jeden Anleger stutzig machen. Offenbar gibt es keinen sicheren Trick, wie man sein Vermögen retten kann, wenn die Wirtschaft schrumpft oder stagniert.

Hinter diesem Dilemma verbirgt sich eine knallharte ökonomische Logik: Vermögen hat keinen Wert an sich, sondern dieser Wert ergibt sich aus der Rendite, die die Investition abwirft. Wenn die Wirtschaft schrumpft, sinken automatisch auch die Erträge – und damit nehmen die Vermögenswerte ab.

Einzelne Spekulanten können in einer Finanzkrise zwar noch Gewinn machen, indem sie etwa auf fallende Aktienkurse setzen. Aber dies sind immer Ausnahmen. Insgesamt müssen die Vermögensbesitzer zwingend verlieren, sobald das Volkseinkommen sinkt. Es ist wie bei einem Mietshaus, in dem niemand wohnt: Es ist zwar noch eine Immobilie, aber leider wertlos, weil es keine Mieterträge mehr abwirft.

Daher ist es eigentlich überflüssig, Ratgeber zu lesen, die versprechen, den Anleger erfolgreich durch eine Finanzkrise zu lotsen. Wer sein Vermögen retten will, sollte sich lieber der Frage widmen, wie sich schwere Wirtschaftskrisen verhindern lassen. Im Moment ist diese Aufgabe denkbar schwierig, denn noch immer ist die Finanzblase bis zum Zerreißen gespannt. Wenn diese »Superblase« nicht platzen soll, muss die Wirtschaft wachsen. Nur wenn das Volkseinkommen steigt, wird der Berg an Finanzwerten nicht einstürzen.

Aber wie erzeugt man Wachstum in der Realwirtschaft? Obwohl es viele Neoliberale nicht glauben wollen: durch den Staat. Zwar hat es sich eingebürgert, den Staat als Krake zu sehen, der das Vermögen des einzelnen Bürgers bedroht, indem er Steuern erhebt und die angeblich freie »Marktwirtschaft« beschneidet. Doch, wie schon gesehen, gibt es den Gegensatz zwischen Kapitalismus und Staat nicht. Stattdessen kann die Wirtschaft nur florieren, wenn ein starker Staat sie begleitet.

Der Schlauste aller Investoren hat längst begriffen, dass nur der Staat die Wirtschaft ankurbeln kann. Der amerikanische Multimilliardär Warren Buffett hat die US-Regierung schon mehrfach aufgefordert, ihn endlich höher zu besteuern. In diversen Zeitungsartikeln rechnete er vor, dass er auf sein Millioneneinkommen nur 17,4 Prozent Steuern zahlt – während seine Büroangestellten im Durchschnitt auf 36 Prozent kommen. Die Mittelschicht muss also bluten, während die Superreichen geschont werden.[144]

Für Buffett ist dieses Missverhältnis nicht nur eklatant ungerecht, sondern auch ökonomisch dumm. Akribisch rechnet er seinen Mitbürgern vor, dass es keine Jobs geschaffen hat, die Reichen steuerlich zu entlasten. Im Gegenteil: In den 1970er Jahren haben die US-Firmen deutlich mehr investiert, obwohl die Gewinnsteuern damals viel höher waren. Dieses scheinbare Paradox ist leicht zu erklären, findet Buffett: Unternehmer investieren, wenn sie eine Chance auf Profit sehen. Wie viel Steuern sie hinterher auf diesen Gewinn zahlen, so Buffett, ist völlig nachrangig. Hauptsache, es entsteht erst einmal Profit.

Buffett ist nicht der einzige, der erkannt hat, dass hohe Steuern für die Reichen die Wirtschaft nicht etwa strangulieren, sondern enorm fördern. Dieses scheinbare Paradox hat mit der »Saldenmechanik« zu tun, die der deutsche Ökonom Wolfgang Stützel 1958 ausführlich beschrieben hat. »Saldenmechanik« klingt ungemein kompliziert, ist aber simple Buchhaltung.

Die Grundidee: In einer Volkswirtschaft können nicht alle Sektoren gleichzeitig sparen. Die Wirtschaft würde zusammenbrechen, wenn der Staat, die Unternehmen und die privaten Haushalte allesamt bloß Überschüsse anhäuften. Wenn jemand spart, muss sich ein anderer verschulden. Sonst fehlt als Nachfrage, was an Geld auf der Bank liegen bleibt. Die Wirtschaft schrumpft – und die Ersparnisse sind wieder weg. Wolfgang Stützel war übrigens kein Keynesianer, sondern verstand sich selbst als liberaler Marktwirtschaftler. Aber es ist eben zwingend, dass Kreditnehmer gebraucht werden, sobald gespart wird.[145]

Diese volkswirtschaftliche Binsenweisheit ist jedoch nicht leicht umzusetzen, weil ein sozialpsychologisches Problem dazwischenfunkt: Die privaten Haushalte sparen eigentlich immer, sobald sie der absoluten Not entkommen sind. Natürlich nehmen einzelne Familien einen Kredit auf, um beispielsweise ein Haus zu bauen – in der Summe aber überwiegen die Sparer. Denn die Menschen wollen fürs Alter vorsorgen, Rücklagen für die Ausbildung ihrer Kinder bilden oder ein Erbe hinterlassen.[146]

Wenn jedoch die privaten Haushalte kontinuierlich Überschüsse anhäufen, dann müssen sich entweder die Unternehmen oder der Staat verschulden. Doch seit 2002 sparen auch die deutschen Firmen und türmen Milliarden an Finanzvermögen auf. Denn die Produktionskosten sanken, weil die deutschen Reallöhne bis 2010 kontinuierlich fielen, und zugleich wurden die Steuern für die Unternehmen reduziert. Die Körperschaftsteuer beispielsweise beträgt nur noch 15 Prozent. Ergebnis: Viele Firmen sitzen auf riesigen Barreserven und wissen nicht mehr, wo sie ihre Gewinne noch anlegen sollen.

Die reine Logik würde also gebieten, dass sich der deutsche Staat stärker verschuldet, wenn private Haushalte und Unternehmen sparen. Doch stattdessen wurde sogar eine »Schuldenbremse« ins Grundgesetz geschrieben, damit der Staat bloß keine Kredite aufnimmt. In Deutschland spart also jeder: die Bürger, die Firmen und demnächst der Staat. Die Deutschen erinnern an ein Volk von Eichhörnchen, die sich alle einen riesigen Vorrat an Extranüssen anlegen, aber keine essen wollen.

Trotzdem bleibt das Geld nicht bei den Banken liegen, um dort zu verschimmeln, sondern es wird exportiert, weil es im Inland ja niemand haben will. Die deutschen Ersparnisse sind ins Ausland abgeflossen und haben sowohl die US-Subprime-Krise wie auch die Eurokrise angeheizt.[147]

Wenn sich dieses Verlustgeschäft nicht wiederholen soll, bleiben nur zwei Möglichkeiten: Entweder verschuldet sich der deutsche Staat stärker, um die heimischen Ersparnisse zu kompensieren – oder aber er erhöht die Steuern für die Reichen und die Unternehmen, damit sie gar nicht erst so viele Überschüsse anhäufen. Es mag paradox wirken, aber für die Vermögenden wäre es die allerbeste Geldanlage, wenn sie mehr Steuern entrichten würden. Warren Buffett lässt grüßen.

Geld kann man bekanntlich nicht essen, doch im Alltag wird diese schlichte Weisheit permanent vergessen. Jeder einzelne will sparen, um sich für die Zukunft abzusichern, aber eine Gesamtgesellschaft kann nicht vorsorgen, indem sie Geld anhäuft. Geld allein schafft keinen Reichtum, sondern ist nur soziales Schmiermittel und eine Zahl auf einem Konto. Der eigentliche Reichtum entsteht durch die Investitionen, die heute getätigt werden, um morgen mehr Güter und Dienstleistungen zu produzieren. Geld hat nur Zukunft, wenn es in Kapital verwandelt wird. Auf der Bank ist Geld langfristig wertlos.

In Deutschland wird jedoch viel zu wenig investiert. Das Deutsche Institut für Wirtschaftsforschung schätzt, dass die jährliche Investitionslücke 75 Milliarden Euro beträgt.[148] Es ist geradezu tragisch: Die Deutschen sparen, um für die Zukunft vorzusorgen, aber es unterbleiben die Investitionen, die die einzige echte Zukunftsvorsorge wären.

Es ist übrigens kein böser Zufall, sondern ebenfalls zwingend, dass die Investitionen schwächeln, wenn fleißig gespart wird. Wer spart, konsumiert nicht. Wenn aber der Absatz sinkt, dann gibt es für die Firmen keinen Anreiz mehr zu investieren. Warum sollten sie die Produktion erhöhen, wenn die Nachfrage stagniert oder gar fällt? Sparen ist also für die Gesamtwirtschaft ungemein gefährlich, obwohl es jedem einzelnen sinnvoll erscheint, sein Geld beisammenzuhalten. Betriebswirtschaftliche und volkswirtschaftliche Vernunft klaffen erneut auseinander, was aber weder dem Unternehmen noch dem Haushalt auffällt, weil sie über ihre eigene kleine Welt nicht hinausblicken können. Daher bleibt nur der Staat, um zu steuern. Er muss die Investitionen ankurbeln und die Sparwut möglichst begrenzen, wenn die Wirtschaft wachsen soll. Aber was bedeutet dies konkret?

Erstens: Der Staat darf nicht darauf warten, dass die Firmen investieren – sondern investiert selbst. Viele Zukunftsprojekte sind sowieso am besten gesamtgesellschaftlich zu stemmen. So ist die Energiewende nur möglich, wenn neue Stromtrassen gebaut werden, denn dezentrale Windräder oder Solarpaneele benötigen andere Netze als die Kohlegroßkraftwerke, die abgeschaltet werden sollen. Bedarf herrscht ebenfalls bei der Bildung und der Infrastruktur: Noch immer fehlen Kindergärten, und auch das Schienennetz und die Straßen sind vielerorts marode.

Zweitens: Um diese sinnvollen Projekte zu finanzieren, könnte der Staat ruhig Vermögensteuern erheben. Die überflüssigen Ersparnisse der Reichen würden ein wenig abgesaugt – und zudem wäre es nur gerecht. In Deutschland besitzt das oberste eine Prozent, also das reichste Hundertstel, bereits 35,8 Prozent des Gesamtvermögens. In Österreich ist es wahrscheinlich noch krasser: Dort dürften die reichsten 0,5 Prozent über mehr als ein Drittel des Geldvermögens verfügen.[149] Diese Vermögen wären stark geschrumpft, wenn der Staat nicht Milliarden aufgewandt hätte, um Banken und Konjunktur durch die Finanzkrise zu lotsen. Die Rettungsmaßnahmen waren zwar zwingend, weil sonst die Wirtschaft zusammengebrochen wäre, aber das Ergebnis ist trotzdem grotesk: Die Finanzkrise wurde für einen Teil der Besitzenden zum doppelten Geschäft. Der Staat hat nicht nur große Teile ihres Vermögen gerettet, sondern er musste dafür auch noch Schulden aufnehmen. Diese Kredite wurden ihm wiederum von den Vermögenden gewährt, die nun Zinsen verlangen. Die Besitzenden lassen es sich also auch noch bezahlen, dass ihr Vermögen gesichert wurde.

Die Superreichen beschwören zwar gern die »freie Marktwirtschaft«, faktisch aber kassieren sie hohe Subventionen. Diese Umverteilung von unten nach oben wäre leicht zu korrigieren: durch vernünftige Vermögen- und Erbschaftsteuern.[150] Auch die Spitzensätze bei der Einkommensteuer könnten ruhig steigen und zum Beispiel 53 Prozent betragen. Dies wäre übrigens keine Revolution, sondern nur eine Rückkehr in die Zeiten von CDU-Kanzler Helmut Kohl, der nun wahrlich nicht als Sozialist galt.[151]

Drittens: Die deutsche Wirtschaft wird kaum oder gar nicht wachsen, solange die Reallöhne stagnieren. Auch dies ist reine Logik. Wachstum bedeutet, dass mehr Güter hergestellt werden. Aber wer soll diese zusätzlichen Produkte kaufen, wenn die Gehälter nicht steigen? Die deutschen Unternehmen befinden sich in demselben Dilemma, das die US-Firmen kurz vor dem Crash 1929 heimsuchte: Die Produktivität nimmt zu, und es könnten mehr Waren hergestellt werden, aber es fehlt die Kaufkraft der Massen, weil die Reallöhne nicht mitziehen. Also verzichten die Firmen auf Investitionen, die sich nicht lohnen, und spekulieren lieber auf den Finanzmärkten. Wieder wird Zukunft verschenkt.

Wenn die Reallöhne steigen sollen, muss der Staat nachhelfen. Es nützt überhaupt nichts, auf den »Arbeitsmarkt« zu hoffen, denn dieser ist kein wirklicher Markt, weil die Arbeitnehmer erpressbar sind. Sie sind auf eine Stelle angewiesen und müssen jeden Lohn akzeptieren. Sie haben nur Verhandlungsmacht, wenn ihnen der Staat einen Mindestschutz gewährt. Diese Erkenntnis ist keineswegs neu, sondern war schon Adam Smith bekannt.

Trotzdem ignorierte die Agenda 2010 die historischen Erfahrungen und baute die Schutzrechte für die Arbeitnehmer ab. Dieses Lohndumping treibt nicht nur die Eurozone auseinander, sondern würgt auch das Wachstum in Deutschland ab. Korrekturen wären nicht schwierig: Schon ein Mindestlohn von zehn Euro pro Stunde würde helfen, und ansonsten wäre es erneut ein Fortschritt, in die Ära Kohl zurückzukehren und die unbegrenzte Leiharbeit einzuschränken.

Viertens: Da sowieso zu viel gespart wird, ist es äußerst ungünstig, wenn der Staat seine Bürger auch noch zum Sparen zwingt, indem er die private Altersvorsorge forciert. Die Riester-Rente ist eine Vermögensvernichtungsmaschine. Genial hingegen ist die gesetzliche Rente, die auf das sogenannte Umlageverfahren setzt. Die heutigen Arbeitnehmer zahlen für die heutigen Rentner. Fertig. Da wird nichts angespart und dem Wirtschaftskreislauf entzogen.

Um die Dimensionen zu verdeutlichen: Würde die gesetzliche Rente komplett auf eine private Vorsorge umgestellt, müssten 7 000 Milliarden Euro angespart werden. Die Finanzmärkte würden ungeheuer aufgebläht, während gleichzeitig die Realwirtschaft kollabierte, weil ihr Nachfrage entzogen würde. Die gesetzliche Rente ist kein sozialer Reparaturbetrieb am Kapitalismus, sondern ermöglicht ihn erst.

Viele Deutsche und Österreicher halten es für einen dummen Zufall, dass ihre private Vorsorge keine Erträge abwirft. Doch dieser Effekt ist nicht zu vermeiden: Das Zwangssparen würgt genau jene Wirtschaftsleistung ab, die eigentlich gebraucht würde, um die Renditen für die private Vorsorge zu finanzieren. Von der privaten Altersvorsorge hat daher nur die Finanzbranche profitiert, die Milliarden an staatlich subventionierten Provisionen kassierte. Niemand würde verlieren, wenn die Riester-Rente wieder abgeschafft würde – außer den Banken und Versicherungen natürlich.

Fünftens: Wenn die Finanzblase nicht platzen soll, muss verhindert werden, dass sie sich weiter aufpumpt. Eine Finanztransaktionssteuer könnte dabei helfen: Es ist nicht einzusehen, warum jedes Brötchen oder jede Büroklammer mit einer Mehrwertsteuer belegt wird, während die Handelsgeschäfte der Banken und Fonds steuerfrei bleiben. Allerdings könnte eine Finanztransaktionssteuer allein noch nicht verhindern, dass sich Spekulationsblasen bilden. Nur ein Beispiel: Sollten Anleger erwarten, dass die Aktienkurse stark steigen, werden sie Papiere kaufen, selbst wenn dabei eine Steuer von 0,1 Prozent anfällt.

Daher sind zwei weitere Maßnahmen nötig, die schon geschildert wurden: Das Eigenkapital der Banken und Schattenbanken muss deutlich steigen, so dass sie Verluste selbst tragen können. Zudem müssen alle Derivate über Börsen laufen – und komplexe Finanzprodukte verboten werden, wenn ihr volkswirtschaftlicher Sinn nicht erkennbar ist. Banken können ruhig wieder zu Sparkassen werden.

Höhere Reichensteuern, höhere Löhne, stärkere Kontrolle: Vermögende glauben gern, dass damit der Sozialismus anbricht. Doch die Besitzenden würden nicht enteignet, sondern ihr Vermögen gerettet. In nur zehn Jahren hat Deutschland drei Crashs erlebt: die Dotcom-Krise, die Finanzkrise und die Eurokrise. Selbst neoliberalen Investoren sollte inzwischen dämmern, dass der Glaube an den »freien Markt« kein gutes Geschäftsmodell war.

Die gute Nachricht ist also: Der Kapitalismus lässt sich steuern, so dass Krisen weitgehend vermeidbar sind. Trotzdem wird unser Wirtschaftssystem an Grenzen geraten, denn ein fundamentales Problem ist wohl nicht zu lösen. Der Kapitalismus erzeugt nicht nur Wachstum, sondern benötigt es auch. Unendliches Wachstum ist aber in einer endlichen Welt nicht möglich. Ist der Kapitalismus zum Untergang verdammt?

Ausblick: Der Untergang des Kapitals

Es ist nicht originell, ein Ende des Kapitalismus zu prognostizieren. Seine Dynamik wirkte schon immer unheimlich. Die neue Wirtschaftsordnung war noch ganz jung, da wurde bereits ihr Ende vorhergesagt. Adam Smith machte sich schon 1776 darüber lustig, dass permanent der ökonomische Untergang beschworen wurde: »Die jährlichen Erzeugnisse in England, zum Beispiel, sind jetzt viel höher, als sie es vor etwas mehr als einem Jahrhundert zu Zeiten Karls II. waren. Doch obwohl, wie ich glaube, nur wenige Menschen dies bestreiten würden, sind in dieser Zeitspanne nur selten fünf Jahre vergangen, in denen nicht ein Buch oder Pamphlet erschienen wäre, … das vorgab nachzuweisen, dass der Wohlstand der Nation rapide schrumpfen, das Land entvölkert, die Landwirtschaft vernachlässigt, die Produktion verfallen und der Handel versiegen würde.«[1]

Recht schnell konzentrierte sich die Sorge auf eine Frage, die bis heute aktuell ist: Würden die Rohstoffe reichen, um den gefräßigen Kapitalismus auf Dauer zu füttern? Die Ruhrbarone fürchteten schon im 19. Jahrhundert, dass die Kohle ausgehen könnte, wie der Stahlfabrikant Leopold Hoesch bezeugte: Ernsthaft habe man diskutiert, »ob überhaupt in der Welt genug Kohlen und Koks vorhanden seien, um das der Welt nötige Roheisen zu machen«.[2]

Diese Sorge kehrt heute unter dem Label »Peak Oil« zurück, womit gemeint ist, dass die maximale Fördermenge beim Öl bereits überschritten sein könnte, so dass der Rohstoff künftig knapper und teurer wird. Noch ist allerdings nicht zu beobachten, dass Energie kostspieliger würde. Stattdessen hat sie sich in den vergangenen 200 Jahren ständig verbilligt, wenn man die Inflation herausrechnet. Selbst die Ölkrisen von 1973 und 1979 konnten diesen langfristigen Trend nicht stoppen. Zudem gäbe es Ersatz: Sollte der Ölpreis tatsächlich dauerhaft steigen, würde es rentabel, Kohle zu verflüssigen, die noch für weitere 150 Jahre reicht.[3]

Bisher hat sich also jeder getäuscht, der ein Ende des Wachstums vorhersagte. Trotzdem kommt dieses Ende unausweichlich, obwohl nicht sicher prognostizierbar ist, wann genau es eintreten wird. Denn Wachstum bedeutet, dass fortwährend mehr Rohstoffe verbraucht werden. Zwar steht dem Menschen theoretisch die gesamte Erdkruste zur Verfügung, um sie auszubeuten. Doch die ganz großen Vorkommen sind überwiegend erschöpft, so dass die Rohstoffe in immer geringeren Konzentrationen geschürft werden müssen. Dies verbraucht zusätzliche Energie, die jedoch selbst knapp wird, weil auch die großen Ölfelder ausgelaugt sind.[4] Knappere Rohstoffe kosten knappere Energie – schon diese einfache Formel wird dafür sorgen, dass das Wachstum irgendwann endet.

Hinzu kommt ein zweites Problem, das noch drängender ist: Der Mensch zerstört seine eigenen Lebensgrundlagen, indem er die Umwelt verseucht. Der Klimawandel ist das sichtbarste Zeichen, dass die Natur sofort eine Wachstumspause benötigt und nicht warten kann, bis die Rohstoffe von selbst ausgehen. Jedes Jahr stößt die Menschheit zweimal so viele Treibhausgase aus, wie Wälder und Meere absorbieren können. Die Folgen sind für jeden Erdbewohner zu erkennen: Gletscher schmelzen, Wüsten dehnen sich aus, Überschwemmungen häufen sich, der Meeresspiegel steigt und die Ozeane versauern. Wenn die Erderwärmung nicht völlig außer Kontrolle geraten soll, müssen die Emissionen in den Industrieländern bis zum Jahr 2050 um etwa 80 Prozent sinken.

An Konzepten fehlt es nicht. Einige Stichworte lauten: erneuerbare Energien, Recycling, langlebige Waren, öffentlicher Verkehr, reduzierter Fleischkonsum, biologische Landwirtschaft und regionale Produkte. Die Kosten dieser Wende wären überschaubar – zumal es ja oft darum ginge, auf Ausgaben zu verzichten. Öffentliche Busse sind billiger als private Autos, wie jeder weiß, der sich kein eigenes Gefährt leisten kann.

Trotzdem kommt der Klimaschutz nicht voran. Als Schuldiger wird gern der Konsument ausgemacht, der eben unersättlich sei und nicht auf seine Flugreise nach Australien oder seine spritfressende Geländelimousine verzichten wolle. Diese Erklärung ist nicht völlig falsch, aber doch zu schlicht. Alle Studien zeigen, dass Wohlstand nicht glücklicher macht, sobald eine gewisse Einkommensschwelle überschritten ist, die ungefähr bei 27 500 Dollar pro Kopf im Jahr liegt. Nur zum Vergleich: Die Deutschen verfügen momentan über 39 000 Dollar pro Kopf und die Österreicher gar über 42 400 Dollar.[5] Da würde ein bisschen Verzicht nicht auffallen.

Auch rückblickend wird jeder bestätigen, dass steigender Wohlstand nicht unbedingt glücklicher macht: Seit 1975 hat sich die reale Wirtschaftsleistung in der Bundesrepublik und in Österreich ungefähr verdoppelt, aber die Zufriedenheit hat nicht zugenommen. Auch damals lebte es sich gut. Niemand hat darunter gelitten, dass es Erdbeeren und Spargel nur im Frühsommer gab und keine Kiwis aus Neuseeland eingeflogen wurden.

Wir leben in einer Überflussgesellschaft – und wissen mit diesem Überfluss oft nichts anzufangen. Das deutsche Umweltministerium hat gezählt, wie viele Gegenstände die Bundesbürger im Schnitt besitzen: Es sind 10 000. Mindestens die Hälfte dieser Dinge wird nie benutzt, sondern vergammelt in den Schränken und verschmutzt die Umwelt. Zuerst bei der Herstellung, dann als Müll.

Zudem kostet Konsum auch noch Zeit. Wie der Wachstumskritiker Niko Paech immer wieder betont, ist Zeit das einzig knappe Gut in der westlichen Welt. Bekanntlich muss jeder sterben, und daher ist es erstaunlich, dass die Menschen ihre begrenzte Lebenszeit damit verschwenden, Güter anzuschaffen und zu pflegen, die sie gar nicht benötigen.

Eine simple Lösung scheint sich aufzudrängen: Jeder kauft nur noch die Hälfte. Dies wäre kein Verzicht, sondern Befreiung. Endlich wäre der Plunder fort, den man nie anfasst. Natürlich würde unsere kapitalistische Wirtschaft nicht mehr wachsen, sondern schrumpfen, wenn die Konsumenten streiken. Aber was macht das schon? Die Umwelt wäre gerettet.

Es ist jedoch nicht einfach, auf Wachstum zu verzichten. Die Finanzkrise war dafür lehrreich: Kaum sank die Produktion, wurden umfangreiche Konjunkturpakete aufgelegt, um die Arbeitsplätze zu retten. Selbst die Umwelt profitiert nicht automatisch, wenn die Wirtschaft schrumpft. Weil viele Griechen sich kein Heizöl leisten können, fällen sie die letzten Bäume. In einer Wirtschaftskrise ist die Natur das erste Opfer.

Der Kapitalismus funktioniert also anders, als die Werbung suggeriert: Es geht nicht um die Waren, die wir konsumieren. Die Produkte sind nur Hilfsmittel für einen höheren Zweck. Das Endziel sind die Arbeitsplätze. Wir arbeiten, um zu arbeiten. Denn nur wer Arbeit hat, hat Einkommen, Sicherheit und Anerkennung.

Der US-amerikanische Ökonom John Kenneth Galbraith hat bereits 1958 auf ein seltsames Phänomen hingewiesen: In einer Wirtschaftskrise wird nie bedauert, dass viele Waren nicht entstehen, weil die Fabriken nicht voll ausgelastet sind. Die sinkende Gütermenge ist egal. Niemand leidet, weil plötzlich weniger Autos hergestellt werden. Stattdessen werden nur die Arbeitsplätze beklagt, die in der Krise wegfallen.[6] Angeblich konsumieren wir uns zu Tode – aber dies ist eine falsche Wahrnehmung. Wir produzieren uns zu Tode. Das kollektive Ziel ist Vollbeschäftigung, nicht Vollkonsum.

Theoretisch wäre die Lösung einfach: Wir konsumieren nicht nur die Hälfte – sondern arbeiten auch nur die Hälfte. Dann hätte jeder das nötige Auskommen, um seine Bedürfnisse zu befriedigen. Diese Idee ist ebenfalls nicht neu, sondern fast so alt wie die Industrialisierung. Marx' Schwiegersohn Paul Lafargue veröffentlichte bereits 1883 sein Manifest *Recht auf Faulheit*, und auch Keynes glaubte, dass die Menschen künftig ein Leben wie die Adligen führen und sich ganz ihren Hobbys widmen könnten. Mitten in der Weltwirtschaftskrise befasste er sich mit der Frage, wie wohl das Leben der Enkel aussehen würde – und prognostizierte für das Jahr 2030, dass 15 Stunden Arbeit in der Woche völlig ausreichten, damit jeder in Wohlstand lebt.

Keynes' Prognose war eigentlich richtig und ist trotzdem nicht wahr geworden. Die Menschen produzieren lieber überflüssige Güter, anstatt auf Arbeit zu verzichten. Sie setzen unverändert auf Wachstum, obwohl die Umwelt diese Güterlawine nicht mehr verkraften kann. Momentan wächst die Weltwirtschaft mit etwas mehr als zwei Prozent pro Jahr, was zunächst harmlos klingen mag. Aber bereits Keynes hat seinen Zeitgenossen vorgerechnet, welch immensen Ausstoß an Waren dies bedeutet: »Wenn das Kapital jährlich um zwei Prozent zunimmt, ist das Vermögen in 20 Jahren bereits um die Hälfte und nach 100 Jahren um das 7,5-Fache gestiegen.«

Es ist offensichtlich, dass die Menschen ihre Lebensgrundlagen zerstören, wenn sie weiter auf Wachstum beharren. Doch gleichzeitig ist ebenso offensichtlich, dass noch immer Milliarden Menschen in Armut leben und ein Recht darauf haben, jenen Lebensstandard zu erreichen, den die Bewohner der Industrieländer für sich beanspruchen. In einer gerechten Welt müssten also die Menschen im Norden auf Wachstum verzichten, damit die Bewohner im Süden aufholen können, ohne dass die Umwelt kollabiert.

Da es aber schwierig erscheint, das Wachstum im Norden zu bremsen, kam ein neues Konzept auf, das unter Namen wie »Green New Deal« oder »nachhaltiges Wachstum« firmiert. Zunächst klingt die Idee charmant: Man könnte doch das Wachstum vom Rohstoffverbrauch »entkoppeln«, indem die Effizienz gesteigert wird. Der Energieaufwand pro Wareneinheit soll sinken, damit das Klima nicht leidet und Wachstum trotzdem möglich ist. Es klingt wie die Quadratur des Kreises: Plötzlich sollen Ökonomie und Ökologie keine Gegensätze mehr sein.

Das Konzept der »Entkoppelung« ist nicht völlig abwegig: Seit 1970 hat sich der Energieverbrauch pro Wareneinheit halbiert. Die Umwelt wurde allerdings nicht entlastet, weil prompt der »Rebound-Effekt« zuschlug, der auf deutsch auch »Bumerangeffekt« heißt: Die Kostenersparnis wurde genutzt, um die Warenproduktion auszudehnen, so dass der gesamte Energieverbrauch nicht etwa fiel, sondern sogar zunahm.

Aber auch dieser »Rebound-Effekt« scheint sich beheben zu lassen: durch »erneuerbare Energien«, die sich aus Wind, Sonne oder Wasserkraft speisen. Allerdings ist der Begriff wieder einmal schöner als die Realität: »Grüne« Energie ist nicht wirklich grün, sondern auch sie verbraucht Rohstoffe, verschandelt Landschaft und zerstört Natur. Für die Lebewesen im Nordsee-Watt ist es nicht harmlos, wenn dort riesige Offshore-Windparks entstehen. Genauso wenig sind die Bewohner im Schwarzwald verblendet, wenn sie sich dagegen wehren, dass bei ihnen neue Pumpspeicherkraftwerke errichtet werden. Diese Anlagen greifen in die Natur ein. Die Ökobilanz der erneuerbaren Energie ist zwar deutlich besser als beim Kohlestrom, aber die Umweltschäden liegen nicht bei null.

Zudem gibt es weite Bereiche der Wirtschaft, die sich nicht mit Ökostrom betreiben lassen. Das Elektroauto befindet sich noch immer im Versuchsstadium, und auch Passagierflugzeuge heben nur mit Kerosin ab. Allein der Flugverkehr zerstört aber jede Hoffnung, die Klimaziele zu erreichen, wie eine einfache Rechnung zeigt, die der Wachstumskritiker Niko Paech aufmacht: Wenn die Erderwärmung begrenzt bleiben soll, steht jedem Erdbewohner im Jahr 2050 nur noch ein Ausstoß von 2,7 Tonnen CO_2 im Jahr zu. Eine Flugreise von Frankfurt nach New York verursacht aber bereits Emissionen von 4,2 Tonnen, und nach Sydney sind es gar 14,5 Tonnen. Zwar unternimmt nicht jeder Deutsche ständig Fernreisen, aber der Trend im Luftverkehr zeigt stark nach oben, und schon jetzt hinterlässt jeder Bundesbürger elf Tonnen CO_2 im Jahr.[7]

Bisher haben 90 Prozent der Erdbevölkerung noch nie ein Flugzeug von innen gesehen. Aber man stelle sich einmal vor, sie würden alle so selbstverständlich durch die Welt jetten wie die Deutschen. Die Menschheit würde an den Kondensstreifen zugrunde gehen, die sie am Himmel hinterlässt. Wenn das Klima geschont werden soll, kann es kein Menschenrecht auf Fliegen geben. Damit aber ist das böse V-Wort unvermeidlich, das selbst die Grünen gern vermeiden: Verzicht.

Dieser Verzicht würde sich nicht allein aufs Fliegen beschränken, denn auch ansonsten lässt sich der Energieverbrauch nur reduzieren, indem weniger produziert wird. Oder anders gesagt: Alle Konzepte vom »nachhaltigen Wachstum« sind Mogelpackungen, weil es in Wahrheit kein Wachstum mehr gäbe, sondern mehr Nachhaltigkeit. Die richtige Bezeichnung wäre also »wachsende Nachhaltigkeit«.

Nur ein Beispiel: Jedes Konzept zum »nachhaltigen Wachstum« hofft darauf, dass sich das Car-Sharing durchsetzt und der öffentliche Transport zunimmt. Aber wenn sich mehrere Familien ein Auto teilen oder gleich ganz im Bus sitzen, werden weniger Autos gekauft. Die Automobilindustrie, der Deutschen ganzer Stolz, würde schrumpfen.

Zudem reicht es nicht, sich nur auf den Klimawandel zu konzentrieren. Der CO_2-Ausstoß ist nicht das einzige Umweltproblem, sondern genauso bedrohlich sind der Flächenverbrauch, die Wasserknappheit, das Artensterben und die giftigen Abfälle. Der Mensch hat rund 100 000 verschiedene Chemikalien in die Welt gesetzt, von denen nur in Ansätzen bekannt ist, wie sie miteinander interagieren.

Die Industrieländer stehen vor einer Alternative, die eigentlich keine ist: Entweder sie verzichten freiwillig auf Wachstum – oder die Zeit des Wachstums endet später gewaltsam, weil die Lebensgrundlagen zerstört sind. Für die Industrieländer wäre es daher rational, lieber gleich auf die Bremse zu treten, zumal es kein Verlust wäre, den Konsum zu reduzieren. Der Überfluss hat die Zufriedenheit nicht gesteigert, und es wäre eine Befreiung, weniger arbeiten zu müssen. Diese Erkenntnis ist nicht nur bei Keynes nachzulesen, sondern es gibt inzwischen viele Bücher, die die idyllische Welt einer »Gemeinwohlökonomie« oder »Postwachstumsökonomie« beschreiben, die eine Kreislaufwirtschaft anstrebt und auf Wachstum verzichtet.

Es fehlt nicht an einer Vision, sondern am Weg dorthin. Viele Kapitalismuskritiker glauben, es sei ganz einfach, auf Wachstum zu verzichten und damit den Kapitalismus abzuschaffen, weswegen sie über den Prozess gar nicht erst nachdenken. Tatsächlich ist es jedoch eine bisher ungelöste Herausforderung, wie sich der Übergang von einer kapitalistischen Ökonomie zu einer Kreislaufwirtschaft organisieren ließe.

Der Schweizer Ökonom Hans Christoph Binswanger hat sich lebenslang mit Umweltfragen befasst und unter anderem die Ökosteuer erfunden. Trotzdem glaubt er nicht, dass es möglich sei, völlig auf Wachstum zu verzichten. Schon Stagnation bedeutet, dass die Firmen Verluste fürchten müssen. Sobald aber Gewinne ausbleiben, investieren die Unternehmen nicht mehr, und ohne Investitionen bricht die Wirtschaft zusammen.[8] Es würde eine unkontrollierbare Spirale nach unten einsetzen, die an die Weltwirtschaftskrise ab 1929 erinnert: Arbeitsplätze gehen verloren, die Nachfrage sinkt, die Produktion schrumpft, noch mehr Stellen verschwinden.

Der Kapitalismus wäre zwar beendet, aber dieses Ende darf man sich nicht friedlich vorstellen. Das Ergebnis wäre nicht jene ökologische Kreislaufwirtschaft, die sich Umweltschützer erhoffen. Stattdessen wäre es eine Wirtschaft im freien Fall, die unkontrolliert schrumpft und Panik erzeugt. Es erschüttert die Menschen zutiefst, wenn sie ihren Arbeitsplatz und ihr Einkommen verlieren. Alle großen Wirtschaftskrisen waren ungemein gefährlich – für die Demokratie. Auch in den Krisenländern der Eurozone ist bereits zu beobachten, dass Regierungen auseinanderfallen und radikale Parteien erstarken.

Es ist ein Dilemma: Ohne Wachstum geht es nicht, komplett grünes Wachstum gibt es nicht, und normales Wachstum bedeutet eine Öko-Katastrophe. Der Kapitalismus erscheint wie ein Fluch. Er hat den Reichtum und den technischen Fortschritt ermöglicht, der es eigentlich erlauben würde, mit wenig Arbeit auszukommen. Aber stattdessen muss unverdrossen weiter produziert werden, obwohl dies in den Untergang führt. Dieses »moderne Paradox« hat Galbraith bereits 1958 beschrieben: »Wie kann es sein, dass die Produktion steigt – und wir uns dennoch stets mehr um diese Produktion sorgen?«[9]

Die Ware wird zum Fetisch. Aber anders als Karl Marx dachte, geht es nicht um Gebrauchs- oder Tauschwert. Es geht um Stabilität und Sicherheit. Wir produzieren immer mehr, weil der Kapitalismus Wachstum benötigt und ohne Wachstum kollabiert. Natürlich kann der Kapitalismus zwischendurch auch Krisen aushalten – aber es muss die Aussicht bestehen, dass das Wachstum zurückkehrt.

In dieser Zwangslage bleibt nur ein pragmatisches Trotzdem: trotzdem Energie sparen, trotzdem möglichst wenig fliegen, trotzdem auf Wind und Sonne setzen. Aber man sollte sich nicht einbilden, dass dies rundum »grünes« Wachstum sei. Die Wahrscheinlichkeit ist daher groß, dass der Kapitalismus an den Umweltproblemen scheitert, die er selbst erzeugt.

Das Ende des Kapitalismus wird nicht das Ende der Geschichte oder gar der Erde sein – und wird wahrscheinlich auch nicht das

Ende des Menschen bedeuten, obwohl dieser sich maximal anstrengt, seine Lebensgrundlagen zu ruinieren. Es wird sich ein neues System herausbilden, das heute noch nicht zu erkennen ist. Aber es wird seine Zeitgenossen genauso überraschen, wie es der Kapitalismus tat, als er 1760 im Nordwesten Englands entstand. Niemand hat ihn erwartet, niemand hat ihn geplant – und trotzdem gibt es ihn. Es gehört zu den faszinierenden Eigenschaften des Menschen, dass er seine eigenen Kulturleistungen weder vorhersieht noch gänzlich versteht. Wo der Mensch ist, ist das Ende offen.

Dank

Daniel Haufler und Andrew James Johnston haben das Buch als kritische Leser und Gesprächspartner begleitet – wenn der Text verständlich ist, dann ist es ihnen zu verdanken. Stephan Schulmeister hat einige Kapitel fachlich überprüft, aber eventuelle Fehler sind nicht ihm anzulasten, denn manchmal bin ich bei meinem ursprünglichen Text geblieben. Niels Kadritzke hat das Projekt befördert, indem ich einige Zeit bei ihm auf Syros wohnen durfte. Volker Schmidtke versorgte meinen Computer mit einer neuen Tastatur, gerade als ein größeres technisches Desaster drohte. Sehr dankbar bin ich auch den Leserinnen und Lesern der *taz*, denn es waren ihre Briefe und Fragen, die mich dazu brachten, ein Buch über den Kapitalismus zu schreiben.

Anmerkungen

Einleitung: Der Sieg des Kapitals

1 Auch im Rückblick erstaunt es, dass die Occupy-Aktivisten keine konkreten ökonomischen Forderungen entwickelten, denn wie eine Onlinebefragung ergab, waren die Occupy-Teilnehmer überdurchschnittlich gut ausgebildet: 66,6 Prozent hatten ein Hochschulstudium begonnen: Brinkmann/Nachtwey/Décieux 2013, S. 6.

2 Botho Strauß, Uns fehlt ein Wort, ein einzig Wort, in: *Frankfurter Allgemeine Zeitung*, 23. 8. 2011.

3 Bach/Baldi u. a. 2013, S. 3.

4 www.destatis.de/DE/ZahlenFakten/GesamtwirtschaftUmwelt/Preise/BauImmobilienpreise.htm.

5 Von den aktuell 91,8 Millionen Lebensversicherungsverträgen sind 76,1 Millionen Kapital- und Rentenversicherungen, also Ansparverträge fürs Alter. Der Rest sind vor allem Risikolebensversicherungen. Dieses Bild ist jedoch unvollständig, weil Pensionsfonds und Pensionskassen nicht komplett erfasst sind. In Wahrheit gibt es also noch viel mehr Verträge. Siehe: GDV Die deutschen Versicherer 2014.

6 Der Begriff Kapitalismus wurde erst Ende des 19. Jahrhunderts gebräuchlich und setzte sich in Deutschland spätestens mit Werner Sombarts Hauptwerk *Der moderne Kapitalismus* (1902) durch.

7 Diese grobe Definition lässt sich natürlich beliebig verfeinern. Schon 1918 wurden in der damaligen Wirtschaftsliteratur 111 verschiedene Definitionen von Kapitalismus gefunden. Siehe: Osterhammel 2009, S. 953.

8 Schumpeter 1983, S. 64.

9 Kindleberger 1993, S. 3.

Teil I Der Aufstieg des Kapitals

1 Statistisches Bundesamt 2012 a, Diese Daten sind eine Momentaufnahme. Die Zunahme der Körpermaße ist offenbar noch nicht vorüber: Junge Männer zwischen 20 und 25 Jahre sind im Durchschnitt heute 181 Zentimeter groß – und überragen damit die 25- bis 30-Jährigen schon wieder um einen Zentimeter.

2 Hobsbawm 1994, S. 29.

3 Statistisches Bundesamt 2012 b. Die Lebenserwartung dürfte allerdings demnächst leicht nach unten korrigiert werden, da sich bei der Volkszählung 2011

herausgestellt hat, dass weniger Menschen in Deutschland lebten, als bis dahin angenommen: nämlich nur 80,2 statt 81,7 Millionen.

4 Eisenmenger/Emmerling 2011, S. 219–238, hier S. 222.

5 Johann Peter Süßmilch zitiert nach François Höpflinger, Zur Entwicklung der Lebenserwartung in der Schweiz – Studientext und historisches Datendossier, http://www.hoepflinger.com/fhtop/Lebenserwartung-historisch1.pdf, S. 9.

6 Süßmilch machte sich übrigens auch schon Gedanken darüber, wie viele Menschen wohl maximal auf der Erde leben könnten. Er kam auf eine Zahl, die damals unwahrscheinlich klang und 2011 dennoch erreicht wurde: sieben Milliarden Menschen. Später erhöhte er diese Schätzung sogar auf 14 Milliarden.

7 Gut dokumentiert ist die Lebensdauer einzelner Schichten für die Stadtrepublik Genf. Im 17. Jahrhundert erreichten von 1 000 Personen aus der Oberschicht 305 das 60. Lebensjahr. Bei der Mittelschicht (Kleinbürger und Handwerker) waren es 171, und bei der Unterschicht (unqualifizierte Arbeiter) nur 106; siehe: http://www.hoepflinger.com/fhtop/Lebenserwartung-historisch1.pdf, S. 4. Inzwischen hat sich der Abstand zwischen Armen und Reichen bei der Lebensdauer zwar verringert, aber er beträgt immer noch fünf Jahre bei Männern und 3,5 Jahre bei Frauen. Siehe Kroh u. a. 2012, S. 3–15.

8 Wehler 1987 a, S. 69 f., 2003, S. 231. Die Bevölkerungszahlen sind vergleichbar, weil auch für die Daten von 1800 das Deutschland in den Grenzen von 1914 zugrunde gelegt wurde.

9 Wehler 1995, S. 544.

10 Jeweils in Preisen von 1913. Siehe Henning 1973, S. 25 f. Zum Vergleich: Zwischen 1500 und 1700 gab es überhaupt kein Wachstum pro Kopf. Bis 1750 stieg die jährliche Wachstumsrate auf 0,2 Prozent. Bis 1800 folgte eine weitere Stagnation. Von 1800 bis 1850 betrug die Wachstumsrate 0,5 bis 0,7 Prozent pro Kopf. Siehe Pfister 2011, S. 17.

11 *Das Kommunistische Manifest* gilt heute als eine der wirkungsmächtigsten Propagandaschriften der Weltgeschichte. Doch von den Zeitgenossen wurde es weitgehend ignoriert. Breit bekannt wurde das Papier erst nach 1870, als es neu aufgelegt wurde. Siehe Hobsbawm 1997, S. 21.

12 Schumpeter 2008, S. 67.

13 Fellmeth2008, S. 84.

14 Ebd., S. 129.

15 So ist bekannt, dass der Mathematiker Heron von Alexandria im ersten Jahrhundert n. Chr. eine Maschine entwickelte, die die Dampfkraft nutzte. Allerdings ist sehr zweifelhaft, ob dieser Apparat irgendeinen praktischen Nutzen hatte. Siehe Landels 1978, S. 28 ff. Auch sonst war Heron sehr einfallsreich: Er konstruierte Wasserpumpen, um sie zum Feuerlöschen einzusetzen. Und er bastelte Miniaturtempel, bei denen sich die Türen automatisch öffneten, wenn am Altar ein Feuer entzündet wurde. Aber meist waren diese technischen Erfindungen zweckfrei und dienten nur dem Amusement (ebd., S. 202 ff.).

16 Fellmeth 2008, S. 73 und S. 143.

17 Ebd., S. 151.

18 Finley 1985.

19 Plinius' Onkel war der bedeutende Naturforscher Plinius d. Ältere, der 79 n. Chr. bei dem Vesuvausbruch ums Leben kam, der auch Pompeji vernichtete.

20 Plinius, Brief 3, 19, zitiert nach *Pliny's Epistles in Ten Books*: Volume 1, Books 1–6. Electronic Text Center, University of Virginia Library. Siehe auch Finley 1985, S. 113 ff.

21 Bis heute wird häufig ignoriert, dass die Griechen und Römer keine modernen Unternehmer waren. Völlig ahistorisch gehen etwa Max Horkheimer und Theodor W. Adorno vor. In ihrer berühmten *Dialektik der Aufklärung* von 1947 (1988, S. 50 ff.) findet sich auch ein Exkurs zu »Odysseus oder Mythos und Aufklärung«. Dort wird Odysseus umstandslos zu einem »homo oeconomicus« erklärt, der das »Prinzip der kapitalistischen Wirtschaft« verkörpere. Dabei hätten Adorno und Horkheimer es besser wissen können. Vor den Nazis waren sie nach New York geflohen und betrieben dort das »Institute for Social Research«, bei dem auch Moses Finley angestellt war. 1954 publizierte Finley sein bis heute zentrales Werk über das Homerische Griechenland unter dem Titel *The World of Odysseus*. Adornos und Horkheimers Schriften werden dort jedoch nicht erwähnt, was kein Zufall sein dürfte: Kapitalistische Unternehmer sind in Homers Epen nicht zu finden. In der Welt des Odysseus gab es noch nicht einmal Märkte oder eine Geldwirtschaft.

Trotzdem hält sich die Legende hartnäckig, dass Odysseus »sehr gut in die moderne Welt passt«, wie etwa der Fondsmanager Georg von Wallwitz schreibt. Er hält Odysseus gar für einen Vorläufer der heutigen Investmentbanker. Er habe »sich aus fast allen traditionellen Bindungen gelöst, treibt rastlos auf den Meeren umher, ist zum eigenen Vorteil kompromisslos listenreich und belügt sogar die Götter, wenn es opportun erscheint. Wichtiger als alles ist ihm das Überleben, das Weiterkommen, auch wenn die Gefährten auf der Strecke bleiben. Odysseus ist wundervoll ideenreich und hat eine unglaubliche Härte gegen sich und andere. Im positiven wie im negativen Sinn lässt sich Odysseus als Ideal des modernen Unternehmers beschreiben.« (Wallwitz 2011, S. 8) Natürlich besteht kein Zweifel, dass Odysseus listenreich war – aber es ist eben ein Missverständnis zu glauben, dass List allein schon den kapitalistischen Unternehmer ausmacht.

22 Petronius, 76, kindle edition.

23 Finley 1985, S. 113. Finleys Deutung der antiken Wirtschaft beschäftigt die Althistoriker seit nunmehr 30 Jahren und hat auch viel Widerspruch erregt. So wird von Archäologen und Ökonomen vorgebracht, dass die römische Technik und Landwirtschaft weitaus avancierter gewesen sei, als Finley dies zugestanden habe (siehe etwa Greene 2000 oder Temin 2013). Diese Kritik verkennt jedoch, dass sich Finleys Leitfrage umso dringender stellt, je größer die unterstellte Leistungsfähigkeit der römischen Wirtschaft ist: Warum haben die Römer den Sprung in den Kapitalismus nicht geschafft, obwohl sie so weit entwickelt waren? Warum haben sie noch nicht einmal den Ansatz einer ökonomischen Theorie entwickelt? Warum gab es keine Investitionskredite? Auch Greene muss zugeben, dass die Römer wie »Rentiers« gedacht hätten. (S. 45) Temin wiederum muss einräumen, dass die römischen Straßen nicht etwa gebaut wurden, um den Handel zu erleichtern – sondern allein militärische Bedürfnisse bedienten. (S. 223) Bis heute konnten Finleys Thesen im Kern nicht widerlegt werden: Saller 2005, S. 223–238.

24 Tacitus, *Annalen* 3, 52–54.

25 Plinius der Ältere, *Naturalis historia*, XII, 84. Allerdings darf man die Summe von 100 Millionen Sesterzen nicht allzu genau nehmen. Die Römer waren noch keine Statistiker, sondern verwendeten Zahlen rhetorisch. Plinius' hohe Summe sollte vor allem dazu dienen, den Luxuskonsum zu diskreditieren. Siehe dazu Finley 1985, S. 132.

26 Als Abgesandter des Papstes Innozenz IV. erreichte der italienische Franziskaner Giovanni Piano Carpini 1246 die mongolische Hauptstadt Karakorum und verfasste später über seine Reise eine *Geschichte der Mongolen*. Auch der französische König Ludwig IX. startete eine diplomatische Mission: Er schickte 1253 eine Delegation unter dem flämischen Franziskanerpater Wilhelm von Rubruk in die Mongolei, der ebenfalls einen Reisebericht niederschrieb. Diese Missionen hatten allerdings noch keine kommerziellen Interessen, sondern sollten verhindern, dass die Mongolen erneut Europa verwüsteten wie im »Mongolensturm« 1241. Auch wollte man die Mongolen als Verbündete in den Kreuzzügen gegen den Islam gewinnen. Doch den Diplomaten folgten bald Händler: Niccolò Polo war 1260 bis nach Buchara im heutigen Usbekistan gekommen, bevor er dann mit seinem Sohn Marco 1271 zur berühmten zweiten Reise aufbrach, die bis 1295 dauern sollte. Siehe: *The Travels of Marco Polo*, Introduction of Benjamin Colbert, S. IX (Wordsworth Classics 1997). Eine vollständige Liste der Europäer, die bis nach China vordrangen, findet sich bei Collani 2012, S. 34 ff.

27 Die Darstellung in diesem Kapitel folgt im wesentlichen Maddison 2007, S. 24 ff.

28 Das Leben am chinesischen Hof war für Europäer sehr seltsam, soweit sie es überhaupt erleben konnten: Weil die Kaiser ihrer Verwaltung misstrauten, zogen sie sich Spitzel und Palasteunuchen heran. Zudem musste der kaiserliche Clan versorgt werden, der bis ins 17. Jahrhundert auf 100 000 Mitglieder anwuchs und zu einer beträchtlichen finanziellen Bürde wurde. Trotzdem fällt an China auf, dass sich bereits sehr früh eine Idealvorstellung von einer rationalen Verwaltung entwickelt hat. Es gab zwar immer wieder intrigante Eunuchen und korrupte Beamte, die die Macht an sich rissen – aber dies war kritisierbar und führte wiederholt zu Reformen, die das explizite Ziel hatten, erneut eine effiziente Bürokratie herzustellen. Siehe Dabringhaus 2006, S. 14 ff.

29 Ebd., S. 26.

30 Maddison 2007, S. 43.

31 Die unterschiedliche ökonomische Entwicklung in Europa und Asien wird nicht nur im Vergleich zu China untersucht. Auch bei Indien stellt sich die Frage, warum dieses hochentwickelte Land keinen Kapitalismus kannte. Neueste Untersuchungen zeigen allerdings, dass Indien früher als China den Anschluss an Westeuropa verloren hat. Schon 1650 betrug das Pro-Kopf-Einkommen nur noch 80 Prozent des britischen Niveaus. Siehe Broadberry/Gupta 2010.

32 Bishnupriya Gupta/Debin Ma, Europe in an Asian Mirror: the Great Divergence, in: Broadberry/O'Rourke 2010, S. 264–285.

33 Ebd., S. 281.

34 Der Brief ist in einer englischen Übersetzung im Internet zu finden, zum Beispiel unter http://academic.brooklyn.cuny.edu.

35 Dabringhaus 1996, S. 74.

36 Dabringhaus 2006, S. 31 f.

37 Dabringhaus 1996, S. 22 ff. Die Jesuiten brachten jedoch nicht nur europäisches Wissen nach China – umgekehrt machten sie auch die Europäer mit der chinesischen Kultur und Philosophie vertraut. So führte Preußen 1693 schriftliche und mündliche Beamtenprüfungen ein, die vom chinesischen Vorgehen inspiriert waren. (Collani 2012, S. 167) An jedem europäischen Hof wurde es zur Mode, chinesische Vasen zu sammeln, die in einem chinesischen Kabinett ausgestellt wurden. Auch in den Schlossparks durfte ein chinesisches Ensemble nicht fehlen. Sehr beliebt waren Pagoden, Tee- oder Drachenhäuser. Dieses positive China-Bild kippte allerdings gegen Ende des 18. Jahrhunderts. Jetzt galten die Chinesen als schlaff und verweichlicht, ihr Staat als erstarrt. Diese plötzliche Neubewertung seitens der Europäer ist beispiellos. Kein anderes asiatisches Volk wurde erst so bewundert wie die Chinesen – und dann so verachtet. Zufällig war dieser ideologische Umschwung nicht: Er sollte Europas aggressive Handels- und Kolonialpolitik begründen.

38 Den ökonomischen Vorteil der europäischen Staatenkonkurrenz betont zum Beispiel der Anthropologe Jared Diamond (1999, S. 412 f.).

39 Der Begriff »Industrialisierung« wird seit 1837 gebraucht. Der Ausdruck »industrielle Revolution« ist 1799 erstmals belegt. Osterhammel 2011, S. 909.

40 Appleby 2010, S. 10. Ähnlich auch Osterhammel (2011, S. 915), der den britischen Wirtschaftshistoriker Patrick O' Brien zitiert: »Fast drei Jahrhunderte der empirischen Forschung und des Nachdenkens durch eine Abfolge der besten Köpfe in den Geschichts- und Sozialwissenschaften haben zu keiner allgemeinen Theorie der Industrialisierung geführt.«

41 Braudel 1985 b, S. 600.

42 Joel Mokyr/Hans-Joachim Voth, Understanding Growth in Europe, 1700–1870: Theory and Evidence, in: Broadberry/O'Rourke 2010, S. 7–42, hier S. 37.

43 Hobsbawm 2010, S. 46.

44 Ebd., S. 52.

45 Zitiert nach Braudel 1985 b, S. 538 f.

46 Tracy Dennison/James Simpson, Agriculture, in: Broadberry/O'Rourke 2010, S. 147–163, hier S. 148. Heute geben die Deutschen nur noch 11,48 Prozent Ihrer Einkommen für Nahrungsmittel und alkoholfreie Getränke aus. Siehe Statistisches Bundesamt 2012c, S. 10 und 24.

47 Die preußische »Bauernbefreiung« war allerdings keine echte Befreiung: Sie zog sich über Jahrzehnte hin, und die Bauern mussten ihre ehemaligen Grundherren dafür entschädigen, dass die Heu- und Spanndienste nun entfielen. Gleichzeitig entdeckten die Gutsbesitzer recht bald, dass es viel effizienter war, landlose Tagelöhner zu beschäftigen.

48 Hobsbawm 2010, S. 185. Die Zahlen stammen aus dem Jahr 1851. Die berühmteste und bissigste Beschreibung der »Highland Clearances« stammt von Karl Marx, der ein begnadeter Stilist und Polemiker war: »Als Beispiel ... genügen hier die ›Lichtungen‹ der Herzogin von Sutherland. Diese ökonomisch geschulte Person beschloss gleich nach ihrem Regierungsantritt eine ökonomische Radikalkur vorzunehmen und die ganze Grafschaft ... in Schaftrift zu verwandeln.

Von 1814 bis 1820 wurden diese 15 000 Einwohner, ungefähr 3 000 Familien, systematisch verjagt und ausgerottet. Alle ihre Dörfer wurden zerstört und niedergebrannt, alle ihre Felder in Weide verwandelt ... So eignete sich diese Madame 794 000 Acres Land an, das seit undenklichen Zeiten dem Clan gehörte. Den vertriebenen Eingeborenen wies sie am Seegestad ungefähr 6 000 Acres zu, zwei Acres per Familie. Die 6 000 Acres hatten bisher wüst gelegen und den Eigentümern kein Einkommen abgeworfen. Die Herzogin ging in ihrem Nobelgefühl so weit, den Acre im Durchschnitt zu 2 sh. [shilling] 6 d. [pence] Rente zu verpachten an die Clanleute, die seit Jahrhunderten ihr Blut für die Familie vergossen hatten. Das ganze geraubte Clanland teilte sie in 29 große Schafpachtungen, jede bewohnt von einer einzigen Familie, meist englische Pächterknechte. Im Jahre 1825 waren die 15 000 Gaelen bereits ersetzt durch 131 000 Schafe. Der an das Seegestad geworfene Teil der Aborigines suchte vom Fischfang zu leben. Sie wurden Amphibien und lebten, wie ein englischer Schriftsteller sagt, halb auf dem Land und halb auf dem Wasser und lebten mit alledem nur halb von beidem.« Siehe Marx 1988, S. 758.

49 Aitchison/Cassell 2003; Richards 2007.

50 Tracy Dennison/James Simpson, Agriculture, in: Broadberry/O'Rourke 2010, S. 150. In Deutschland stieg die Produktivität in der Landwirtschaft von 1600 bis 1800 nur um 17,5 Prozent. In Österreich waren es immerhin fast 30 Prozent. Im europaweiten Vergleich lagen beide Länder trotzdem weit hinten. Unproduktiver war im Jahr 1800 nur noch Italien.

51 Appleby 2010, S. 83.

52 Zitiert nach Braudel 1985 b, S. 562.

53 Zitiert nach Braudel 1985 a, S. 90 f. Der vollständige Titel dieses Buches lautete programmatisch: *Remarks on the disadvantages and advantages of France and of Great-Britain. With Respect to Commerce, and to the Other Means of Encreasing the Wealth.* Den Zeitgenossen war also sehr bewusst, dass die englische Agrarrevolution ein strategischer Vorteil im Konkurrenzkampf der Staaten war. Angeblich hatte das Buch ein John Nickolls geschrieben, doch tatsächlich verbirgt sich dahinter eine komplizierte Entstehungsgeschichte: Der Engländer Josiah Tucker hatte ein Wirtschaftstraktat verfasst, das dann von Louis Joseph Plumard de Dangueil unter dem fiktiven Namen Sir John Nickolls ins Französische übersetzt und mit eigenen Beobachtungen angereichert wurde. Dieses Werk fand dann wiederum britisches Interesse und wurde ins Englische zurückübersetzt. Bereits die Geschichte dieses Buches zeigt, wie intensiv auf beiden Seiten des Kanals verfolgt wurde, wie sich die jeweilige Wirtschaft entwickelte. (Vielen Dank an Christoph Witt und Martin Bleisteiner von der FU Berlin für diese Recherche.)

54 Braudel 1985 a, S. 197.

55 Ebd., S. 133.

56 Dan Bogart/Mauricio Drelichman/Oscar Gelderblom/Jean-Laurent Rosenthal, State and private institutions, in: Broadberry/O'Rourke 2010, S. 70–95, hier S. 88 ff.

57 Eine ganz seltene Ausnahme war der schlesische Hochadel, der die Bodenschätze auf seinen Besitzungen selbst förderte und auch verarbeitete. Die drei

Familien Henckel von Donnersmarck, Hohenlohe und Pless stiegen zu den reichsten preußischen Adligen auf. Doch obwohl der wirtschaftliche Erfolg dieser »schlesischen Magnaten« so offensichtlich war, wurde dieses industrielle Engagement von anderen deutschen Adeligen nicht nachgeahmt. (Ziegler 2009, S. 92).

58 Dan Bogart/Mauricio Drelichman/Oscar Gelderblom/Jean-Laurent Rosenthal, State and private institutions, in: Broadberry/O'Rourke 2010, S. 78.

59 Allen 2011, S. 29.

60 Appleby 2010, S. 165. Ein großer Teil der Kriegskosten wurde allerdings auch über Schulden finanziert. Dies war jedoch nur möglich, weil die englische Regierung als guter Schuldner galt – hatte sie doch stabile Steuereinnahmen, über die sie verfügen konnte.

61 Siehe Anmerkung 58 in diesem Kapitel, S. 82. Die Kolonialkriege in Asien und im Mittleren Osten finanzierten die Briten, indem sie Indien ausplünderten, das ab 1857 formell eine Kolonie war.

62 Stephen Broadberry/Rainer Fremdling/Peter Solar, in: Broadberry/O'Rourke 2010, S. 164–186, hier S. 166.

63 Braudel 1985 b, S. 521 f.

64 Maddison 2001, S. 96.

65 Braudel 1985 b, S. 573.

66 Allen 2010, S. 58.

67 Ebd., S. 63.

68 Stephen Broadberry/Rainer Fremdling/Peter Solar, in: Broadberry/O'Rourke 2010, S. 178.

69 Allen 2010, S. 35.

70 Platon 1857, 201.

71 Johnston 2013, S. 52.

72 Der Mangel an billiger Kohle könnte ein Grund sein, warum die Römer keine Maschinen einsetzten (Landels 1978, S. 31).

73 Braudel 1985 a, S. 368 f.

74 Zitiert nach Braudel 1985 b, S. 553. Auf deutsch würde es sinngemäß lauten (ohne den Versuch eines Reims): »England ist eine perfekte Welt, hat auch Schätze, korrigiert eure Karten, Newcastle ist unser Peru.« Cleveland spielt auf Peru an, weil in Potosí 1545 die größte Silbermine der Welt entdeckt worden war. (Heute gehört Potosí zu Bolivien, doch in der spanischen Kolonialzeit war es Teil von Peru.)

75 Bereits in den 1960er Jahren vertrat der indische Historiker Irfan Habib die These, dass das Lohngefälle erklärt, warum sich Indien nicht industrialisieren konnte (siehe Braudel 1985 b, S. 505). In neuerer Zeit kamen dann umfangreiche empirische Untersuchungen hinzu, um die Unterschiede zwischen den Reallöhnen in Indien und Europa genau zu messen. Diese Studien stammen vor allem von Robert C. Allen sowie Stephen Broadberry und Bishnupriya Gupta.

Neben diesem ökonomischen Ansatz gibt es aber auch mentalitätsgeschichtliche Erklärungsversuche, die den europäischen Kapitalismus als Folge einer besonderen Kultur deuten. Dieser Theoriestrang wurde sehr wirkungsmächtig durch Max Webers berühmtes Werk *Die protestantische Ethik und der Geist des Ka-*

pitalismus, das 1905 erschienen ist. Darin vertrat Weber die These, dass vor allem der Calvinismus den Kapitalismus befördert habe – und zwar durch die Lehre von der Prädestination. Nach ihr kann Gottes Gnade weder durch Beten noch durch Beichte oder Buße erlangt werden, denn Gott sei 'allmächtig und könne nicht durch menschliches Handeln zu Wohlwollen gezwungen werden. Gott entscheide eigenmächtig, wem er seine Gnade zuteil werden lässt. Der calvinistische Gläubige müsse also in permanenter Ungewissheit leben, so Weber. Es entstehe »ein Gefühl einer unerhörten inneren Vereinsamung des einzelnen Individuums«. Um diese ständige Angst ertragen zu können, würde der Calvinist nach irdischen Zeichen suchen, um Gottes Absichten zu ergründen. Der Calvinist strebe daher asketisch, rational und rastlos nach Reichtum, denn dieser erscheine ihm als sicheres Indiz, dass Gott ihn erwählt habe. (Mit komplizierten Ableitungen erklärt Weber dann, warum das asketische Gewinnstreben der Calvinisten abgestuft auch Pietisten, Methodisten, Mennoniten, Baptisten und Quäker geprägt haben soll.) Webers Thesen haben die Historiker jahrzehntelang fasziniert, aber inzwischen gelten sie als widerlegt – sowohl religionssoziologisch als auch empirisch. So ließ sich keinerlei Beleg finden, dass protestantische Städte schneller gewachsen wären als andere. Sehr interessant sind daher Ansätze, Weber selbst zu historisieren und seine Theorie in den Kontext des Kaiserreichs zu stellen: Wie Sebastian Conrad zeigt, wirkte bei Weber noch immer der »Kulturkampf« nach, mit dem Bismarck versucht hatte, den Einfluss der katholischen Kirche zu beschneiden. Zudem war Weber nicht frei von Nationalismus und Imperialismus, wie Conrad nachweist, indem er die »Protestantische Ethik« in den Zusammenhang anderer Schriften Webers stellt. (Conrad, 2006, S. 309 ff.).

Abseits von Weber gibt es jedoch neue Versuche, die Entstehung des Kapitalismus kulturell herzuleiten. Ein Beispiel ist der Wirtschaftshistoriker Joel Mokyr, der Englands Aufstieg zur Industriemacht unter anderem damit erklärt, dass sich die englische Mittelschicht am Ehrenkodex des Adels orientiert habe: Die persönliche Ehre sei wichtiger als das nackte Gewinnstreben gewesen, und dies habe das Risiko des Betrugs reduziert – und damit Instrumente wie den Kredit möglich gemacht. (Siehe Joel Mokyr/Hans-Joachim Voth, Understanding Growth in Europe, 1700–1870: Theory and Evidence, in: Broadberry/O'Rourke 2010, S. 33 f.) Gegen Mokyr spricht allerdings, dass es funktionierende Kreditbeziehungen nicht nur in England gab: Die Italiener waren bereits im Mittelalter bei den Bank- und Wechselgeschäften führend.

76 Allen 2011, S. 32.

77 Hobsbawm 2010, S. 62.

78 Ebd. Ähnlich auch Joel Mokyr/Hans-Joachim Voth, Understanding Growth in Europe, 1700–1870: Theory and Evidence, in: Broadberry/O'Rourke 2010, S. 13.

79 Sevket Pamuk/Jan-Luiten van Zanden, Standards of Living, in: Broadberry/O'Rourke 2010, S. 217–234, hier S. 226.

80 Marx 1988, S. 254, Fußnote 46. Dabei war die vorgeschriebene Mindestlänge in Preußen sowieso schon niedrig. Sie lag bei nur 1,57 Meter, wie Marx nicht zu erwähnen vergaß.

81 Ebd., S. 258.

82 Ebd., S. 671.

83 Hobsbawm 1994, S. 53.

84 Clark 2006, S. 389 ff.

85 »Bauernbefreiung« ist ein euphemistischer Begriff, denn die Bauern mussten Land abtreten oder hohe Ablösesummen zahlen, um von ihren Frondiensten entbunden zu werden. Zudem wurde die Allmende aufgeteilt und vor allem den Grundherren zugeschlagen. Die ländliche Unterschicht stand daher nach der »Bauernbefreiung« schlechter da und musste in die Städte abwandern. (Ziegler 2009, S. 22 f.) Trotzdem ist umstritten, ob das Ende der Leibeigenschaft wesentlich zur preußischen Industrialisierung beigetragen hat. Denn die Ablösezahlungen zogen sich oft bis in die 1860er Jahre hin, als sich Preußen schon längst im industriellen Boom befand. (Wehler 1987 b, S. 53) Zudem hatte sich die traditionelle Feudalordnung oft schon im 18. Jahrhundert aufgelöst. Reichere Bauern leisteten die Frondienste gar nicht mehr selbst, sondern stellten dazu Tagelöhner an. Aus den Spanndiensten war also bereits eine Art Pacht an den Grundherrn geworden. (Clark 2006, S. 327 f.).

86 Allein innerhalb Preußens gab es zu Beginn des 19. Jahrhunderts 67 lokale Zolltarife. Eine Fracht von Köln nach Königsberg wurde etwa 80-mal kontrolliert. Ab 1818 wurden die preußischen Zölle nur noch an den Außengrenzen erhoben. Auch andere Länder wie Bayern oder Baden schafften die Binnenzölle ab. 1834 folgte dann der Deutsche Zollverein, dem sich fast alle deutschen Länder anschlossen – außer Österreich. Im Rückblick schien es daher naheliegend, den Zollverein als eine Vorentscheidung zu betrachten, dass das Deutsche Reich 1871 unter preußischer Führung und ohne Österreich gegründet wurde. Doch tatsächlich verfolgte der Deutsche Zollverein keine derart weitreichenden politischen Interessen. Auch ökonomisch sollte man die Bedeutung der Zollpolitik nicht überschätzen: Der Warenfluss wurde zwar erleichtert – nicht aber die Produktion gesteigert. (Wehler 1987 b, S. 125; Clark 2006, S. 394).

87 Wehler 1987 b, S. 70 f.

88 Sigrid Quack, Die transnationalen Ursprünge des »deutschen Kapitalismus«, in: Berghahn/Vitols 2006), S. 63–85, hier S. 69.

89 Johanna Lutteroth, Preußens Plagiate, Financial Times Deutschland, 16. 11. 2012.

90 Austen Albu, Introduction, in: Williams 1973, S. XIII.

91 Ziegler 2009, S. 39.

92 Ebd., S. 37.

93 Wehler 1987 b, S. 623.

94 Ziegler 2009, S. 74.

95 Ebd., S. 77 f.

96 Wehler 1987 b, S. 622.

97 Ebd., S. 97 f.

98 Hobsbawm 1997, S. 282.

99 Wehler 1987 b, S. 618 ff.

100 Ausländisches Kapital spielte hingegen keine große Rolle. Bis 1870 stammten nur vier Prozent des Gesamtkapitals der deutschen Industrie von französischen Geldgebern, die in wenigen Industriezweigen auf maximal 15 Prozent kamen. Auch belgische und englische Investoren engagierten sich in Preußen,

allerdings ist nicht ganz klar, in welchem Umfang. (Wehler 1995, S. 83) Die Zeitgenossen waren dennoch besorgt. So warnte Gustav Mevissen, ein Kölner Privatbankier, der zeitweise auch Minister in der preußischen Regierung war: »Es ist wohlbekannt, dass seit einiger Zeit im Rheinland eine Anzahl von Kohlebergwerken von französischen und englischen Unternehmern erworben wurde, die von ihrer Nutzung profitieren werden ... Es ist offensichtlich, dass das vorrangige Interesse unserer Ökonomie darin liegen sollte, nicht nur den Ertrag aus diesen Unternehmen, sondern auch das Kapital selbst zu behalten.« (Quack 2006, S. 70) Wie dieses Zitat zeigt, ist die Angst uralt, dass es zu einem Ausverkauf der eigenen Industrie an ausländische Investoren kommen könnte. Diese Furcht tauchte im 20. Jahrhundert wieder auf, als die Ölscheichs anfingen, deutsche Immobilien oder Aktien zu erwerben. Doch damals wie heute stellten sich die fremden Direktinvestitionen als unproblematisch heraus.

Dass Aktienemissionen permanent überzeichnet wurden, hatte allerdings nicht nur damit zu tun, dass ein »Anlagenotstand« herrschte: Es diente auch der Spekulation und war ein beliebter Trick, um den Kurs einer neuen Aktie nach oben zu treiben. Siehe Lothar Gall, Die Deutsche Bank von ihrer Gründung bis zum Ersten Weltkrieg 1870–1914, S. 12, in: Gall/Feldman/James u. a. 1995, S. 1–135.

101 Clark 2006, S. 505; Ziegler 2009, S. 59 ff.

102 Das Bessemer-Verfahren war in Deutschland nicht überall anwendbar, weil es phosphorfreies Eisen erforderte. 1876/77 erfand der Brite Sidney Thomas ein Verfahren, das auch mit phosphorhaltigem Eisen funktionierte. Im Mai 1879 wurde es erstmals in England eingesetzt – und im September 1879 schon in Deutschland. Der Technologietransfer gelang immer schneller.

103 Ziegler 2009, S. 75 f.

104 Ebd., S. 108 ff.

105 Ebd., S. 124; Lothar Gall, Die Deutsche Bank von ihrer Gründung bis zum Ersten Weltkrieg 1870–1914, in: Gall u. a. 1995, S. 35.

106 Die Deutsche Bank wurde damals von Georg Siemens geführt, dessen Vater jener Vetter war, der den Siemens-Brüdern einst das Startkapital für ihren Weltkonzern geliehen hatte (ebd., S. 38).

107 Dies ist die Zahl für das Jahr 1910. Siehe ebd., S. 34 ff.

108 Die engen Kooperationen zwischen Firmen schlossen nicht aus, dass es gelegentlich zu Preiskämpfen kam, aber meist fand man dann schnell zu einem neuen Frieden, der für alle Seiten profitabel war. So lieferten sich beispielsweise Emil Rathenau (AEG) und Werner von Siemens Anfang der 1890er Jahre eine Rabattschlacht, gründeten dann aber 1903 gemeinsam die Telefunken-Gesellschaft.

109 Williams 1973, S. 8.

110 Ebd., S. 37.

111 Ebd., S. 41 f.

112 Ebd., S. 151 f.

113 Ebd., S. 152 f.

114 Russells Buch trug den programmatischen Titel *Systematic Technical Educa-*

tion for the English People. Siehe auch Austen Albu, Introduction, in: Williams 1973, S. XXV.

115 Wehler 1987 b, S. 503.

116 Hobsbawm 1994, S. 174.

117 Hobsbawm 1997, S. 59.

118 Austen Albu, Introduction, in: Williams 1973, S. XXIV. In Preußen hingegen besuchten schon 1848 etwa 82 Prozent aller Kinder die Schule. Damit lag Preußen neben Teilen Schottlands und Neuenglands weltweit an der Spitze. (Wehler 1987 b, S. 479).

119 Hobsbawm 1994, S. 51 f.

120 Marx 1988, S. 784.

121 Hunt 2010, S. 268.

122 Allen 2011, S. 116 ff.; Osterhammel 2009, S. 947 ff.

Teil II Drei Irrtümer über das Kapital

1 Renate Köcher, Das Unbehagen am Kapitalismus. Eine Allensbach-Umfrage, *Frankfurter Allgemeine Zeitung*, 23. 2. 2012.

2 Dies ist der Preiskatalog eines ambulanten Pflegedienstes in Schleswig, der sich nach den Vorgaben des Sozialgesetzbuches XI richtet.

3 Erhard 2009, S. 15. Noch heute wird Erhards Buch selbst von Linken wie Sahra Wagenknecht so ehrfurchtsvoll zitiert, als handelte es sich um eine bedeutsame theoretische Schrift. Tatsächlich wurde *Wohlstand für alle* jedoch gar nicht von Erhard verfasst, sondern von Wolfram Langer, dem damaligen Leiter des Hauptstadtbüros des *Handelsblattes*. Zudem ist das Werk äußerst redundant und inhaltlich dürftig, weil es vor allem Wahlkampfreden zitiert, die Erhard vor diversen Unternehmerverbänden gehalten hat. Nicht zufällig erschien das Buch 1957, kurz vor einer Bundestagswahl.

4 Ebd., S. 16.

5 Ebd., S. 17.

6 Ebd., S. 200.

7 Zitiert nach Chang 2011, S. 208.

8 Eine gewisse Ausnahme stellen auch Adidas und Fresenius dar, die zwar ältere Wurzeln haben, ihren eigentlichen Aufschwung aber erst in den 1950ern nahmen. Zudem finden sich im DAX mit Lufthansa, Deutscher Post, Deutscher Telekom und VW vier ehemalige Staatskonzerne.

9 Statistisches Bundesamt 2012, S. 501.

10 Friedman 2002, S. 36.

11 Wie die EU haben auch die USA ein Sicherungssystem für ihre Landwirte. Dort ist es allerdings als staatlich subventionierte Versicherung für Katastrophenhilfe konzipiert. Siehe: Herbert Fromme, Reich durch Missernte, *Süddeutsche Zeitung*, 3. 5. 2013.

12 Dennison/Simpson, Agriculture, in: Broadberry/O'Rourke 2010, S. 156.

13 Statistisches Bundesamt 2014, S. 501.

14 Auf diesen Zusammenhang zwischen Investitionsentscheidungen und Planbarkeit hat bereits der US-Ökonom John K. Galbraith (1974, S. 32 ff.) aufmerksam

gemacht. Noch früher hat der Soziologe Karl Polanyi gezeigt, dass der Mensch sozial gar nicht fähig wäre, die Unsicherheit eines echten Markts auszuhalten. Stattdessen würden alle Schichten versuchen, Schutz für sich selbst zu organisieren und den Wettbewerb zu meiden. Wörtlich schreibt Polanyi: »Das Ideal eines selbstregulierten Marktes war eine krasse Utopie. Eine derartige Institution könnte nicht lange existieren, ohne die menschlichen und natürlichen Voraussetzungen einer Gesellschaft zu vernichten. Ein selbstregulierter Markt hätte den Menschen physisch zerstört und seine Umwelt in eine Wildnis verwandelt. Daher war es unausweichlich, dass die Gesellschaft Maßnahmen ergriffen hat, um sich selbst davor zu schützen.« (Polanyi 2001, S. 3).

15 Smith 2008, S. 129; dieses und alle folgende Zitate von Adam Smith sind Übersetzungen der Autorin.

16 Dahlem 2009, S. 303, Fußnote 1.

17 Dieter Fockenbrock, Das Kartell der Kontrolleure. Viele Topaufsichtsräte wollen noch nicht gehen, *Handelsblatt*, 21. 1. 2013. Eine Studie der Board Academy kam zu dem Ergebnis, dass ein Drittel aller DAX-Aufsichtsräte noch immer vier bis zehn Mandate wahrnimmt und ein weiteres Drittel zwei oder drei Mandate. Stichtag war der 31. 10. 2011. Siehe Board Academy, Aufsichtsräte deutscher Unternehmen, S. 5 f.

18 Hartmann 2007, S. 144.

19 Ebd., S. 145.

20 Ebd, S. 123.

21 http://www.hbs.edu/mba/the-hbs-difference/Pages/alumni-relationships. aspx

22 http://www.alumni.hbs.edu/careers/career-resources/Pages/networking.aspx

23 Die Briefe finden sich unter http://www.alumni.hbs.edu/careers/career-resources/Pages/networking.aspx und sind Teil eines ganzen »Job Search Toolkit«. Da die Originalversionen die Banalität des Stils und der Gedanken besser verraten, sind die Briefe hier nicht übersetzt. »Joe Smith suggested I get in touch with you. I have been watching your company and am excited about the direction that ABC Co. is taking in the market. I am particularly impressed with the results in terms of [metric] that … has generated. I hope to learn more about your successes and what you see as remaining obstacles to your continued growth. I know you are extremely busy at this time of year, but I hope that you might grant me a few minutes to discuss your work.« Und der zweite Brief: »Joe Smith suggested I get in touch with you. I have been watching your company and am excited about the direction that ABC Co. is taking in the market. I am particularly impressed with the results in terms of [metric] that … has generated. After having worked for 10 years in a related field facing a similar challenge, I am very impressed with what you have accomplished in your firm. I read your comments *BusinessWeek* and I was struck by your insight into … I would like to discuss this further. I know you are extremely busy at this time of year, but I hope that you might grant me a few minutes to discuss your work.«

24 http://www.hbs.edu/about/facts-and-figures/Pages/mba-statistics.aspx. 776 der rund 78000 Harvard-Absolventen arbeiten übrigens in Deutschland (http://www.hbs.edu/recruiting/printready/statistics-alumni.html). Die deut-

schen HBSler unterhalten einen eigenen Club mit eigener Website, der zu entnehmen ist, dass man sich regelmäßig für ein Segelwochenende in der Ägäis
oder für ein Skiwochenende in einem Fünf-Sterne-Hotel in Kitzbühel trifft.
(http://www.hbsgermany.de).

25 Delves Broughton 2008, S. 2. Delves Broughton war eigentlich Journalist, hatte
in Oxford studiert und eine steile Karriere beim britischen *Daily Telegraph* vor-
zuweisen. Dennoch kündigte er 2004 seine Stelle als Paris-Korrespondent, um
zwei Jahre an der HBS zu studieren. Sein Buch über diese Zeit ist britisch-höf-
lich und kann dennoch nicht verbergen, wie schockiert Delves Broughton über
den stupiden Elitekult in Harvard war. Vor allem stieß ihm auf, wie mit pubertä-
ren Gruppenritualen Konformität erzwungen wurde. Das Buch endet mit der
Frage: »Has society allotted too much authority to a single, narcissistic class of
spreadsheet makers and Power point presenters?« (Ebd., S. 283).

26 Friedman 2002, S. 149.

27 Smith 2008, S. 65 f.

28 Osterhammel 2011, S. 1008.

29 Brenke/Grabka 2011.

30 Statistisches Bundesamt 2014, S. 321.

31 Thomas Steinfeld, Pionier der Selbstoptimierung, *Süddeutsche Zeitung Magazin*,
13. 1. 2012.

32 Creditreform, Branchenreport 2011: Grundsätzliche und finanzspezifische Entwicklungen der Fitnessbranche in Deutschland (www.creditreform.de).

33 Stefan Reinecke, Mit Adorno im Fitnessstudio, *die tageszeitung*, 8. 1. 2013.

34 Zitiert nach Jeanne Rubner, Die Verheißung vom Glück, *Süddeutsche Zeitung*,
14./15. 1. 2012.

35 Alexander Hagelücken/Hannah Wilhelm, Wer vier Jahre studiert, verdient 40
Prozent mehr. Der Ökonom Ludger Wößmann erklärt, wie Bildung und Einkommen zusammenhängen, *Süddeutsche Zeitung*, 24. 5. 2013.

36 Guido Bohsem, Besser bei den Gesetzlichen. Eine Studie zeigt, dass Privatpatienten oft nur mangelhaft geschützt sind, *Süddeutsche Zeitung*, 12. 6. 2012.

37 Verband der privaten Krankenversicherung, Zahlenbericht 2013, S. 65. Von den
194 Milliarden sind 27 Milliarden für die private Pflegeversicherung reserviert.

38 Es kann passieren, dass sich »natürliche Monopole« durch technischen Fortschritt auflösen. Dies ist beispielsweise beim Telefon passiert. Es gibt zwar noch
das »Festnetz«, aber es ist nicht mehr konkurrenzlos, seitdem der Siegeszug der
Mobiltelefone eingesetzt hat.

39 Schumpeter 2008, S. 87.

40 Crouch 2011, S. 128.

41 Friedman 2002, S. 36.

42 Michael J. Sandel, Die moralischen Grenzen der Märkte, in: Project Syndicate,
31. 12. 2012 (www.project-syndicate.org/).

43 Auch deutsche Kritiker tappen in die Falle, den Kapitalismus für eine Marktwirtschaft zu halten. Dies gilt etwa für den Schriftsteller Ingo Schulze, der in einer
vielbeachteten Rede ein kolportiertes Zitat von Angela Merkel variierte. Die Kanzlerin hatte angeblich von einer »marktkonformen Demokratie« gesprochen – wogegen dann Schulze die Forderung setzte, dass es einen »demokratiekonformen

Markt« geben müsse. (Ingo Schulze, Unsere schönen neuen Kleider. Gegen die marktkonforme Demokratie – für demokratiekonforme Märkte. Rede in Dresden am 26.2.2012. www.ingoschulze.com/rede_dresden.html) Da Schulze und gleichgesinnte Kritiker aber weiterhin vom »Markt« ausgingen, war die Antwort für Konservative nicht schwierig. Sie behaupteten einfach, dass der Markt per se demokratisch und gerecht sei: »Nur eine wettbewerbsgetriebene Marktwirtschaft, so die Lehre aus mehr als 60 Jahren Bundesrepublik, sichert die Ressourcen des Sozialstaats.« (Siehe Jasper von Altenbockum, Irrweg in der Krise, *Frankfurter Allgemeine Zeitung*, 15.4.2012).

44 Braudel 2011, S. 60.

45 Smith 2008, S. 270.

46 Wehler 1987 b, S. 611.

47 Hondrich 2001, S. 68 ff.

48 Ziegler 2009, S. 112; Bundesministerium für Finanzen, Entwicklung der Staatsquote (20. Oktober 2014).

49 Eurostat, Real GDP Growth, 2001–2010 (epp.eurostat.ec.europa.eu).

50 Nicole Rütti, Das kleine Wirtschaftswunder Schweiz wird überschätzt. Einwanderung treibt das Wachstum, *Neue Zürcher Zeitung*, 31.10.2012.

51 Economiesuisse, Fiskalquote der Schweiz: Der Schein trügt (21.2.2011).

52 Admati/Hellwig 2013, S. 201.

53 Braudel 1982, S. 100 f.

54 Ebd., S. 106.

55 Deutsche Finanzagentur, Sekundärmarkt (www.deutsche-finanzagentur.de).

56 Margaret Thatcher, Speech at Lord Mayor's Banquet, 10.11.1986.

57 Ebd.

58 Osterhammel/Petersson 2004, S. 7. Vor den 1990ern wurde der Begriff »Globalisierung« nur in Spezialveröffentlichungen verwendet.

59 Hans Holzhaider, Slawisches Silber aus Marokko. Genug Münzen für vier Ochsen und einen Sklaven: Ein Fund in Mecklenburg-Vorpommern kündigt vom frühen Handel zwischen Arabien und dem Ostseeraum, *Süddeutsche Zeitung*, 24.8.2011.

60 Osterhammel/Petersson 2004, S. 32.

61 Appleby 2010, S. 72.

62 Allen 2011, S. 17.

63 Braudel 1985 a, S. 127 ff.

64 Braudel 1985 b, S. 75.

65 Osterhammel/Petersson 2004, S. 55. Das Atlantikkabel missglückte beim ersten Versuch 1858, weil die technischen Probleme so immens waren: »Nie zuvor war ein elektrischer Draht über 4000 Kilometer Länge hergestellt worden. Aufgerollt wog das Kabel 4000 Tonnen, doch es existierte kein Schiff, das dieses Gewicht hätte tragen können. Der Meeresboden in bis zu fünf Kilometer Tiefe war den Zeitgenossen so gut wie unbekannt. Niemand war sich sicher, wie Elektrizität genau funktionierte.« (Holtorf 2013, S. 9).

66 Schumann/Grefe 2008, S. 11.

67 Osterhammel 2011, S. 1033 ff.

68 Hobsbawm 1994, S. 14.

69 Twain 1997, S. 48.
70 Osterhammel/Petersson 2004, S. 55.
71 Ferguson 2009, S. 299.
72 Osterhammel/Petersson 2004, S. 109.
73 Schumann/Grefe 2008, S. 21.
74 Zitiert nach Tania Martini/Stefan Reinecke, Für Märkte ist Demokratie komfortabel. Interview mit Colin Crouch, *die tageszeitung (taz)*, 23.6.2012.
75 Chang 2011, S. 74 ff.
76 Williams 1973, S. 156 f.
77 Statistisches Bundesamt 2015.
78 Smith 2008, S. 308.
79 Osterhammel 2011, S. 1033.
80 Schumann/Grefe 2008, S. 46.
81 Chang 2011, S. 37.
82 Osterhammel/Petersson 2004, S. 66.
83 Ebd., S. 110.

Teil III Kapital versus Geld

1 McCraw 2009, S. 155.
2 Galbraith 1976, S. 57. Die Tabakwährung in Virginia hielt mit ihren 200 Jahren sogar länger als der Goldstandard, der 1879 in den USA eingeführt wurde und 1971 während des Vietnam-Kriegs aufgegeben werden musste.
3 Mundell 2002, S. 5.
4 Van De Mieroop 1997, S. 212.
5 Herodot, Historien, Buch I, 94. Aus Herodots Worten lässt sich nicht schließen, dass die Lyder die Münze als solche erfunden haben. Er sagt nur, dass sie die ersten waren, die Gold- und Silbermünzen prägten. (Mundell 2002, S. 21).
6 Mundell 2002, S. 20.
7 Aristoteles 1969, 1133a, 29–31, S. 133 ff.
8 So hält sich zum Beispiel hartnäckig die Idee, Geld sei irgendwie abstrakter geworden. Nach dem Motto: Erst war es Münze, dann Papiergeld und schließlich nur ein Bit im Computer, der ein Girokonto verwaltet. Doch damit wird verkannt, was bereits Aristoteles wusste: Geld war immer abstrakt. Es ist so abstrakt wie der ideale Meter, der zum Vergleich von verschiedenen Größen dient. Die falsche Vorstellung von der zunehmenden Abstraktion des Geldes findet sich u. a. bei Christina von Braun 2012, S. 10 und 18. Eine knappe, aber brillante Kritik an diesem Buch stammt von Thomas Steinfeld: Die Entstehung des Sparschweins, *Süddeutsche Zeitung*, 8.12.2012.
9 Mundell 2002, S. 28.
10 Zitiert nach Monroe 2006, S. 82 ff. Oresme leitet aus der sozialen Funktion des Geldes bereits politische Forderungen ab: Das Geld gehöre der Gemeinschaft der Bürger, nicht allein dem Fürsten, weil es eine kollektive Aufgabe erfülle (S. 87). Daher habe der Fürst auch kein Recht, den Edelmetallgehalt der Münzen willkürlich zu ändern, um sich selbst zu bereichern (S. 91) und seine Untertanen zu bestehlen (S. 96).

11 Braudel 1985 b, S. 244.

12 Braudel 1982, S. 90 ff.

13 Galbraith 1976, S. 25.

14 Kindleberger 1993, S. 48 ff.

15 Galbraith 1976, S. 41.

16 Strenggenommen waren es nicht die Briten, die die Banknote erfunden haben. Einen ersten Versuch unternahm die Schwedische Riksbank 1661 – aus ganz pragmatischen Gründen. Schweden hatte kaum Edelmetalle, dafür aber viel Kupfer, so dass vor allem mit Kupfermünzen gezahlt wurde. Kupfer ist jedoch sehr schwer und eignet sich nicht für große Beträge. Um den mühsamen Transport zu umgehen, gab die Riksbank Banknoten aus, die durch Kupfer gedeckt waren. (Kindleberger 1993, S. 52 f.).

17 Braudel 1985 b, S. 364.

18 Ferguson 2009, S. 57. Friedman schätzt, dass das Gold etwa zehn bis 20 Prozent der umlaufenden Geldmenge im 19. Jahrhundert ausmachte (2002, S. 66).

19 Lee Craig/Concepción García-Iglesias, Business Cycles, in: Broadberry/O'Rourke 2010, S. 122–146, hier S. 135.

20 Die neuen Privatbanken durften zwar auch Papiergeld ausgeben, denn das staatliche Geldmonopol wurde in England erst 1844 eingeführt. Faktisch aber war dies für die Banken wenig lukrativ, weil viele Briten darauf bestanden, dass sie mit den Noten der Bank von England bezahlt wurden, die als besonders sicher galten. Früh bildete sich damit eine Arbeitsteilung heraus, die bis heute gilt: Die Zentralbank ist für Münzen und Papiergeld zuständig – die Privatbanken übernehmen das Kreditgeschäft.

21 Um es technisch auszudrücken: Die Bank verlängert einfach ihre Bilanz, wenn sie einen Kredit vergibt und auf das Konto eines Kunden bucht. Auf der Aktivseite hat sie jetzt eine zusätzliche Forderung (den Kredit an den Kunden) – und auf der Passivseite eine neue Verbindlichkeit (das neue Geld auf dem Girokonto des Kunden).

22 Galbraith 1976, S. 43 ff.

23 Kindleberger 1993, S. 119 f. Erste Versuche mit Banknoten gab es schon im 18. Jahrhundert in Deutschland, doch über kurz oder lang verloren alle diese »Zettel« ihren Wert und wurden wieder eingezogen. Siehe Sprenger 1991, S. 150 ff.

24 Sprenger 1991, S. 179 f. und 201 f. Siehe auch Wehler 1995, S. 98 f.

25 Mephistos Geldscheine führten zudem zu einer Hyperinflation. Wichtiger ist dennoch Goethes Gedanke, dass Papiergeld zu echtem Reichtum führt – und also eine Art gelungener »Alchimie« sei. Diese originelle *Faust*-Deutung findet sich bei Binswanger 2011, S. 73 ff.

26 Friedman 2002, S. 64 f.

27 Diesen Irrtum verbreiten sogar Geldhistoriker wie etwa Niall Ferguson, der in seinem Buch *The Ascent of Money* schreibt: »Money is the root of most progress ... the ascent of money has been essential to the ascent of man.« (2009, S. 4).

28 Neben dem Papiergeld macht Goethe noch zwei weitere Gründe für den Wirtschaftsaufschwung aus: Den Code Napoléon, der das römische Privatrecht wiederbelebte – und die neue Nutzung der Energie durch die Dampfmaschine.

(Binswanger 2011, S. 86 f.) Doch auch bei den beiden anderen Faktoren stellt sich die Frage, warum das Wachstum nicht viel früher eingesetzt hat, wenn sie tatsächlich so wichtig waren. Schließlich galt das römische Recht bereits im antiken Rom, doch dort stagnierte die Wirtschaft. Gleiches gilt für die Dampfmaschine: Das Prinzip war bereits Heron von Alexandria im ersten Jahrhundert n. Chr. bekannt, aber dies allein führte noch nicht zu einer ökonomischen Nutzung.

29 Braudel 2011, S. 48.

30 Van der Mieroop 1997, S. 199.

31 Braudel 1982, S. 248.

32 Ebd., S. 232.

33 *TV Spielfilm*, 3. 12. 2012.

34 Steinbeis-Hochschule Berlin, Research Center for Financial Services, Goldbesitz der Privatpersonen in Deutschland. Analyse des Goldbesitzes und des Anlageverhaltens von Privatpersonen in Deutschland (November 2010), S. 2. Insgesamt verfügen die Deutschen derzeit über ein Gesamtvermögen von rund zehn Billionen Euro. Gold macht davon etwa 3,9 Prozent aus.

35 World Gold Council, Gold Demand Trends, Full Year 2012 (Februar 2013), www.gold.org.

36 Steinbeis-Hochschule Berlin, Research Center for Financial Services, Motive und Herkunft des Goldbesitzes der Privatpersonen in Deutschland (Oktober 2011), S. 1.

37 Liezel Hill, Iamgold Sees »Peak Gold« Forging $ 2 500 Price, in: bloomberg.com, 17. Januar 2013. Iamgold hat natürlich Eigeninteressen an derartig gewagten Prognosen, denn das Unternehmen besitzt Goldminen in Kanada und in Mali.

38 Reisenberger/Seifert 2011, S. 8.

39 Für Zahngold, Elektronik und andere Industrieprodukte wurden 2012 nur noch 428 Tonnen benötigt. Dies entspricht etwa zehn Prozent des jährlich umgesetzten Goldes.

40 World Gold Council, Tabelle 1, S. 14.

41 Zitiert nach Reisenberger/Seifert 2011, S. 9.

42 Van De Microop 1997, S. 206. Die Mesopotamier differenzierten dabei zwischen Krediten an Notleidende und normalen Handelskrediten, die nicht erlassen wurden.

43 Aristoteles 2006, 1258 a, 40.

44 Le Goff 1993, S. 71 f.

45 Ebd., S. 69.

46 Ebd., S. 79.

47 Braudel 1982, S. 258, und 1985 a, S. 125.

48 Binswanger 2006, S. 367. Warum es Wachstum ohne Kredite »aus dem Nichts« nicht geben kann, beschreiben sehr treffend auch: Flassbeck/Spiecker 2011, S. 478 f.

49 Graeber 2011, S. 390. Um genau zu sein, will Graeber nur die internationalen Kredite und die Konsumkredite streichen.

50 Kennedy 2012, S. 20.

51 Ebd., S. 22.

52 Siehe auch: Jens Berger, Kritik an der Zinskritik, *Nachdenkseiten*, 23. 8. 2011,

sowie Jens Berger, Stellungnahme zum Artikel »Kritik an der Zinskritik«, *Nachdenkseiten*, 7. 9. 2011.

53 Ulrike Herrmann/Ute Scheub, Das führt zu Wachstumszwang, Interview mit Margrit Kennedy, *die tageszeitung (taz)*, 1. 9. 2012.

54 Goebel u. a. 2010.

55 R + V Versicherung, Die Ängste der Deutschen 2014, Pressemitteilung vom 4. 9. 2014.

56 Blanchard 2009, S. 49.

57 Wehler 1995, S. 559 f.

58 Ebd., S. 544.

59 Um es technisch genau zu erklären: Die Zentralbank »druckt« das sogenannte Zentralbankgeld. Dazu gehören neben dem Bargeld auch die Sichteinlagen, die die Banken bei der Zentralbank als Reserven unterhalten. Anders als das Bargeld kommen diese Sichteinlagen bei der Zentralbank aber nie in der realen Wirtschaft an. Sie dienen nur dazu, den Geldverkehr zwischen den Banken abzuwickeln. Trotzdem kann die Zentralbank über dieses Zentralbankgeld indirekt die Geldmenge in der realen Wirtschaft beeinflussen – indem sie den Zinssatz für dieses Zentralbankgeld festsetzt. Steigt der Zins, wird es für die Banken teurer, Kredite zu vergeben und Geld zu schöpfen. Eine gute Darstellung findet sich bei Schieritz 2013, S. 27 ff.

60 Wer Lust hat, kann die Teuerungsraten für diverse Zeitspannen selbst ermitteln und den interaktiven Indexrechner des Statistischen Bundesamtes benutzen: www.destatis.de/wsk

61 Statistik Schweiz, Landesindex der Konsumentenpreise, LiK-Teurungsrechner, www.portal-stat.admin.ch/lik_rechner/d/lik_rechner.htm

62 Wirtschaftskammer Österreich, Inflationsentwicklung (Aktualisierung 2013) wko.at/statistik/Extranet/Langzeit/lang-inflation.pdf. Und zum Selberrechnen: www.statistik.at/Indexrechner

63 inflationdata.com/Inflation/Inflation_Calculators/Cumulative_Infla tion_Calculator.aspx

64 Wehler 1995, S. 554.

65 Chang 2011, S. 237.

66 Aristoteles 2006, 1258 b 28–1259 a 16.

67 Van De Mieroop 1997, S. 209.

68 In der Praxis wird ein Future-Geschäft nicht physisch abgewickelt, weil dies zu umständlich wäre. Wer beispielsweise per Future Weizen verkauft hat, wird kein Getreide an seinen Vertragspartner liefern. Denn dieser könnte ja weit entfernt leben, weil die Futures über die Börse gehandelt werden. Stattdessen wird das Derivatgeschäft kurz vor Liefertermin »glatt gestellt« – der Verkäufer kauft jetzt per Future die gleiche Menge Getreide, die er vorher per Future veräußert hat. Es ist also eine rein finanzielle Transaktion. Das physische Getreide wird getrennt vor Ort zum aktuellen Tagespreis verkauft. Der Effekt: Mit seinen Futures macht der Getreideverkäufer entweder Gewinn oder Verlust – je nachdem wie sich der Getreidepreis zwischen dem ersten Future und der Glattstellung entwickelt hat. Diese Verluste oder Gewinne können dem Getreideverkäufer aber egal sein, weil sie sich genau entgegengesetzt zum Getreidepreis verhalten.

Steigt der Getreidepreis, macht der Verkäufer mit seinem Weizen mehr Gewinn, dafür ist sein erster Future weniger wert. Sinkt der Getreidepreis, verliert er beim Verkauf des Weizens, dafür steigt aber der Wert seines ersten Futures. Am Ende hat der Verkäufer also genau den Preis für sein Getreide erzielt, den er mit seinem Future erwirtschaften wollte. Eine sehr übersichtliche Darstellung des Future-Handels findet sich bei: Schumann 2011, S. 18 ff.

69 Braudel 1982, S. 49.

70 Braudel 1985 b, S. 101.

71 Braudel 1982, S. 405.

72 Vega 1994. Auch wenn Joseph de la Vega für sich beanspruchen kann, den ersten Börsenführer als Buch geschrieben zu haben, waren schon 1642 und 1687 einige Flugschriften über die Aktienspekulation erschienen (S. 101, Anm. 1).

73 Ebd., S. 50 f.

74 Ebd., S. 78.

75 Einleitung von André Kostolany, in: Vega 1994, S. 16. Neuere Untersuchungen versuchten zu schätzen, wie sehr die Kurse nur durch den Börsenhandel selbst beeinflusst wurden – wie unabhängig sie also von den »Fundamentaldaten« waren. Für das 18. Jahrhundert konnte gezeigt werden, dass nur 25 bis 50 Prozent der Kursbewegungen auf neue Nachrichten über die Schiffsreisen zurückzuführen waren. 50 bis 75 Prozent der Kursbewegungen entstanden also endogen nur durch die vorherigen Kursbewegungen. Siehe: Koudijs 2012.

76 Braudel 1982, S. 108 f.

77 Ebd., S. 107 f.

78 Smith 2008, S. 104.

79 Mackay 1995, S. 77.

80 In Übersichtsdarstellungen zur holländischen Geschichte kommt der »Tulpenschwindel« nicht vor; siehe etwa Beliën/Hoogstraten 2003. Aus der Zeit des »Tulpenschwindels« sind zudem kaum belastbare Daten überliefert, wie viel die Zwiebeln tatsächlich gekostet haben – und ob wirklich Geld geflossen ist. Es kann auch sein, dass nur Derivatgeschäfte abgeschlossen wurden, die nach dem Crash einfach nicht bedient wurden. Dann wären es reine Luftbuchungen gewesen, die mehr an ein Gesellschaftsspiel erinnern denn an eine echte Blase.

Teil IV Die Krisen des Kapitals

1 Auf uns wirkt dieser Speisezettel von 1500 kümmerlich, aber im Vergleich zu anderen Zeiten ging es den Menschen damals sogar gut. Ab etwa 1560 gab es in weiten Teilen Europas gar kein Fleisch mehr, sondern es wurde Tag für Tag nur Brei und Brot gegessen. Die Bevölkerung war stark gewachsen, so dass die Ernten kaum noch reichten.

2 Osterhammel 2011, S. 193.

3 Ebd., S. 302.

4 Marx und Engels waren allerdings nicht die ersten, die die Krisenanfälligkeit des Kapitalismus bemerkten. Der Schweizer Ökonom Simonde de Sismondi erkannte schon 1819, dass es zur Überproduktion kommen kann und dass nicht automatisch alle hergestellten Waren auch gekauft werden. Er wandte sich da-

mit direkt gegen David Ricardo und später Jean-Baptiste Say, die davon ausgingen, dass jedes Gut seinen Abnehmer findet. Zu den Skeptikern gehörte auch der britische Ökonom Thomas Malthus, der bereits 1814 in einem Brief an Ricardo bezweifelte, dass die nötige Nachfrage stets von selbst entstehe.

5 Plumpe 2010, S. 56 ff.

6 Die Bank von England konnte Banknoten in Höhe von zwei Millionen Pfund nur in Umlauf bringen, weil der Goldstandard faktisch erneut außer Kraft gesetzt wurde. Anders als 1797 wurde er aber nicht ganz aufgehoben, sondern die britische Regierung erlaubte der Bank von England einfach, Geld zu drucken. Implizit wurde also die Golddeckung der einzelnen Banknoten reduziert, was in der Praxis aber niemandem auffiel, weil die Briten gar nicht auf die Idee kamen, ihre Scheine in Gold umzutauschen.

7 Der Begriff »lender of last resort« tauchte in England erstmals 1797 auf. Wie immer folgte die Theorie der Praxis: Die Bank von England begann bereits Mitte des 18. Jahrhunderts, bei Bedarf Liquidität bereitzustellen. (Kindleberger 1993, S. 273).

8 Plumpe 2010, S. 61.

9 Wehler 1995, S. 95.

10 Ahrens 1986, S. 85 ff.

11 Plumpe 2010, S. 64 ff.

12 Wehler 1995, S. 100 f.

13 Ebd., S. 101.

14 Bagehot 1873, Position 2168.

15 Plumpe 2010, S. 69.

16 Hobsbawm 1995, S. 86.

17 In Europa wird dieser Tag manchmal »Schwarzer Freitag« genannt, weil es hier schon nach Mitternacht war, als die Börse an der Wall Street schloss. An diesem »Schwarzen Donnerstag« konnten die Kurse am Ende sogar stabilisiert werden, weil die großen US-Banken in einer konzertierten Aktion Aktien aufkauften. Trotzdem war dies der Beginn des Crashs, denn am nächsten Montag und Dienstag begannen die Kurse erneut ins Bodenlose zu fallen – weswegen diese Tage oft auch »schwarzer Montag« und »schwarzer Dienstag« heißen.

18 Emmanuel Saez, Striking it Richer: The Evolution of Top Incomes in the United States (Updated with 2011 estimates), 23. Januar 2013; http://elsa.berkeley.edu/~saez/saez-UStopincomes-2011.pdf

19 Galbraith 2009, S. 175.

20 Die Massenkaufkraft in den USA stagnierte nicht nur, weil die Reallöhne der Arbeiter nicht stiegen. Die Lage in der Landwirtschaft verschärfte dieses Problem. Auch dort war es zu einer technischen Revolution gekommen, die die Produktivität enorm erhöhte: Traktoren, Düngemittel und neue Züchtungen vermehrten die Ernteerträge dramatisch, so dass die Preise für Nahrungsmittel und die Einkommen der Bauern deutlich fielen. Viele Farmer waren überschuldet und mussten ihre Höfe aufgeben. Die meisten konnten sich die neuen Konsumgüter, die die Industrie produzierte, daher nicht leisten.

21 Saez, siehe Anmerkung 18, S. 1.

22 Galbraith 2009, S. 19 ff.

23 Ebd., S. 47.

24 Ebd., S. 31.

25 Kindleberger 1973, S. 119.

26 Galbraith 2009, S. 129.

27 Ebd., S. 75.

28 Conrad/Stahl 2002, S. 487.

29 Kindleberger 1993, S. 297.

30 Keynes 2011, S. 74 ff. In dieser Schrift nimmt Keynes auch eine ausführliche Kalkulation der Kriegsverluste vor, die die Deutschen verursacht hatten. Sein Ergebnis: Zehn Milliarden Dollar hätten gereicht, um Franzosen, Briten und Belgier zu entschädigen (S. 54). Die Reparationsregelung führte dazu, dass Deutschland 1928, ein Jahr vor der Krise, die Hälfte aller Auslandskredite absorbierte, die weltweit vergeben wurden (Hobsbawm 1995, S. 91).

31 Wehler 1995, S. 98.

32 Wehler 2003, S. 259 ff.

33 Marterbauer 2011, S. 38.

34 »Only Thing We Have to Fear Is Fear Itself«: FDR's First Inaugural Address, http://historymatters.gmu.edu/d/5057/

35 Skidelsky 2003, S. 519.

36 Fisher 1933, S. 335–357.

37 Eine sehr anschauliche Einführung in die Theorie der Bilanzrezession findet sich bei Koo 2009.

38 Obwohl Keynes ein brillanter Autor war, der seine Theorie in Zeitungsartikeln sehr überzeugend darlegen konnte, ist ausgerechnet seine *Allgemeine Theorie* anstrengend zu lesen. Bis heute klagen Ökonomen darüber, wie mühsam dieser Text sei. Ein paar Stimmen: »Vor allem Teil II ist ein Alptraum.« (Skidelsky 2003, S. 531) »Es herrschte allgemeine Übereinstimmung, dass das Buch sowohl grundlegend als auch fast undurchdringlich war.« (Blanchard 2009, S. 107) »Ein komplexes, schlecht strukturiertes und manchmal unklares Werk.« (Galbraith 1987, S. 232).

39 Es soll nicht behauptet werden, dass allein die Weltwirtschaftskrise und Heinrich Brünings Sparpolitik den Aufstieg Hitlers ermöglicht hätten. Die Weimarer Republik war aus vielen Gründen gefährdet – nicht zuletzt weil sich weite Teile der Eliten einen autoritären Staat zurücksehnten. Dennoch war die falsche Deflationspolitik der entscheidende Auslöser, um Hitler zur Macht zu verhelfen.

40 Wehler 2003, S. 526 ff. Keynes war in Deutschland außerordentlich populär, weil er 1919 die Reparationen so scharf kritisiert hatte. Jeder seiner Artikel wurde sofort gelesen. Zudem weist Wehler zu Recht darauf hin, dass die theoretischen Hürden in Deutschland sowieso gering waren, um Keynes' Ideen zu absorbieren. Denn anders als in Großbritannien waren in Deutschland die liberalen Ideen des Laissez-faire und des Freihandels nie übernommen worden. Stattdessen genoss der steuernde Staat – ganz in preußischer Tradition – einen außerordentlich guten Ruf. Insofern war es für die deutschen Ökonomen auch gar keine revolutionäre Idee, dass der Staat die Konjunktur lenken müsse.

41 Kindleberger 1973, S. 183.

42 Brünings Fixierung auf die Reparationen war völlig irrational und hatte mit

ökonomischen Überlegungen nichts zu tun. Es spricht alles dafür, dass die Amerikaner angesichts der Wirtschaftskrise bereit gewesen wären, eine gelockerte Haushaltspolitik in Deutschland zu akzeptieren. (Wehler 2003, S. 526).

43 Kindleberger 1973, S. 185.

44 Ebd., 241 f. Allerdings war dieser Boom zunächst nicht von Dauer. Wenn man den Warenausstoß von 1928 bei einem Index von 100 Punkten ansetzt, dann lag die Industrieproduktion im März 1933 bei 59 Punkten, im Juli 1933 bei 100 Punkten, im Juli 1934 nur noch bei 71 Punkten, um Ende 1935 wieder 100 Punkte zu erreichen. 1936 herrschte dann Hochkonjunktur. Erwartungen können also auch übertrieben sein – dennoch sind sie ein wichtiger Konjunkturmotor.

45 Keynes 2008, S. 8.

46 In seiner *General Theory* kam Keynes allerdings nicht umhin, doch Formeln zu benutzen. Dies tat er jedoch widerwillig, wie sich einer Fußnote am Anfang von Kapitel 20 entnehmen lässt: »Jene, die (zu Recht) Algebra nicht mögen, werden wenig verpassen, wenn sie den ersten Teil dieses Kapitels überspringen.« (2008, S. 177).

47 Koo 2009, S. 116.

48 Krugman 2007, S. 47 f.

49 Skidelsky 2003, S. 519 f. Das lesbarste und lustigste Kapitel in der *General Theory* ist nicht zufällig das zwölfte Kapitel, in dem Keynes auf seine Erfahrungen als Aktienspekulant zurückgreift und sehr anschaulich den Wahnsinn an der Börse beschreibt.

50 Marx hatte sogar eine Baronesse geheiratet, und Schumpeters Stiefvater war ein adliger General. Keynes wiederum war in Eton zur Schule gegangen und glaubte, seinen Stammbaum bis 1066 zurückverfolgen zu können, als die Normannen England erobert hatten und die neue Adelsschicht stellten.

51 Keynes 2008, S. 236. Die *General Theory* ist zwar meist ein sperriges Werk, aber das 24. Kapitel ist leicht zu lesen und sehr amüsant: Dort erklärt Keynes, warum sein Ansatz »moderat konservativ« sei.

52 Ebd., S. 235.

53 Skidelsky 2003, S. 528.

54 Gesell 2011, S. 7 f.

55 Keynes 2008, S. 220.

56 Wolfgang Uchatius, Das Wunder von Wörgl, Zeit-Online, 22. 12. 2010.

57 Keynes 2008, S. 222. Keynes' Kritik an Gesell wird von dessen Fans meist unterschlagen, die lieber nur die lobenden Stellen bei Keynes zitieren. Ein typisches Beispiel ist die Werkauswahl zum 150. Geburtstag Gesells, die Werner Onken zusammengestellt hat (siehe S. 207).

58 Hier ist nicht der Platz, um alle Denkfehler nachzuzeichnen, die sich bei Gesell und ähnlichen Theoretikern finden. Eine gute Analyse bietet: Waltraud Schelkle, Motive ökonomischer Geldkritik, in: Schelkle/Nisch 1995, S. 11–45.

59 Kaufman 2000, S. 21.

60 Lewis 1989, S. 98.

61 Philippon/Reshef 2008, Schaubild 1, (http://www.nber.org/papers/w14644.pdf).

62 Kaufman 2000, S. 88.

63 Philippon/Reshef 2008, Schaubild 2.

64 www.hbs.edu/recruiting/mba/data-and-statistics/employment-statistics.html

65 www.hbs.edu/recruiting/mba/data-and-statistics/employment-statistics.html

66 www.hbs.edu/recruiting/printready/statistics-alumni.html

67 Auch ohne den Vietnam-Krieg wäre die Golddeckung irgendwann zusammengebrochen. Denn das gesamte Währungssystem litt an einem Paradox, auf das 1958 erstmals der belgische Ökonom Robert Triffin hinwies und das daher »Triffin-Dilemma« heißt: Da die Weltwirtschaft wuchs, wurden ständig mehr Dollars benötigt, um den internationalen Handel abzuwickeln. Die Goldmenge in den USA blieb jedoch gleich, so dass die Golddeckung zunehmend zur Fiktion wurde.

68 Friedman 2002, S. 23.

69 Abelshauser 2011, S. 392.

70 Der starke Anstieg der Ölpreise war allerdings nicht nur ökonomisch motiviert, sondern hatte auch politische Ursachen: Als Reaktion auf den Jom-Kippur-Krieg 1973 rief die OPEC zu einem Lieferboykott an die westlichen Staaten auf. 1979 kam es dann zur »zweiten Ölkrise«, weil durch die islamische Revolution im Iran ein wichtiges Lieferland ausfiel.

71 Flassbeck/Spiecker 2007, S. 174.

72 Ein sehr guter Abriss über die 1970er Jahre findet sich bei Dullien/Herr/Kellermann 2009, S. 25 ff.

73 Eine umfassende Darstellung der Machtverschiebung vom Real- zum Finanzkapital bietet: Schulmeister 2010.

74 Soros 2008, S. 93 ff.

75 Blanchard 2009, S. 218 f.

76 Lewis 1989, S. 39.

77 Ebd., S. 97 ff.

78 Die »Deckungsgrenze« bei deutschen Pfandbriefen liegt bei 60 Prozent des Beleihungswertes der Immobilien, die als Sicherheit für die Hypothek dienen, die verbrieft wird.

79 Lewis 1989, S. 122. Der Aufstieg des Investmentbankings wird gern als Verschwörungstheorie konstruiert. Ein typisches Beispiel ist Frank Schirrmachers Buch *Ego. Das Spiel des Lebens* (2013). Darin behauptet Schirrmacher, dass das Investmentbanking aus dem Kalten Krieg hervorgegangen sei: Nach dem Untergang der Sowjetunion seien Atomraketen weitgehend überflüssig gewesen, so dass sich die Nuklearphysiker eine neue Beschäftigung gesucht hätten. Sie wären dann an der Wall Street untergekommen, hätten dort ihre mathematischen Modelle aus dem Kalten Krieg auf die Finanzspekulation übertragen und würden nun mittels der Spieltheorie und irgendwelchen »Algorithmen« das Wirtschaftsleben manipulieren (S. 81 ff.). Diese Behauptung ist sowohl chronologisch wie faktisch falsch. Wie bereits die Geschichte der amerikanischen Sparkassen zeigt, hat der Aufstieg des Investmentbankings nichts mit dem Kalten Krieg oder einer Invasion von Nuklearphysikern zu tun, sondern lässt sich durch ökonomische Umstände und politische Fehlentscheidungen erklären. Mathematiker wurden zwar an der Wall Street beschäftigt, hatten aber vor al-

lem dienende Funktion – indem sie zum Beispiel die Ausfallwahrscheinlichkeit von Hypotheken oder später den Wert von Optionen berechneten. Übrigens ist es typisch, dass es damals um Hypotheken ging. Finanzkrisen und Spekulationsblasen entstehen immer durch die allzu lockere Vergabe von Krediten. Das Wort »Kredit« kommt hingegen bei Schirrmacher kaum vor, so dass zu vermuten ist, dass er nicht verstanden hat, wie der Kapitalismus funktioniert, dem er ein ganzes Buch gewidmet hat. Wer mehr über Schirrmachers Irrtümer wissen will: Eine sehr gute Kritik stammt von Michael Seemann, der allerdings einen anderen Fokus hat und vor allem die Behauptungen über »Big Data« auseinandernimmt (21. 3. 2013, http://www.ctrl-verlust.net/).

80 Einen sehr lustigen und anschaulichen Abriss über Milken und die Junk Bonds findet sich bei Lewis 1989, S. 254 ff. Einen guten Übersichtsartikel bietet auch: Kindleberger/Aliber 2005, S. 74 f. sowie 172 ff. Hätte man die Sparkassen Anfang der 1980er Jahre abgewickelt oder saniert, hätte den amerikanischen Steuerzahler nur 20 bis 30 Milliarden Dollar gekostet (ebd., S. 175).

81 Ein satirisches Sittengemälde der Wall Street in den 1980er Jahren ist Tom Wolfes Roman *Bonfire of the Vanities* (1987). Wolfe recherchierte sechs Jahre lang für das Buch – unter anderem bei der Investmentbank Salomon Brothers, bei der auch Henry Kaufman und Michael Lewis beschäftigt waren. Von Wolfe stammt die Idee, die Anleihehändler als selbsternannte »Masters of the Universe« zu bezeichnen.

82 Bank für internationalen Zahlungsausgleich, *Quarterly Review,* Dezember 2014, Tabelle 19: Amounts outstanding of over-the-counter (OTC) derivatives, S. A 141. Börslich gehandelte Derivate spielen hingegen fast gar keine Rolle. Im Dezember 2013 lag ihr Nominalwert bei 64,6 Billionen Dollar – betrug also nur 9,3 Prozent der außerbörslich gehandelten Derivate. Siehe: Bank für internationalen Zahlungsausgleich, *Quarterly Review*, März 2014, Tabelle 23 A: Derivative financial instruments traded on organised exchanges, S. A 146.

83 Lewis, S. 191. Die Metapher vom Kasino ist alt, um die Finanzbranche zu charakterisieren. Wahrscheinlich wurde sie, wie so vieles, von Keynes erfunden. Er schrieb in seiner *General Theory* 1936: »Speculators may do no harm as bubbles on a steady stream of enterprise. But the position is serious when enterprise becomes the bubble on a whirlpool of speculation. When the capital development of a country becomes the by-product of the activities of a casino, the job is likely to be ill-done.« (2008, S. 103) Um das Kasino zu schließen, wollte bereits Keynes eine Finanztransaktionssteuer einführen. Das erste Buch mit dem Titel *Casino Capitalism* wurde von der britischen Ökonomin Susan Strange geschrieben und erschien bereits 1987 – die Zeitgenossen haben also sofort wahrgenommen, dass sich die Spielregeln auf den Finanzmärkten seit Anfang der 1980er Jahre dramatisch geändert hatten.

84 Comptroller of the Currency, OCC's Quaterly Report on Bank Trading and Derivatives Activities, Third Quarter 2014 (Washington 2014), S. 1 und 7.

85 Philippon 2012, S. 2.

86 Die US-Wirtschaftsleistung betrug 2014 etwa 17,5 Billionen Dollar.

87 Lewis 1989, S. 11 und 203.

88 USA im Fieber, *die tageszeitung (taz)*, 14. 1. 1987.

89 Kindleberger/Aliber 2005, S. 75.
90 Admati/Hellwig 2013, S. 54.
91 Kaufman 2000, S. 122.
92 http://www.ge.com/ar2013/#/financial-highlights
93 Schulmeister 2010, S. 34 f.
94 Laeven/Valencia 2012, S. 3.
95 Conrad/Stahl 2002, S. 488.
96 Admati/Hellwig 2013, S. 60.
97 United States of America 2011, S. 7.
98 Reinhart/Rogoff 2009, S. 207.
99 Siehe Schirrmacher (2013, S. 195), der hier den US-Statistiker Nate Silver zitiert.
100 Trotz der kunstvollen Verbriefungen blieben die Investmentbanken auf Problempapieren sitzen: Die hochriskante Equity-Tranche ließ sich meist nicht verkaufen, was während der Finanzkrise zu Milliardenverlusten führte.
101 United States of America 2011, S. 132 f.
102 Ebd., S. 129.
103 Im Handbuch *Compagnon ordinaire du Marchand* von 1698 wird dem Fernhändler vorgerechnet, wie eine Kreditversicherung funktioniert und warum sie sich lohnt: Schiffsreisen nach Indien und zurück dauerten damals drei Jahre oder länger, so dass die Kaufleute 30, 40 oder 50 Prozent Zinsen verlangten, wenn sie die Kosten vorstreckten. Um sich gegen einen Totalverlust abzusichern, falls das Schiff verloren ging oder von Piraten gekapert wurde, war es ratsam, eine Kreditversicherung abzuschließen, die nur vier bis sechs Prozent verlangte. In jedem Fall würde der Kaufmann also einen Gewinn machen, selbst bei einem Unglück auf See. (Braudel 1982, S. 365).
104 United States of America 2011, S. XXV.
105 Krugman 2012, S. 74 f.
106 United States of America 2011, S. 13 f.
107 Ebd., S. 142 ff. Die synthetischen CDOs nutzten die Tatsache, dass Kreditausfallversicherungen letztlich wie umgekehrte Verbriefungen funktionieren. Wer eine Kreditversicherung verkauft, erhält jedes Jahr eine Prämie, was also eine Art Zins ist. Basis dafür ist, dass er im Zweifel die versicherte Verbriefung zum vollen Preis kaufen muss, falls diese an Wert verliert. Siehe auch Lewis 2011, S. 75 f.
108 Gretchen Morgenson, Mortgage Maze May Increase Foreclosures, *New York Times*, 6.8.2007. Die Subprime-Kredite folgten einer ganz eigenen perfiden Logik: Da die Kreditnehmer oft weder Einkommen noch Vermögen hatten, war völlig klar, dass sie ihr Darlehen niemals zurückzahlen konnten und es irgendwann zur Zwangsversteigerung kommen würde. Diese Zwangsversteigerung erschien den Banken und Investoren aber unproblematisch, weil ja die Häuserpreise rasant stiegen. Also wurden die Subprime-Kreditnehmer mit Lockzinsen verleitet, einen Kredit aufzunehmen – und die Zinsen dann nach zwei Jahren drastisch erhöht. Meist konnten die Subprime-Kreditnehmer diese höheren Zinsen nicht zahlen, weswegen ihnen eine Umschuldung angeboten wurde, die erneut Provisionen in die Kassen der Banken spülte. Diese

Provisionen wurden ebenfalls auf Kredit finanziert, denn Geld hatten die »Ninjas« ja nicht. Diese ständig steigenden Subprime-Kredite schienen kein Problem, solange die Hauspreise zulegten. Doch als die Hauspreise ab 2006 stagnierten, brach der Subprime-Sektor sofort zusammen.

109 Blanchard 2009, S. 27.

110 Admati/Hellwig 2013, S. 60.

111 United States of America 2011, S. XV.

112 Statistisches Bundesamt 2012, S. 320 f. Bis zur Finanzkrise waren die schlimmsten Krisen in der Bundesrepublik in den Jahren 1975 (minus 0,9 Prozent) und 1993 (minus 1,0 Prozent) aufgetreten.

113 Döhrn/Gebhardt 2013.

114 Österreichische Banken wurden von der Finanzkrise hart getroffen, weil sie Kredite in Höhe von mehr als 200 Milliarden Euro nach Osteuropa vergeben hatten. Ein zusätzliches Risiko ergab sich, weil die Hälfte dieser Kredite als Fremdwährungskredite auf Euro lautete. Als im Zuge der Finanzkrise die Wirtschaft in Osteuropa einbrach und die Devisenkurse im Verhältnis zum Euro fielen, konnten viele dieser Darlehen nicht mehr bedient werden. (Marterbauer 2011, S. 76 ff.) Die Bankenrettung wurde für den Staat Österreich teuer: Seit 2008 erhielten die Banken 13,6 Milliarden Euro, davon mussten bis 2012 etwa 6,2 Milliarden Euro als Verlust für den Steuerzahler abgeschrieben werden.

115 Siehe etwa IKB, Geschäftsbericht 2004/2005, S. 107 ff.

116 Die Deutsche Bank hatte sich zum Teil durch Kreditderivate abgesichert, die von dem US-Versicherungskonzern AIG stammten. Dieser Konzern wurde von der US-Regierung mit 182,3 Milliarden Dollar gerettet, so dass die Besitzer der CDS-Kontrakte ihr Geld erhielten. Die Liste der Begünstigten wurde von der US-Regierung veröffentlicht; dort ist die Deutsche Bank mit insgesamt 14,9 Milliarden Dollar vermerkt. (United States of America 2011, S. 377) AIG ist ebenfalls ein Beispiel, wie ahnungslos viele Institutionen in die Finanzkrise geschlittert sind: Der größte Versicherungskonzern der USA dachte, dass es sich bei den CDS-Kontrakten um einen Gratisprofit handeln würde, weil man nicht damit rechnete, dass der Schadensfall eintreten würde. Daher nahm man nur sehr geringe Gebühren und versicherte 100 Millionen Dollar für ganze 20 000 Dollar. (Ebd., S. 266) Inzwischen hat sich die US-Regierung wieder aus AIG zurückgezogen – und aus den Hilfsmaßnahmen sogar noch einen Gewinn von 22,7 Milliarden Dollar mitgenommen (Amerikas Finanzministerium schließt die Akte AIG, *Frankfurter Allgemeine Zeitung*, 12.12.2012). Aus diesem Gewinn lässt sich jedoch nicht schließen, dass die Bankenrettung für die USA insgesamt ein gutes Geschäft war: Die Verluste wurden nur verlagert und tauchten vor allem bei den verstaatlichten Hypothekenbanken Fannie Mae und Freddie Mac auf.

117 Admati/Hellwig 2013, S. 94

118 Die Exportüberschüsse der Deutschen und Chinesen sind für manche Ökonomen sogar die zentrale Ursache für die Finanzkrise. Der ehemalige Fed-Chef Alan Greenspan und sein Nachfolger Ben Bernanke erklärten die Immobilienblase damit, dass eine weltweite Sparschwemme (»savings glut«) in die USA

gedrängt habe. Die Absicht war nicht zu verkennen: Die Fed sollte davon entlastet werden, dass sie ihren Aufsichtspflichten nicht nachgekommen war. Es ist zwar richtig, dass die Exportländer ihre Überschüsse gern in den USA anlegen, doch dazu hätten sie keine Möglichkeit gehabt, wenn nicht mit windigen Verbriefungen ein enormer Kreditberg aufgetürmt worden wäre.

119 Der »Dodd-Frank Act« ist unnötig komplex und dadurch wirkungslos: Das Gesetz weist eine Rekordlänge von 849 Seiten auf, vermeidet aber konkrete Festlegungen. Entscheidend sind stattdessen 398 Verordnungen, die die Aufsichtsbehörden erst noch erlassen müssen. Also wächst der Papierberg immer weiter. Am 6. Januar 2015 umfassten die Regulierungsvorschläge genau 6304 Seiten, und die bereits beschlossenen Vorschriften machten weitere 8321 Seiten aus, wie die American Bankers Association tagesaktuell auf ihrer Website mitzählt. Der Wust an Vorschriften macht es den Banken leicht, die Regulierung zu umgehen. Ein weiteres Problem: Die US-Aufsicht ist extrem zersplittert; insgesamt gibt es in den USA rund 135 Aufsichtsorgane. Allein für die großen Banken sind landesweit elf Behörden zuständig, deren Kompetenzen sich fast immer überschneiden. Aus: Herrmann 2012, S. 91–93.

120 Das internationale Abkommen »Basel III« schreibt nicht nur eine »Leverage Ratio« vor, die das Eigenkapital in Beziehung zur Bilanzsumme setzt und die drei Prozent betragen soll. Darüber hinaus wird auch eine »Kernkapitalquote« von sieben Prozent verlangt. Dies klingt jedoch eindrucksvoller, als es ist. Denn die Kernkapitalquote wird »risikogewichtet« ermittelt, was nichts anderes bedeutet, als dass die Banken selbst berechnen dürfen, wie viel Risiko eine Transaktion enthält. Im Ergebnis müssen sie dann für viele Aktivitäten fast gar kein Eigenkapital vorhalten. Dieser Effekt lässt sich anhand der Deutschen Bank gut demonstrieren: Der Zwischenbericht im September 2014 weist eine Kernkapitalquote von 14,7 Prozent aus. Doch auf eine Bilanzsumme von 1,7 Billionen Euro kam nur ein Eigenkapital von 66,4 Milliarden – was einer Leverage Ratio von mageren 3,9 Prozent entspricht. Übrigens ist eine risikogewichtete Kernkapitalquote von 14,7 Prozent noch nicht einmal ehrgeizig: Auch Lehman Brothers wies noch fünf Tage vor der Pleite eine Kernkapitalquote von elf Prozent auf. (Johnson/Kwak 2011, S. 206) Die Erfahrung mit Lehman weist auf ein weiteres Problem bei der »Risikogewichtung« hin: Als Risiko kann nur erkannt werden, was sich in der Vergangenheit als Risiko herausgestellt hat. Künftige Entwicklungen lassen sich nicht vorhersehen.

121 Admati/Hellwig 2013, S. 144. Diese Summe berechnet sich aus den Garantien, die die einzelnen Regierungen in der Finanzkrise abgegeben haben.

122 Die Verlustbeteiligung der Aktionäre hat in der Vergangenheit verschiedene Formen angenommen. Eine Variante: Die Pleitebank wird verstaatlicht, ohne dass die Aktionäre (vollständig) ausgezahlt werden. Zweite Variante: Der Staat steigt als zusätzlicher Kapitalgeber ein, was die Aktien »verwässert« und daher Kursverluste bedeutet. Gleichzeitig fallen meist auf Jahre die Dividenden aus.

123 Admati/Hellwig 2013, S. 30.

124 Feste Eigenkapitalquoten allein reichen allerdings nicht, um eine Krise zu vermeiden, weil Eigenkapital die Tücke hat, dass es auch durch Kreditvergabe

gesteigert werden kann. Wenn Banken viele Darlehen bewilligen und damit einen Finanzboom erzeugen, dann explodieren vorübergehend auch ihre Profite: durch Provisionen, Zins- und Kursgewinne. Diese lassen sich dann leicht einbehalten und dem Eigenkapital zuschlagen. Um diesen prozyklischen Effekt beim Eigenkapital auszugleichen, muss die Zentralbank bei erhöhter Kreditvergabe auch die Eigenkapitalanforderungen anheben. Dies tut sie am besten sektoral: Falls etwa vor allem Hypothekenkredite vergeben werden, dann müssten die Banken dort mehr Eigenkapital hinterlegen.

Manche Autoren sind skeptisch, ob erhöhte Eigenkapitalanforderungen das Finanzsystem sicherer machen. Ein Argument: Auch die Aufsicht würde dem Herdenverhalten unterliegen, in einem Boom zu optimistisch sein und viel zu spät eingreifen. Seit dem 19. Jahrhundert hält sich daher die sogenannte Currency School, die die Geldschöpfung den Banken komplett entziehen und damit von der Kreditvergabe entkoppeln will. Der prominenteste Vertreter in Deutschland ist Joseph Huber (2011), der ein »Vollgeld« vorschlägt. Girokonten sollen nicht mehr von den Banken geführt werden, sondern von der Zentralbank, so dass diese die Geldschöpfung steuern könnte. Für Kunden würde sich nichts ändern: Die Girokonten würden weiter von den diversen Banken verwaltet, aber eben nicht mehr kontrolliert. Dieser Ansatz nennt sich auch »Monetative«, weil die Zentralbank zur vierten Gewalt neben Exekutive, Legislative und Judikative würde. Für die Staatshaushalte wäre diese Lösung attraktiv: Bisher fließt die Geldschöpfung (auch »Seignorage« genannt) den Banken als Reingewinn zu. Künftig würde die Zentralbank diesen Profit kassieren, den Huber auf derzeit 16 bis 23 Milliarden Euro pro Jahr schätzt (ebd., S. 108 f.). Trotzdem ist der Vollgeld-Ansatz bisher unter Volkswirten nicht weit verbreitet, denn vielen Ökonomen ist dieses System zu mechanistisch: Die Zentralbanken müssten vorab bestimmen, welchen Geld- und Kreditbedarf die Volkswirtschaft künftig hat. Siehe: Geld spiegelt unsere Erwartungen an die Zukunft. Interview mit Rudolf Hickel, *die tageszeitung (taz)*, 4. 2. 2012.

Um Banken sicherer zu machen, wird oft auch ein »Trennbankensystem« vorgeschlagen, bei dem Geschäftsbanken und Investmentbanken strikt voneinander geschieden wären. Die Praxis zeigt aber, dass ein solches System ebenfalls anfällig wäre. Auch normale Banken können Kreditblasen produzieren: Den spanischen Immobilienboom haben Sparkassen finanziert. Genauso wenig funktioniert die »Bankenunion«, wie sie von der EU verfolgt wird: Künftig sollen auch die Sparer mit Einlagen über 100 000 Euro haften, wenn eine Bank pleite geht. Diese Lösung ist reine Augenwischerei: Sparer könnten ihre Konten splitten, um unter der magischen Grenze von 100 000 Euro pro Konto zu bleiben. Zudem ist das Problem ungelöst, dass es zu Bank Runs kommen würde und die Sparer bei allen Banken ihr Geld abziehen würden, sobald auch nur eine einzige Bank von der Pleite bedroht wäre. Bank Runs sind aber das eigentliche Problem, wie der Konkurs von Lehman Brothers gezeigt hat, weil dann die Realwirtschaft einbricht. Der Charme des Eigenkapitals hingegen ist, dass es nicht abgezogen werden kann und Bank Runs daher ausgeschlossen sind.

125 Roubini/Mihm 2010, S. 214.
126 Der Dodd-Frank Act nimmt unter anderem »Endkunden« von der Derivate-Regulierung aus. Energiekonzerne, Ölfirmen und Rohstoffgiganten haben aber inzwischen eigene Investmentabteilungen, die wie Banken oder Hedgefonds spekulieren. Der Bankenkritiker und Professor am Massachusetts Institute of Technology, Simon Johnson, fürchtet daher, dass die nächste Finanzkrise von Nicht-Banken ausgehen könnte. Siehe: Waghalsige Risiken. Interview mit Simon Johnson, *die tageszeitung (taz)*, 14.4.2011.
127 Das EU-Parlament hat sich kürzlich beschwert, dass EU-Kommission und EU-Rat alle wichtigen Regulierungsvorschläge blockieren oder aufweichen. Siehe: Europäisches Parlament, Entschließungsantrag B7-0078/2013 (4.2.2013).
128 Eine knappe und übersichtliche Darstellung zur Nahrungsmittelspekulation haben Oxfam and Weed publiziert: Hachfeld/Urhahn/Henn 2012. Die Banken verteidigen sich gern mit dem Hinweis, dass die Derivate das Preisniveau bei Nahrungsmitteln nicht dauerhaft verzerren könnten, weil am Ende das physische Angebot von Weizen oder Mais zählen würde. Dies stimmt: Langfristig passen sich die Terminmärkte an die »Fundamentaldaten« an. Aber dies kann Monate dauern – oft zu lange für einen hungernden Menschen.
129 David Bichetti/Nicolas Maystre, When Commodities Are Just Another Asset, in: www.Flassbeck-economics.de, 5.2.2013.
130 Mögliche Maßnahmen werden ausführlich diskutiert in: Schumann 2011.
131 Vielleicht hätten sich die Kreditblasen in Spanien und Irland sogar ohne die Einführung des Euros aufgepumpt. Denn in Nicht-Eurostaaten wie Island oder Lettland kam es zeitgleich ebenfalls zu einem spekulativen Immobilienboom. Siehe: Bofinger 2013, S. 53 f.
132 Die Korruption in Irland beschränkte sich keineswegs nur auf die Banken, sondern hatte auch die Politik und Bauwirtschaft erfasst. Eine sehr gute Beschreibung der irischen Immobilienblase und ihrer Vorgeschichte gibt O'Toole 2010.
133 Stefan Bergheim, Spanien 2020 – die Erfolgsgeschichte geht weiter, *Deutsche Bank Research*, 11.9.2007.
134 Bofinger 2013, S. 52 f.
135 Paul De Grauwe, The Governance of a Fragile Eurozone, April 2011, http://de.scribd.com/doc/64497899/Paul-De-Grauwe-The-Governance-Of-a-Fragile-Eurozone
136 Es war absolut entscheidend, dass EZB-Chef Mario Draghi den Anlegern zu verstehen gab, dass die Notenbank unbegrenzt Staatsanleihen aufkaufen würde. Bis dahin hatte es schon mehrfach begrenzte Kaufprogramme für einzelne Euroländer gegeben. Aber sie konnten die Panik nicht eindämmen, eben weil die Investoren wussten, dass das Volumen begrenzt war.
137 Um Liquiditätskrisen in der Eurozone auszuschließen, wäre es am einfachsten, »Eurobonds« einzuführen – also eine gemeinsame Staatsanleihe für alle Eurostaaten. Investoren könnten dann einzelne Euroländer nicht mehr gegeneinander ausspielen. Ein solcher Eurobond könnte natürlich nur eingeführt werden, wenn die Euroländer eine gemeinsame Haushalts- und Fiskalpolitik betreiben, damit sich nicht einzelne Länder auf Kosten der anderen Staaten verschulden.

138 Seit der Gesundheitsreform im Jahr 2005 zahlen die Arbeitnehmer einen Sonderbeitrag von 0,9 Prozent, während die Arbeitgeber um 0,45 Prozentpunkte entlastet wurden. Die Arbeitslosenversicherung wurde um 2,3 Prozentpunkte gesenkt, was durch eine Erhöhung der Mehrwertsteuer finanziert wurde (Bofinger 2013, S. 64 f.).

139 Ebd., S. 65.

140 Bach u. a. 2013, S. 7.

141 Erik Klär/Fabian Lindner/Kenan Šehović, Investitionen in die Zukunft? Zur Entwicklung des deutschen Auslandsvermögens, in: *Wirtschaftsdienst* 3/2013, S. 189–197.

142 Bach u. a. 2013, S. 12.

143 Konkret lief es in Irland wie folgt: Die verstaatlichte Anglo Irish Bank benötigte etwa 30 Milliarden Euro. Also stellte die Regierung Schuldscheine auf den irischen Staat aus, die sie der Bank gab, die diese wiederum bei der irischen Nationalbank hinterlegte – und dafür die rettenden Kredite erhielt. Die irische Regierung hätte diese Schuldscheine in den nächsten zehn Jahren tilgen müssen. Da dies nicht tragbar war, wurde im Februar 2013 eine neue Lösung beschlossen. Die Schuldscheine wurden in Staatsanleihen umgewandelt, die bis 2053 laufen und sehr niedrig verzinst sind. Diese Papiere wurden erneut bei der irischen Nationalbank hinterlegt. Ergebnis: Der irische Staat spart in den nächsten zehn Jahren rund 20 Milliarden Euro.

Viele Kapitalismuskritiker favorisieren jedoch eine andere Variante: Irland hätte seine maroden Banken gar nicht erst retten, sondern gleich in die Pleite schicken sollen – wie Island. Dabei wird aber meist übersehen, dass Island nicht im Euro ist. Das hatte mehrere Konsequenzen. Erstens: Island hatte keine Wahl und musste seine Banken in den Konkurs schicken. Denn die Banken hatten ihre Einlagen in Euro aufgenommen. Die isländische Zentralbank konnte aber keine Euro drucken. Zweitens: Die unvermeidliche Bankenpleite hatte für die Isländer den Vorteil, dass ihre Krone abstürzte und sie auf einen Schlag extrem wettbewerbsfähig wurden. Dieser Kurseffekt hätte sich beim Euroland Irland nicht eingestellt. Stattdessen hätte eine Bankenpleite in Irland eine Liquiditätskrise in der gesamten Eurozone ausgelöst, weil die Sparer und Anleger auch in anderen Ländern panisch geworden wären.

144 Warren E. Buffett, Stop Coddling the Super-Rich, *New York Times*, 14. 8. 2011. In Deutschland ist es etwas weniger dramatisch: Die Superreichen zahlen im Durchschnitt immerhin 30,5 Prozent an Einkommensteuern. Allerdings reichen die ausgewerteten Steuerdaten nur bis zum Jahr 2005. Die Wirkungen der Abgeltungsteuer sind noch nicht erforscht worden, die 2009 eingeführt wurde und Kapitalerträge einheitlich nur noch mit 25 Prozent versteuert. Siehe: Bach/Corneo u. a., Juni 2011.

145 Gute Einführungen in die Saldenmechanik sind: Fabian Lindner, Zu Unrecht vergessen: Wolfgang Stützel und seine Saldenmechanik, in: Herdentrieb, Zeit-Online, 9. 1. 2013; Flassbeck/Spiecker 2011, S. 472–480.

146 Es kann in Ausnahmefällen vorkommen, dass die Privathaushalte in ihrer Gesamtheit nicht sparen. Aber das ist immer ein Alarmzeichen, weil es eigentlich nur geschieht, wenn sich eine Kreditblase aufpumpt und die Vermögenswerte

scheinbar steigen. Die Subprime-Krise war ein typischer Fall: Weil die Häuser teurer wurden, dachten viele US-Amerikaner, sie könnten sich gefahrlos verschulden – und trotzdem für die Zukunft vorsorgen.

147 Die Saldenmechanik wird auch von der Bundesregierung verwendet. Eine sehr übersichtliche Graphik für die Jahre 1991 bis 2011 findet sich im vierten Armuts- und Reichtumsbericht (S. 53): Dort ist genau zu erkennen, dass der Unternehmenssektor ab 2002 keine Kredite mehr aufnimmt, sondern erstmals Überschüsse bildet. Weil im Inland zu viel gespart wird, fließen Milliardensummen ins Ausland ab – auch dies ist in der Graphik sehr gut zu sehen.

148 Bach u. a. 2013, S. 6.

149 Bach/Beznoska u. a. 2011, S. 11. Für Österreich: Andreasch u. a. 2011, S. 233–260, hier S. 253. Die Datenlage in Österreich ist allerdings extrem schlecht, wenn es um Topvermögen geht. Auch eine Haushaltsbefragung durch die Nationalbank brachte keine neuen Erkenntnisse, weil die Reichsten nicht teilgenommen haben.

150 In Deutschland entfällt die Erbschaftsteuer komplett, wenn Betriebe sieben Jahre lang weitergeführt und keine Mitarbeiter entlassen werden. Daher können Milliarden an Firmenvermögen nachgelassen werden, ohne dass auch nur ein Cent Erbschaftsteuer anfällt. In Österreich wurde die Erbschaftsteuer gleich ganz abgeschafft.

151 Oft wird vorgeschlagen, man könnte die Einnahmen aus der Vermögensteuer nutzen, um die Staatsschulden abzubauen. Obwohl dieser Vorschlag plausibel klingt, wäre er kontraproduktiv: Auch wer Schulden abbaut, spart.

Ausblick: Der Untergang des Kapitals

1 Smith, S. 206.
2 Wehler 1995, S. 84.
3 Weizsäcker u. a. 2010, S. 307 ff.
4 Bardi 2013, S. 154 ff.
5 Diese Daten sind »kaufkraftbereinigt«. Die unterschiedlich hohen Preise in Deutschland und Österreich sind also bereits berücksichtigt.
6 Galbraith 1999, S. 217 ff.
7 Dies sind CO_2-Äquivalente. Andere Treibhausgase wie Methan werden also in die Schädlichkeit von CO_2 umgerechnet.
8 Binswanger 2006, S. 363 ff.
9 Galbraith 1999, S. 98.

Literatur

Abelshauser, Werner (2011): *Deutsche Wirtschaftsgeschichte. Von 1945 bis zur Gegenwart*, München.

Acemoglu, Daron, James A. Robinson (2012): *Why Nations Fail. The Origins of Power, Prosperity and Poverty*, London

Admati, Anat, Martin Hellwig (2013): *The Bankers' New Clothes. What's Wrong with Banking and What to Do about It*, Princeton.

Ahrens, Gerhard (1986): *Krisenmanagement 1857. Staat und Kaufmannschaft in Hamburg während der ersten Weltwirtschaftskrise*, Hamburg.

Aitchison, Peter, Andrew Cassell (2003): *The Lowland Clearances. Scotland's Silent Revolution 1760–1830,* Edinburgh.

Allen, Robert C. (2011): *Global Economic History. A Very Short Introduction,* New York, Oxford u. a.

Andreasch, Michael, Peter Mooslechner, Martin Schürz (2011): Einige Aspekte der Vermögensverteilung in Österreich, in: Bundesministerium für Arbeit, Soziales und Konsumentenschutz, *Sozialbericht 2009–2010*, S. 233–260, Wien.

Appleby, Joyce (2010): *The Relentless Revolution. A History of Capitalism,* New York.

Aristoteles (1969): *Nikomachische Ethik,* Stuttgart.

Aristoteles (2006), *Politik: Der Staat der Athener,* Mannheim.

Bach, Stefan, Guido Baldi, Kerstin Bernoth, Björn Bremer, Beatrice Farkas, Ferdinand Fichtner, Marcel Fratzscher, Martin Gornig (2013): Wege zu einem höheren Wachstumspfad, in: *DIW-Wochenbericht 26/2013*, S. 6–17.

Bach, Stefan, Martin Besnoka, Viktor Steiner (2011): A Wealth Tax on the Rich to Bring down Public Debt? Revenue and Distributional Effects of a Capital Levy, in: *SOEPpapers 397*, Berlin.

Bach, Stefan, Giacomo Corneo, Viktor Steiner (2011): Effective Taxation of Top Incomes in Germany.

Bagehot, Walter (1873): *Lombard Street. A Description of the Money Market.*

Bair, Sheila (2012): *Bull by the Horns. Fighting to save Main Street from Wall Street and Wall Street from Itself,* Denver.

Bardi, Ugo (2013): *Der geplünderte Planet. Die Zukunft des Menschen im Zeitalter schwindender Ressourcen*, München.

Beckert, Sven (2014): *King Cotton. Eine Geschichte des globalen Kapitalismus*, München.

Beliën, Herman, Monique van Hoogstraten (2003): *De Nederlandse geschiedenis in een no-tendop. Wat elke Nederlander van de vaderlandse geschiedenis moet weten,* Amsterdam.

Bergheim, Stefan (2007): Spanien 2020 – die Erfolgsgeschichte geht weiter, in: *Deutsche Bank Research.*

Binswanger, Hans Christoph (2006): *Die Wachstumsspirale: Geld, Energie und Ima-gination in der Dynamik des Marktprozesses,* Marburg.

Binswanger, Hans Christoph (2011): *Die Glaubensgemeinschaft der Ökonomen: Es-says zur Kultur der Wirtschaft,* Hamburg.

Blanchard, Oliver (2009): *Macroeconomics.* 5. Auflage, London.

Blomert, Reinhard (2012): *Adam Smiths Reise nach Frankreich oder die Entstehung der Nationalökonomie,* Berlin.

Bofinger, Peter (2012): *Zurück zur D-Mark? Deutschland braucht den Euro,* Mün-chen.

Braudel, Fernand (1985 a): *Civilization & Capitalism, 15th–18th Century, Volume I: The Structures of Everyday Life,* Waukegan, USA. (Erstausgabe 1979).

Braudel, Fernand (1982): *Civilization & Capitalism, 15th–18th Century Volume II: The Wheels of Commerce,* New York, USA. (Erstausgabe 1979).

Braudel, Fernand (1985 b): *Civilization & Capitalism, 15th–18th Century Volume III: The Perspective of the World,* Waukegan, USA. (Erstausgabe 1979).

Braudel, Fernand (2011): *Die Dynamik des Kapitalismus,* Stuttgart. (Erstausgabe 1985).

Braun, Christina von (2012): *Der Preis des Geldes: Eine Kulturgeschichte,* Berlin.

Brenke, Karl, Markus M. Grabka: Schwache Lohnentwicklung im letzten Jahr-zehnt, in: *DIW-Wochenbericht* 45/2011.

Brinkmann, Ulrich, Oliver Nachtwey, Fabienne Décieux (2013): *Wer sind die 99? Eine empirische Untersuchung der Occupy-Proteste,* Frankfurt am Main.

Broadberry, Stephen, Bruce Campbell, Alexander Klein, Mark Overton, Bas van Leeuwen (2010): British Economic Growth 1270–1870, in: University of War-wick Publications service & WRAP, http://www.wrap.warwick.ac.uk/46027/.

Broadberry, Stephen, Bishnupriya Gupta (2010): Indian GDP, 1600–1871: Some Preliminary Estimates and a Comparison with Britain, in: University of War-wick Publications service, http://www2.warwick.ac.uk/fac/soc/economics/ staff/academic/broadberry/wp/indiangdppre1870v4.pdf.

Broadberry, Stephen, Kevin H. O'Rourke (Hg.) (2010): *The Cambridge Economic History of Modern Europe, Volume I: 1700–1870,* Cambridge, UK.

Bruck, Connie (1989): *The Predators' Ball. The Inside Story of Drexel Burnham and the Rise of the Junk Bond Raiders,* London.

Budde, Gunilla (Hg.) (2011): *Kapitalismus. Historische Annäherungen,* Göttingen, Bristol.

Bundesministerium für Arbeit und Soziales (2013): *Lebenslagen in Deutschland. Der vierte Armuts- und Reichtumsbericht der Bundesregierung,* Berlin.

Chang, Ha-Joan: *Kicking Away the Ladder. Developement Strategy in Historical Per-spective,* London.

Chang, Ha-Joon (2011): *23 Things They Don't Tell You About Capitalism,* London.

Clark, Christopher (2006): *Iron Kingdom. The Rise and Downfall of Prussia, 1600–1947,* London.

Collani, Claudia von (2012): *Von Jesuiten, Kaisern und Kanonen: Europa und China – eine wechselvolle Geschichte,* Darmstadt.

Conrad, Christian A., Markus Stahl (2002): *Asset–Preise als geldpolitische Zielgröße – das Beispiel der USA, in: Wirtschaftsdienst,* S. 486–493, Hamburg.

Conrad, Sebastian (2006): *Globalisierung und Nation im Deutschen Kaiserreich,* München.

Crouch, Colin (2011): *Das befremdliche Überleben des Neoliberalismus: Postdemokratie II,* Berlin.

Dabringhaus, Sabine (Hg.), Johann Christian Hüttner (1996): *Nachricht von der britischen Gesandtschaftsreise nach China 1792–94,* Ostfildern.

Dabringhaus, Sabine (2006): *Geschichte Chinas 1279–1949,* München.

Dahlem, Markus (2009): *Die Professionalisierung des Bankbetriebs: Studien zur institutionellen Struktur der deutschen Banken im Kaiserreich 1871–1914,* Essen.

Delves Broughton, Philipp (2010): *What They Teach You at Harvard Business School. My Two Years Inside the Cauldron of Capitalism,* London.

Diamond, Jared (1999): *Guns, Germs, and Steel: The Fates of Human Societies,* New York.

Döhrn, Roland, Heinz Gebhardt (2013): Die fiskalischen Kosten der Finanz- und Wirtschaftskrise, in: *IBES Diskussionsbeitrag 198,* Duisburg.

Dullien, Sebastian, Hansjörg Herr, Christian Kellermann (2009): *Der gute Kapitalismus ... und was sich dafür nach der Krise ändern müsste,* Bielefeld.

Eichengreen, Barry (2011): *Exorbitant Privilege: The Rise and Fall of the Dollar and the Future of the International Monetary System,* New York.

Eisenmenger, Matthias, Dieter Emmerling (2011): Amtliche Sterbetafeln und Entwicklung der Sterblichkeit, in: Statistisches Bundesamt, *Wirtschaft und Statistik,* S. 219– 238, Wiesbaden.

Erhard, Ludwig (2009): *Wohlstand für Alle,* Köln. (Erstausgabe 1957).

Felber, Christian (2010): *Die Gemeinwohl-Ökonomie. Das Wirtschaftsmodell der Zukunft,* München.

Fellmeth, Ulrich (2008*): Pecunia non olet. Die Wirtschaft der antiken Welt,* Darmstadt.

Ferguson, Niall (2009): *The Ascent of Money: The Financial History of the World,* London.

Finley, Moses I. (1982): *The World of Odysseus,* New York. (Erstausgabe 1954).

Finley, Moses I. (1985): *The Ancient Economy,* 2. Auflage, London.

Fisher, Irving (1933): The Debt-Deflation Theory of Great Depressions, in: *Econometrica,* S. 337–357, Hoboken, USA.

Flassbeck, Heiner, Friederike Spieker (2007): *Das Ende der Massenarbeitslosigkeit. Mit richtiger Wirtschaftspolitik die Zukunft gewinnen,* Frankfurt am Main.

Flassbeck, Heiner, Friederike Spieker (2011): Der Staat als Schuldner – Quadratur des Bösen?, in: *Wirtschaftsdienst,* S. 472–480, Hamburg.

Friedman, Milton (2002): Kapitalismus und Freiheit, Frankfurt am Main. (Erstausgabe 1962).

Galbraith, James K. (2012): *Inequality and Instability.: A Study of the World Economy Just Before the Great Crisis*, New York.

Galbraith, John Kenneth (2009): *The Great Crash 1929*, Boston. (Erstausgabe 1954).

Galbraith, John Kenneth (1974): *The New Industrial State*, Gretna, USA.

Galbraith, John Kenneth (1976): Money: Whence It Came, Where it Went, Gretna, USA.

Galbraith, John Kenneth (1987): *A History of Economics. The Past as the Present*, London.

Galbraith, John Kenneth (1999): *The Affluent Society*. Überarbeitet und mit einer neuen Einleitung von dem Autor (1958), London.

Gall, Lothar, Gerald D. Feldman, Harold James, Carl-Ludwig Holtfrerich, Hans E. Büschgen (1995): *Die Deutsche Bank 1870-1995: Deutsche Bank 1870-1995. 125 Jahre Deutsche Wirtschafts- und Finanzgeschichte*, München.

GDV Die deutschen Versicherer (2014): *Die deutsche Lebensversicherung in Zahlen*, Berlin.

Gesell, Silvio (2011): *»Reichtum und Armut gehören nicht in einen geordneten Staat.«: Werkauswahl zum 150. Geburtstag*, Kiel.

Goebel, Jan, Martin Gornig, Hartmut Häußermann (2010): Polarisierung der Einkommen: Die Mittelschicht verliert. In: *DIW-Wochenbericht* 24/2010, Berlin.

Goethe, Johann Wolfgang von (1977): *Faust*. Erster und zweiter Teil, 1808/1832, München.

Graeber, David (2011): *Debt: The First 5,000 Years*, New York.

Grauwe, Paul De (2011): *The Governance of a Fragile Eurozone*, The Centre for European Policy Studies, Economic Policy CEPS Working Documents, Brüssel.

Greene, Kevin (2000): Technological innovation and economic progress in the ancient world: M. I. Finley re-considered, in: *Economic History Review*, S. 29–59, Hoboken, USA.

Hachfeld, David, Jan Urhahn, Markus Henn (2012): *Hunger in einer an sich reichen Welt. Fragen und Antworten zum Thema Nahrungsmittelspekulation*, Oxfam/Weed, UK.

Hartmann, Michael (2002): *Der Mythos von den Leistungseliten: Spitzenkarrieren und soziale Herkunft in Wirtschaft, Politik, Justiz und Wissenschaft*, Frankfurt am Main.

Hartmann, Michael (2007): *Eliten und Macht in Europa: Ein internationaler Vergleich*, Frankfurt am Main.

Henning, Friedrich-Wilhelm (1973): *Die Industrialisierung in Deutschland 1800–1914*, Stuttgart.

Herrmann, Ulrike (2010): *Hurra, wir dürfen zahlen: Der Selbstbetrug der Mittelschicht*, Frankfurt am Main.

Herrmann, Ulrike (2012): Washington gegen Wall Street. Es ist gar nicht so einfach, dem Finanzsektor wieder Zügel anzulegen, in: *Edition Le Monde diplomatique, Die Krisenmacher. Bürger, Banken und Banditen*, S. 91–93, Berlin.

Herrmann, Ulrike (2014): *Freihandel – Projekte der Mächtigen*, Brüssel.

Hobsbawm, Eric (2010): *The Age of Revolution: Europe 1789–1848*, London. (Erstausgabe 1962).

Hobsbawm, Eric (1997): *The Age of Capital: 1848–1875*, London. (Erstausgabe 1975).

Hobsbawm, Eric (1994): *The Age of Empire 1875–1914*, London. (Erstausgabe 1987).

Hobsbawm, Eric (1995): *The Age of Extremes. The Short Twentieth Century 1914–1991*, London.

Holtorf, Christian (2013): *Der erste Draht zur Neuen Welt. Die Verlegung des transatlantischen Telegrafenkabels*, Göttingen.

Hondrich, Karl Otto (2001): *Der neue Mensch*, Berlin.

Horkheimer, Max, Theodor W. Adorno (1988): *Dialektik der Aufklärung. Philosophische Fragmente*, Frankfurt am Main. (Erstausgabe 1947).

Huber, Joseph (2011): *Monetäre Modernisierung: Zur Zukunft der Geldordnung*, Marburg.

Hunt, Tristram (2010): *The Frock-Coated Communist: The Life and Times of the Original Champagne Socialist*, London.

Johnson, Simon, James Kwak (2011): *13 Bankers. The Wall Street Takeover and the Next Financial Meltdown*, New York.

Johnston, Andrew J. (2013): *Robin Hood: Geschichte einer Legende*, München.

Kaufman, Henry (2000*): On Money and Markets: A Wall Street Memoir*, New York.

Kennedy, Margrit (2011): *Occupy Money: Damit wir zukünftig ALLE die Gewinner sind*, Bielefeld.

Keynes, John Maynard (2011): The Economic Consequences of the Peace, in: *Digireads.com*. (Erstausgabe 1919).

Keynes, John Maynard (2008): *The General Theory of Employment, Interest and Money*, New York. (Erstausgabe 1936).

Keynes, John Maynard (1930): Economic Possibilities for Our Grandchildren, in: *Essays in Persuasion*, S. 358–373, New York.

Kindleberger, Charles P. (1973): *Die Weltwirtschaftskrise 1929–1936*, München.

Kindleberger, Charles P. (1993): *A Financial History of Western Europe*. 2. Auflage, Oxford, UK.

Kindleberger, Charles P., Robert Z. Aliber (2005): *Maniacs, Panics and Crashes. A History of Financial Crises*, 5. Auflage, Hoboken, USA.

Koo, Richard C. (2011): *The Holy Grail of Macroeconomics. Lessons from Japan's Great Recession, Revised and Updated*, Hoboken, USA.

Koo, Richard C.: The World in Balance Sheet Recession. Causes, Cure, and Politics, in: *Real-World Economics Review* 58.

Koudijs, Peter (2012): The boats that did not sail: news and asset price volatility in a natural experiment, in: http://faculty-gsb.stanford.edu/koudijs/documents/TheBoatsThatDidNotSailupdated.pdf.

Kroh, Martin, Hannes Neiss, Lars Kroll, Thomas Lampert (2012): Menschen mit hohen Einkommen leben länger, in: *DIW-Wochenbericht* 38/2012, S. 3–15, Berlin.

Krugman, Paul (2007): *The Conscience of a Liberal*, New York.

Krugman, Paul (2008): *The Return of Depression Economics and the Crisis of 2008*, New York.

Krugman, Paul (2012): *End This Depression Now!*, New York.

Laeven, Luc, Fabián Valencia (2012): Systemic Banking Crises Database: An Update, in: International Monetary Fund, *IMF Working Paper WP/12/163*, Washington.

Lafargue, Paul (1883): *Das Recht auf Faulheit*.

Landes, John G. (1978): *Engineering in the Ancient World*, London.

Landes, David S. Landes, Joel Mokyr, William S. Baumol (2010): *The Invention of Enterprise: Enterpreneurship from Ancient Mesopotamia to Modern Times*, Princeton.

LeGoff, Jacques (1993): *Kaufleute und Bankiers im Mittelalter*, 1956, Frankfurt am Main.

Lepenies, Philipp (2013): *Die Macht einer Zahl. Eine politische Geschichte des Bruttoinlandsprodukts*, Berlin.

Lewis, Michael (2011): *The Big Short. Inside the Doomsday Machine*, New York.

Lewis, Michael (1989): *Liar's Poker. Two Cities, True Greed: Playing the Money Markets*, London.

Mackay, Charles (1995): *Extraordinary Popular Delusions and the Madness of Crowds*, Hertfordshire. (Erstausgabe 1841).

Maddison, Angus (2001): The World Economy: A Millennial Perspective, OECD, Paris.

Maddison, Angus (2007): Chinese Economic Performance in the Long Run, 960–2030 AD. 2. Auflage, überarbeitet und aktualisiert, OECD, Paris.

Marterbauer, Markus (2011): *Zahlen bitte! Die Kosten der Krise tragen wir alle*, München.

Marx, Karl, Friedrich Engels (1986): *Manifest der Kommunistischen Partei*. Mit einem Vorwort von Leo Trotzki, Stuttgart (Erstausgabe 1848).

Marx, Karl (1988): *Das Kapital. Kritik der politischen Ökonomie*, München. (Erstausgabe 1867).

Mattingly, David J., John Salmon (Hg.) (2001): *Economies Beyond Agriculture in the Classical World*, London und New York.

Mazzucata, Mariana (2014): *The Entrepreneurial State. Debunking Public vs. Private Sector Myths*, New York.

McCraw, Thomas K. (2009): *Prophet of Innovation: Joseph Schumpeter and Creative Destruction*, Cambridge, USA.

Monroe, Arthur Eli (Hg.) (2006): *Early Economic Thought: Selected Writings from Aristotle to Hume*, Mineola, USA. (Erstausgabe 1924).

Münchau, Wolfgang (2010): *Makrostrategien. Sicher investieren, wenn Staaten pleitegehen*, München.

Mundell, Robert (2002): The Birth of Coinage, in: Columbia University Discussion Paper, http://academiccommons.columbia.edu/catalog/ac%3A114141, New York.

Osterhammel, Jürgen, Niels P. Petersson (2004): *Geschichte der Globalisierung: Dimensionen, Prozesse, Epochen*, München.

Osterhammel, Jürgen (2011): *Die Verwandlung der Welt: Eine Geschichte des 19. Jahrhunderts*, München.

O'Toole, Fintan (2010): *Ship of Fools: How Stupidity and Corruption Sank the Celtic Tiger*, London.

Paech, Nico (2012): *Befreiung vom Überfluss: Auf dem Weg in die Postwachstumsöko-nomie*, München.

Petronius: *The Satyricon – Complete*, A Public Domain Book, kindle edition.

Pfister, Ulrich (2011): Economic Growth in Germany, 1500–1850, in: University of Warwick Publications service & WRAP

Philippon, Thomas (2012): Has the U.S. Finance Industry Become Less Efficient?. On the Theory and Measurement of Financial Intermediation, http://pages. stern.nyu.edu/~tphilipp/research.htm.

Philippon, Thomas, Ariel Reshef (2008): *Wages and Human Capital in the U.S. Finan-cial Industry*: 1909–2006, http://pages.stern.nyu.edu/~tphilipp/research.htm

Pickett, Kate, Richard Wilkinson (2009): *The Spirit Level: Why More Equal Societies Almost Always Do Better*, London.

Piketty, Thomas (2014): *Capital in the Twenty First Century*, London

Platon, *Kritias*, in der Übersetzung von Franz Susemihl, 1857, www.zeno.org/ Philosophie/M/Platon/Kritias.

Plumpe, Werner (2010): *Wirtschaftskrisen: Geschichte und Gegenwart*, München.

Polanyi, Karl (2001): *The Great Transformation. The Political and Economic Origins of Our Time*, Boston. (Erstausgabe 1944).

Quack, Sigrid (2006): Die transnationalen Ursprünge des »deutschen Kapitalis-mus«, in: Volker R. Berghahn, Volker Vitols (Hg.): *Gibt es einen deutschen Kapi-talismus? Tradition und globale Perspektiven der sozialen Marktwirtschaft*, S. 63–85, Frankfurt am Main.

Reinhart, Carmen M., Kenneth S. Rogoff (2009): *This Time is Different: Eight Centu-ries of Financial Folly*, Princeton, USA.

Reisenberger, Brigitte, Thomas Seifert (2011): *Schwarzbuch Gold: Gewinner und Verlierer im neuen Goldrausch*, München.

Ricardo, David (2004): The Principles of Political Economy and Taxation, Mineola, USA. (Erstausgabe 1817).

Richards, Eric (2007): *Debating the Highland Clearances*, Edinburgh.

Roberts, Richard (2013): *Saving the City. The Great Financial Crisis of 1914*, Oxford.

Rothschild, Emma, Amartya Sen, (2006): Adam Smith's Economics, in: *Knud Haa-konssen (Editor), The Cambridge Companion to Adam Smith*, Cambridge, UK.

Roubini, Nouriel, Stephen Mihm (2010): *Crisis Economics: A Crash Course in the Fu-ture of Finance*, London.

Saez, Emmanuel (2013): *Striking it Richer: The Evolution of Top Incomes in the Uni-ted States*, überarbeitet mit Schätzungen von 2011, 23.01.2013; http://elsa. berkeley.edu/~saez/saez-UStopincomes-2011.pdf

Saller, Richard (2005): Framing the Debate Over Growth in the Ancient Economy, in: J.G. Manning, Ian Morris: *The Ancient Economy, Evidence and Models*, S. 223–238, Stanford.

Sandel, Michael (2012): *What Money Can't Buy: The Moral Limits of Markets*, London.

Schelkle, Waltraud (1995): Motive ökonomischer Geldkritik, in: Waltraud Schelkle, Manfred Nisch (Hg.): *Rätsel Geld: Annäherungen aus ökonomischer, soziologischer und historischer Sicht*, S. 11–45, Marburg.

Schieritz, Mark (2013): *Die Inflationslüge: Wie uns die Angst ums Geld ruiniert und wer daran verdient*, München.

Schirrmacher, Frank (2013): *Ego: Das Spiel des Lebens*, München.

Schulmeister, Stephan (2010): *Mitten in der großen Krise. Ein »New Deal« für Europa*, Wien.

Schumann, Harald, Christiane Grefe (2008): *Der globale Countdown. Gerechtigkeit oder Selbstzerstörung – Die Zukunft der Globalisierung*, Köln.

Schumann, Harald (2011): Die Hungermacher. Wie Deutsche Bank, Goldman Sachs & Co. auf Kosten der Ärmsten mit Lebensmitteln spekulieren, in: Foodwatch, http://www.foodwatch.org/uploads/media/foodwatch-Report_Die_Hungermacher_Okt-2011_ger_02.pdf

Schumpeter, Joseph A. (1983): *The Theory of Economic Development. An Inquiry into Profits, Capital, Credit, Interest and the Business Cycle*, Piscataway, NJ. (Erstausgabe 1934).

Schumpeter, Joseph A. (2008): *Capitalism, Socialism and Democracy*, New York (Erstausgabe 1942).

Skidelsky, Robert (2003): *John Maynard Keynes: 1883–1946: Economist, Philosopher, Statesman*, London.

Smith, Adam (2008): *An Inquiry into the Nature and Causes of the Wealth of Nations*, Oxford, UK. (Erstausgabe 1776).

Soros, George (2008): *Das Ende der Finanzmärkte – und deren Zukunft. Die heutige Finanzkrise und was sie bedeutet*, München.

Sprenger, Bernd (1991): *Das Geld der Deutschen. Geldgeschichte Deutschlands von den Anfängen bis zur Gegenwart*, Paderborn.

Statistisches Bundesamt (2014): *Statistisches Jahrbuch 2014. Deutschland und Internationales*, Wiesbaden.

Statistisches Bundesamt (2012 a): *Körpermaße nach Altersgruppen. Ergebnisse des Mikrozensus 2009*, Wiesbaden.

Statistisches Bundesamt (2012 b): *Durchschnittliche fernere Lebenserwartung in den Bundesländern nach Sterbetafel 2008/2010*, Wiesbaden.

Statistisches Bundesamt (2012 c): *Volkswirtschaftliche Gesamtrechnung: Private Konsumausgaben und verfügbares Einkommen. 3. Vierteljahr 2012*, Wiesbaden.

Statistisches Bundesamt (2015): *Außenhandel: Rangfolge der Handelspartner im Außenhandel der Bundesrepublik Deutschland 2014*, Wiesbaden.

Strange, Susan (1997): *Casino Capitalism*, Manchester.

Temin, Peter (2013): *The Roman Market Economy*, Princeton.

Twain, Mark (1997): *A Tramp Abroad*, London. (Erstausgabe 1880).

United States of America (2011): *The Financial Crisis Inquiry Report. Final Report of the National Commission on the Causes of the Financial and Economic Crisis in the United States*, Washington.

Van De Mieroop, Marc (1997): *The Ancient Mesopotamian City*, Oxford, UK.

Vega, Joseph de la (1688/1994): *Die Verwirrung der Verwirrungen. Vier Dialoge über die Börse in Amsterdam. Das älteste Buch über die Börse.* Herausgegeben und kommentiert von André Kostolany, Kulmbach.

Vogl, Joseph (2010): *Das Gespenst des Kapitals*, Zürich.

Vries, Peer (2013): *Escaping Poverty. The Origins of Modern Economic Growth*, Wien.

Wallwitz, Georg von (2011): *Odysseus und die Wiesel: Eine fröhliche Einführung in die Finanzmärkte*, Berlin.

Weber, Max (1988): Die protestantische Ethik und der Geist des Kapitalismus, 1920, in: Max Weber, *Gesammelte Aufsätze zur Religionssoziologie I*, Stuttgart.

Wehler, Hans-Ulrich (1987 a): *Deutsche Gesellschaftsgeschichte*, Erster Band, 1700–1815, München.

Wehler, Hans-Ulrich (1987 b): *Deutsche Gesellschaftsgeschichte*, Zweiter Band, 1815–1845/49, München.

Wehler, Hans-Ulrich (1995): *Deutsche Gesellschaftsgeschichte*, Dritter Band, 1849–1914, München

Wehler, Hans-Ulrich (2003): *Deutsche Gesellschaftsgeschichte*, Vierter Band, 1914–1949, München

Wehler, Hans-Ulrich (2008): *Deutsche Gesellschaftsgeschichte*, Fünfter Band, 1949–1990, München.

Weizsäcker, Ernst Ulrich von, Karlson Hargroves, Michael Smith (2010): *Faktor Fünf: Die Formel für nachhaltiges Wachstum*, München.

Whittaker, Ch. R. (1997): *Moses Finley 1912–1986*, Proceedings of the British Academy 94, S. 459–472, London.

Williams, Ernest E. (1973): *Made in Germany*, 1895. Überarbeitet und eingeleitet von Austen Albu, New York.

Wolfe, Tom (1988): *The Bonfire of the Vanities,* New York.

Ziegler, Dieter (2009): *Die industrielle Revolution*, 2. Auflage, Darmstadt.

Zucman, Gabriel (2014): *Steueroasen. Wo der Wohlstand der Nation versteckt wird*, Berlin.